高等职业教育"十三五"规划教材

大学生职业生涯规划

主　　编	楚丙奇	赵　丹		
副主编	路成志	彭弈臻	刘小勇	郭　辉
参　　编	钟利琼	黄嗣军	钟乾辉	钟　冲
	赵　君	殷莹莹	谢惠敏	易世超
	尹　月	万秋红	唐晓纳	李　萍

北京理工大学出版社
BEIJING INSTITUTE OF TECHNOLOGY PRESS

版权专有　侵权必究

图书在版编目（CIP）数据

大学生职业生涯规划/楚丙奇，赵丹主编. —北京：北京理工大学出版社，2016.9（2020.9 重印）

ISBN 978-7-5682-3143-5

Ⅰ. ①大…　Ⅱ. ①楚…②赵…　Ⅲ. ①大学生-职业选择-高等职业教育-教材　Ⅳ. ①G647.38

中国版本图书馆 CIP 数据核字（2016）第 225663 号

出版发行 / 北京理工大学出版社有限责任公司
社　　址 / 北京市海淀区中关村南大街 5 号
邮　　编 / 100081
电　　话 / （010）68914775（办公室）
　　　　　　82562903（教材售后服务热线）
　　　　　　68948351（其他图书服务热线）
网　　址 / http：//www.bitpress.com.cn
经　　销 / 全国各地新华书店
印　　刷 / 三河市天利华印刷装订有限公司
开　　本 / 787 毫米×1092 毫米　1/16
印　　张 / 13.5　　　　　　　　　　　　　　　责任编辑 / 江　立
字　　数 / 304 千字　　　　　　　　　　　　　文案编辑 / 高雪梅
版　　次 / 2016 年 9 月第 1 版　2020 年 9 月第 3 次印刷　责任校对 / 周瑞红
定　　价 / 32.00 元　　　　　　　　　　　　　责任印制 / 王美丽

图书出现印装质量问题，请拨打售后服务热线，本社负责调换

Preface 前 言

在社会就业竞争日趋激烈的形势下，高校从学生入学起就开展职业生涯规划课程是具有重要意义和作用的。大学期间开展职业生涯规划教育不仅使大学生初始就了解自己、了解社会，激发学习的积极性和主动性，而且能够促使大学生设定明确的人生目标和职业目标，以此激发大学生注重综合能力和素质培养，有效地提高大学生的就业竞争力。

职业生涯规划的相关理论最早在西方悄然兴起，20世纪90年代经由欧美国家传入中国。职业生涯规划结合时代特点既体现了个人对自身能力、爱好、特长、不足等主观条件的综合分析，又显示了工作环境、工作性质等客观条件对规划者的限制，所以作为人力资源管理理论的重要内容之一，职业生涯规划相关理论越来越得到各大企业的热情关注，同时在高校大学生就业指导中获得认可。

美国的成功学大师安东尼·罗宾斯曾经提出过一个成功的万能公式：成功＝明确目标＋详细计划＋马上行动＋检查修正＋坚持到底。遗憾的是，这一定律由于传统的教学理念，在以成绩为导向的教学中被学生所忽视，并不为大学生所熟知、认可，更不要说自觉地运用于自身的生涯规划中。

从高中进入大学，学生们走向了人生发展的新平台。在这个平台上，学生不再以分数为学习的第一追求，而要完成从职业学生到社会人的转化。在逐渐扩大的人生舞台上他们必须从被动走向主动。学习目标、人生发展方向等这些一直由师长们做主的重要课题已转移到了自己身上，他们要选择、决定、执行、修订，并要最终承担后果，这对从未曾独立过的他们来说是一项艰难而又必须完成的任务。从学校走向社会，大学生将会面对一个全新的世界，在这个世界里，使大学生能够立足的是所选职业，它不仅是生活的基础，更重要的是它所体现出的每个人存在的价值。

在深入了解学生现状及需求的基础上，本教材根据高等职业教育教学特点与规律，针对高职学生和院校课程设置的实际情况，以用科学规范的方法帮助大学生发掘潜能、提炼优势，对未来的职业发展能有清晰明确的认知为目标而编写。旨在通过编写，给学生提供一本可以在课堂中与教师教学内容结合紧密，可以在课余时间作为开拓知识面了解职业与行业的普及书籍；给教师提供一本内容充实、教学资源充足的教学参考书籍。力求做到适用、够用、好用。

针对现用教材以理论的讲述为主、重讲解、轻实训、创设情境让学生参与的内容不足的问题，本教材特设"实训项目"内容栏目，结合各章讲述的内容，系统地设计与教学过程紧密结合的实训内容。"实训项目"下具体设置以下内容：【目的及要求】使实训目标明确，重在增强学生参与的信心。【项目背景】着重与知识间的相互联系与现实的意义，着眼于开阔思路，形成知识能力的体系。【训练步骤】是学生具体操作时的指导，通过分步骤的层层引导，将繁难的训练分解为各个可行的小任务，便于学生操作。同时，各章节间的实训内容相互联系，可以作为学生职业生涯认知成长的记录，为相关课程的学习提供帮助，如学习管理、成长计划等。

内容充实，体系完善，与大学生大学生涯紧密相关是本教材的特点。各章节内容与学生在校生活情境中的时间点配合，使学生全面了解职业生涯规划的相关知识，掌握人力资源管理的相关知识，同时学会自我管理，全面提高整体素质。用详尽的内容体系为教师教学提供优质的资源，便于教师教学、管理。每章下设"心灵咖啡""案例导读"等小栏目，使教材形式活泼，吸引读者。"心灵咖啡"通过寓意丰富的小故事引入主要内容，增加教材的可读性；"案例导读"通过鲜活的生活实例及简练到位的理论指导，切合学生实际，增强教材的实用性。

由于大学生职业规划课程还处于探索阶段，也由于我们编写时间较紧，所以在编写中难免会出现一些局限性，会有一些不尽如人意的地方，恳请广大读者提出宝贵意见，也请专家学者给予批评指正，我们将不断努力提高、改进。

编　者

Contents 目 录

第一章 大学生活与职业规划 … 1
第一节 职业生涯规划 … 3
- 一、职业生涯的含义 … 3
- 二、职业生涯的发展阶段 … 4
- 三、职业生涯形态 … 5
- 四、职业生涯规划的含义 … 6

第二节 当代大学生职业生涯规划的现状和特征 … 7
- 一、大学生职业生涯规划的现状 … 7
- 二、大学生职业生涯规划的特点 … 8
- 三、大学生规划职业生涯的必要性 … 10
- 四、大学生规划职业生涯的重要性 … 11

第二章 自我认知 … 15
第一节 职业规划背景下的自我认知 … 16
- 一、自我职业倾向探索的意义 … 16
- 二、自我认知常用的方法 … 17
- 三、自我职业倾向探索的内容 … 19

第二节 自我的职业价值观探索 … 21
- 一、价值观概述 … 21
- 二、价值观的探索 … 21
- 三、价值观与职业定位 … 22
- 四、职业价值观 … 24
- 五、职业价值观自测量表 … 26

第三节 职业兴趣探索 … 30
- 一、兴趣概述 … 30
- 二、自我职业兴趣探索 … 31
- 三、兴趣与职业匹配 … 35

四、巩固和培养职业兴趣 ……………………………………………… 36
　第四节　职业性格探索 …………………………………………………… 38
　　一、性格概述 …………………………………………………………… 38
　　二、性格类型 …………………………………………………………… 39
　　三、性格自测量表 ……………………………………………………… 40
　　四、性格与职业的匹配 ………………………………………………… 42
　　五、性格与职业的关系 ………………………………………………… 43
　第五节　气质类型与职业探索 …………………………………………… 44
　　一、气质概述 …………………………………………………………… 44
　　二、气质特征测量表 …………………………………………………… 46
　第六节　职业能力探索 …………………………………………………… 51
　　一、能力概述 …………………………………………………………… 51
　　二、能力与职业匹配 …………………………………………………… 53
　　三、职业能力倾向测量 ………………………………………………… 54

第三章　职业认知　59

　第一节　职业概述 ………………………………………………………… 60
　　一、职业的概念 ………………………………………………………… 60
　　二、职业的产生与发展 ………………………………………………… 62
　　三、当代职业发展的新趋势 …………………………………………… 63
　　四、职业声望 …………………………………………………………… 65
　第二节　职业的分类 ……………………………………………………… 66
　　一、职业分类的概念及作用 …………………………………………… 66
　　二、职业分类的基本依据和方法 ……………………………………… 66
　　三、我国的职业分类 …………………………………………………… 67
　　四、国外的职业分类 …………………………………………………… 68
　第三节　专业学习与职业发展 …………………………………………… 69
　　一、专业概述 …………………………………………………………… 69
　　二、专业学习的重要性 ………………………………………………… 70
　　三、专业学习计划 ……………………………………………………… 71
　　四、专业与职业的对应关系 …………………………………………… 73
　　五、以就业为导向，了解专业，学好专业 …………………………… 74
　　六、综合能力的培养 …………………………………………………… 75
　　七、身心素质的提升 …………………………………………………… 77
　第四节　科学认知、理性规划大学生活 ………………………………… 78
　　一、大学生的社会角色 ………………………………………………… 79
　　二、当前大学生的职业问题 …………………………………………… 80
　　三、做受社会欢迎的大学生 …………………………………………… 81

四、理性规划大学生活 82

第四章 职业生涯目标的设定 　　87
第一节 职业生涯目标设定的影响因素 88
一、影响职业生涯目标的因素 89
二、了解自我与社会 90
三、职业生涯目标的设定应遵循的原则 94
第二节 职业生涯目标设定 96
一、职业生涯目标设定的原则、方法 97
二、设定职业生涯目标 99

第五章 职业选择 　　107
第一节 职业选择概述 108
一、职业选择的概念 108
二、职业选择的准则 109
第二节 职业选择理论和策略 110
一、职业选择的理论 110
二、职业选择的策略 112
第三节 择业心理问题 113
一、择业浮躁心理调适 114
二、择业焦虑心理问题调适 116
三、择业恐惧心理问题调适 118
第四节 女大学生择业时要发挥自身优势 121
一、女大学生的自然优势 121
二、女大学生的职业能力优势 121
三、女大学生消除择业心理问题的基本方法 121

第六章 职业生涯决策 　　125
第一节 职业生涯决策概述 126
一、职业决策模型理论 126
二、职业生涯决策类型 127
三、影响职业生涯决策的因素 128
第二节 职业生涯决策过程 130
一、认识问题，承担责任 131
二、了解自己 131
三、制定职业生涯目标 131
四、执行决定 134
五、定期评估与反馈 134

第三节　职业生涯决策常见问题探讨 …………………………………… 134
一、就业还是考研 ……………………………………………………… 135
二、考研之路——一条崎岖的道路 …………………………………… 135
三、留学——一种高风险的投资 ……………………………………… 137
第四节　大学生职业生涯决策方法及应用 …………………………… 138
一、大学生职业决策的考虑要素 ……………………………………… 138
二、大学生职业决策的原则及方法 …………………………………… 139
第五节　职业生涯成功 ………………………………………………… 145
一、职业生涯成功概述 ………………………………………………… 145
二、职业生涯成功评价体系 …………………………………………… 146

第七章　职业的适应与转换　　149

第一节　职业的适应 …………………………………………………… 150
一、自我身心的适应 …………………………………………………… 151
二、岗位环境的适应 …………………………………………………… 151
三、尽快进入角色 ……………………………………………………… 153
四、坚持终身学习 ……………………………………………………… 154
第二节　职业的转换 …………………………………………………… 156
一、职业转换的原因 …………………………………………………… 156
二、职业转换的原则 …………………………………………………… 157
三、职业转换的准备 …………………………………………………… 158
第三节　职业适应、转换的必备条件 ………………………………… 160
一、具备结构合理的理论知识 ………………………………………… 160
二、现代社会职业岗位的要求 ………………………………………… 161
三、适应职业需要的实践能力 ………………………………………… 163
四、健康积极的思想和心理 …………………………………………… 164

第八章　职业生涯规划设计　　167

第一节　制订学业计划　提高职业能力 ……………………………… 168
一、大学生学业计划 …………………………………………………… 168
二、如何制订大学学业计划 …………………………………………… 169
三、大学学业计划的实施 ……………………………………………… 171
四、大学学业计划的评估 ……………………………………………… 172
五、激励和惩罚 ………………………………………………………… 172
第二节　职业生涯发展规划设计的撰写 ……………………………… 175
一、大学生职业生涯规划撰写步骤 …………………………………… 175
二、职业生涯规划设计 ………………………………………………… 177
三、职业生涯规划设计注意事项 ……………………………………… 181

第一章

大学生活与职业规划

心灵咖啡

理性的职业规划是成功的保障

比尔·拉福中学毕业就立志要经商，而且态度非常明确，也得到了父母的支持。他当时的情况是机智勇敢，敢于创新，很有经商天赋，但尚未经历磨难，没有经验，更缺乏知识。我们来看他是如何实现其经商梦想的。

比尔·拉福的父亲是洛克菲勒集团的一名职员，在发现儿子有商业天赋，且有强烈的经商志向后，就和儿子进行了一次长谈，在分析了他当时的个人情况后，共同描绘出比尔·拉福职业规划的蓝图：工科学习—工学学士—经济学学习—经济学硕士—政府部门工作—锻炼处世能力、建立广泛的人际关系—大公司工作—熟悉商务环境—开公司—事业成功。在随后的人生生涯中比尔·拉福正是按照这个蓝图开始自己人生旅程的。

第一阶段：工科学习（四年）

中学毕业，比尔·拉福没有直接去读贸易专业，而是选择了工科中最基础的专业——机械制造。他的理由是：贸易必须具备一定的专业基础知识，而工业产品占据了贸易商品的大多数。不了解产品的性能、生产制造情况，那就很难保证贸易的收益。同时，读工科不仅掌握了专业基础知识，而且还可以建立一套严谨求实的思维体系，训练推理分析能力，培养脚踏实地的工作态度。在机械制造专业求学的同时，他还广泛接触了其他课程，如化工、建筑、电子等，这些知识在他后来的商业活动中发挥了举足轻重的作用。

第二阶段：经济学学习（三年）

大学毕业后，比尔·拉福并没有立即开始自己的职业理想，而是进入了芝加哥大学开始为期三年的经济学硕士学习。他的想法是：深入了解经济学基本知识，深入了解经济规律，弄懂商业活动的社会地位、作用，摸清影响商业活动的众多因素。在此期间他还对经济法律、微观经济活动的管理知识、会计和财务管理进行了广泛的涉猎。毕业后，比尔·拉福在知识上已完全具备了经商的素质。

第三阶段：政府部门工作（五年）

学业有成后，比尔·拉福还是没有急于进入商界，而是参加公务员考试，成了一名普通的政府公务员。他的想法是：经商必须有很强的人际交往能力，要想在商业上获得成功，必须深知处世规则，善于与人交往，建立诚信合作关系。这种开拓人际关系的能力只有在社会工作中才能得到提高。经过五年时间的历练，他从一名稚嫩的热血青年成长为老成持重、处变不惊的公务员，并结识了大批各界人士，建起一套牢固的关系网络，为后来的发展提供了大量的信息和便利条件。

第四阶段：通用公司锻炼（两年）

政府工作结束之后，比尔·拉福完全具备了成功商人所需的各种素质，于是辞职"下海"，去了通用公司。在国际著名的通用公司进行锻炼，比尔·拉福不仅为所学的理论找到了一个强大平台，通过实践的锻炼将所学的知识转化为实际技能，而且对各种社会资源进行整合，完成了商情与现实的融合。同时通过通用公司两年的锻炼也学习到了丰富的管理经验，完成了原始的资本积累。

第五阶段：自创公司

在熟练掌握了商情与商务技巧后，比尔·拉福毫不犹豫地谢绝了通用公司的高薪挽留，开办了拉福商贸公司，开始了梦寐以求的商人生涯，实现多年前的计划。拉福公司的成长速度出奇的快，20年后，拉福公司的资产从最初的20万美元发展为2亿美元，而比尔·拉福本人也成为一个奇迹。

案例解析：从引导案例，我们可以看到比尔·拉福的成功不是偶然而是必然。比尔·拉福为实现自己的职业梦想，进行了长达14年的准备工作，几乎考虑了每个细节。这些都源于他职业规划的脉络清晰、步骤合理，充分考虑了个人兴趣、个人素质，并着重职业技能的培养，这种职业规划在他坚持不懈的努力下，终于变为现实。比尔·拉福率团到中国进行商业考察，在谈起他的经历时，他把成功归功于他和父亲共同制订的那个重要的职业规划方案，正是这个职业规划方案使他最终功成名就。

第一节 职业生涯规划

一、职业生涯的含义

（一）职业生涯的内涵

"生涯"一词由来已久，"生"原意为"活着"，"涯"为"边际"。"生涯"连起来就是"一生"的意思。职业生涯（Career）一词是由"职业"拓展而来的，主要是指一个人一生之中的职业道路和发展途径。

尽管不同学者对职业生涯的内涵有不同的认识，但作为一种客观存在，职业生涯有其基本含义，其主要包括如下内容：一是职业生涯是个个体的概念，是指个体的行为经历，而非群体或组织的行为经历。二是职业生涯是个职业的概念，实质是指一个人一生之中的职业历程。三是职业生涯是个时间的概念，意指职业生涯期。职业生涯期始于最初工作之前的专门的职业学习和训练，止于完全结束或退出职业工作。实际的职业生涯期在不同个体之间差别很大，有长有短。四是职业生涯是个发展和动态的概念，寓意着个人具体职业内容和职位的发展和变化。职业生涯不仅表示职业工作时间的长短，而且包含着职业变更与发展的经历和过程，包括从事何种职业、职业发展的阶段、职业的转换、职务的晋升等具体内容。

（二）职业生涯分类

一般来讲，职业生涯可分为内职业生涯和外职业生涯。

1. 内职业生涯

内职业生涯是指职业发展中通过提升自身素质与职业技能获得的个人综合职业素质的总和。它主要反映出从事职业时所具备的知识、经验、观念、心理素质、能力、内心感受等因素的组合及其变化过程。

2. 外职业生涯

外职业生涯是指职业生涯中所经历的职业角色（职位）及获取的物质财富的总和。它主要反映出从事职业时的工作单位、工作内容、工作职务、工作环境、工作地点、工作成就、社会地位、荣誉待遇等因素的组合及其变化过程。

3. 内职业生涯和外职业生涯的关系

内职业生涯和外职业生涯两者是既相区别又相联系的辩证关系。两者的区别为：一是两者获取的途径不同。内职业生涯构成的各要素虽然可以借助外界的帮助，但主要是通过自己主观努力获得的，不随外职业生涯的获得而具备，也不会因为它的失去而自动丧失。外职业生涯的构成要素通常是由别人决定、给予和认可的。二是两者的稳定性不同。内职业生涯构成的各要素一旦获得，便不能收回或剥夺，而外职业生涯构成的各要素在一定条件下可能会失去。两者的联系是内职业生涯的发展是外职业生涯发展的前提，内职业生涯的发展带动外职业生涯的发展，它在人的职业生涯中具有关键作用，而外职业生涯是内职业生涯发展的外在条件，反过来也会促进内职业生涯的顺利发展和完善。

二、职业生涯的发展阶段

职业生涯既然是一个发展过程，就必然具有阶段性。一些著名的职业管理学专家对于职业生涯的发展过程进行了长期大量的研究，提出了不少的职业生涯发展理论，最有代表性的是美国著名职业管理学专家萨帕提出的五分法。萨帕经过二十多年的大量实验研究，从人的终生发展角度出发，把整个人生分为成长、探索、立业与发展、维持、衰退五个阶段，并介绍了各阶段的发展特点，如表1-1所示。

表1-1 不同职业发展阶段的特点

职业发展阶段	对工作方面的需求	对情感方面的需求
成长阶段 （1~15岁）	希望尝试不同行为方式，并开始思考自己的能力及工作要求	希望获得他人的认同并逐渐形成独立的自我概念
职业探索阶段 （15~25岁）	要求从事多种不同的工作；希望自己探索	进行试探性的职业选择，在比较中逐渐选定自己的职业
立业与发展阶段 （25~45岁）	希望从事具有挑战性的工作；希望在某一领域发展自己的专业知识和技能；希望在工作中有创造性；希望在3~5年后转向其他领域	希望面对各种竞争，敢于面对成败；能处理工作和人际关系的矛盾；希望互相支持；希望独立自主

续表

职业发展阶段	对工作方面的需求	对情感方面的需求
职业维持阶段（45~60岁）	希望更新技能；希望在培训和辅导青年员工中发展自己的技能	具有中年人较为成熟的思想感情；对工作、家庭和周围的看法有所改变；自我陶醉以及竞争性逐渐减弱
职业衰退阶段（60岁以后）	计划好退休，从直接决策转向咨询和指导性工作；寻找自己的接班人，寻找组织外其他活动	希望把咨询看做对他人的帮助，希望能欣赏和接受组织外的其他活动

三、职业生涯形态

每个人都有独特的职业生涯形态，而这种形态的不同，对人的发展影响极大。好的职业生涯形态，使事业获得成功；不好的职业生涯形态，使事业一事无成。职业生涯的形态种类很多，常见的形态有以下七种：

第一，步步高升型。它指在一个组织内，认真经营，即使工作地点或工作内容因公司的需要而有所改变，但是工作表现仍颇受主管的肯定，因而步步高升。

第二，阅历丰富型。它指换过不少的工作，在很多家的公司工作过，工作的内容差异性很大，勇于改变与创新，而且学习能力强，能面对各种突发的状况。

第三，稳扎稳打型。它指在工作初期，处于探索阶段，工作的转换较为频繁。经过一连串的尝试与努力之后，终于进入自己所向往的工作机构。此机构的升迁与发展有限，但是非常稳定，例如，学校、行政机关、邮局、银行等。

第四，愈战愈勇型。这种形态的人说明职业发展已有明确的方向，但是因为某些原因受到打击而重挫。受挫之后，凭借自己的毅力与能力，积极地往上爬，以更成熟的个性面对挑战。最后，工作的成就远超过从前。

第五，得天独厚型。对于自己的工作职业，并没有花太多时间探索与尝试，反而因为家庭的关系，很早就确定了方向。经过刻意地栽培与巧妙的安排，进入公司的决策核心，并将组织发展与个人职业密切结合。比如说，企业家的第二代（富二代）就是最明显的例子。

第六，因故中断型。它指连续性的职业发展因为某些因素而停顿，处于静止或衰退的状态。

第七，一心多用型。职业变化，各有巧妙。工作做久了，厌烦、倦怠、缺乏新鲜感，总是难免的。再喜欢的菜吃久了都会腻，更何况是每天投入8小时，每周超过40小时的工作。所以，有份稳定的工作，同时在工作之余安排自己有兴趣的事，在稳定与创新之间，寻找平衡点，可以使生活更为丰富。

四、职业生涯规划的含义

职业生涯规划是指个体根据对自身的主观因素和客观环境的分析，确立自己的职业生涯发展目标，选择实现这一目标的职业，以及制订相应的工作、培训和教育计划，并按照一定的时间安排，采取必要的行动从而实现职业生涯目标的过程。

（一）正确理解职业生涯规划

正确理解职业生涯规划的含义，需从以下四个方面入手：

1. 职业生涯规划具有明显的个性化特征

职业生涯规划主体往往不是某个组织，而是组织中的个体，因为许多个体的职业目标在唯一组织内工作无法实现，而需要在多个组织中工作才能达到。

2. 职业生涯规划是个体有意识地确立职业生涯目标并追求目标实现的过程

职业生涯规划包括知己、知彼、抉择、目标、行动五个要素，随着内外条件的不断变化和职业活动成果的出现，职业目标可能会更加明晰，或是需要在反馈后加以修正。

3. 职业生涯规划中的职业目标同日常工作目标有很大差异

工作目标是个人在当前的工作岗位上想要完成的任务目标，可以自设，也可以由组织给定。工作目标一般是较具体的短期目标，同本职工作紧密相关。职业目标相对来说是较为抽象的长期目标，不一定完全同当前的工作有关。但是，选择适当的工作目标并很好地实现这些目标，是最终达成职业目标的最佳途径。

4. 组织应积极了解并参与和指导个体的职业生涯规划

组织是个体落实职业生涯的重要场所，它可对个体的职业生涯设计产生巨大影响，它既有责任帮助个体发展和实现个体的职业生涯规划，又有必要加以引导，使个体职业生涯的发展同组织整体发展目标相协调。

（二）结合职业生涯规划的内涵，可以发现科学的职业生涯规划应具备的特征

1. 可行性

职业生涯规划必须依据个人及组织环境的现实情况而制定，应该是能够落实的计划方案，而不是没有依据或不着边际的幻想；否则，就会贻误职业生涯设计的良好时机。

2. 适时性

职业生涯规划是对未来的职业生涯目标的确定及对未来职业行动的预测。因此，各项活动的实施与完成时间，都应有时间和时序上的安排，以便作为检查行动的依据。

3. 灵活性

规划未来的职业生涯目标与行动，涉及许多不确定性因素，因此，设计应有弹性，随着外界环境及自身条件的变化，应及时调整自己的职业生涯规划方案，以增加其适应性。

4. 持续性

职业生涯目标是人生追求的重要目标,职业生涯规划应贯穿人生发展的每一个阶段,通过不断的调整与持续的职业活动安排,最终实现职业生涯的目标。

在一个人从出生到死亡的整个人生经历中,存在着不同的生命周期空间,有生物社会生命周期、家庭生命周期和职业生涯周期。在人的总生命空间中,最重要的、起决定作用的是职业生涯周期,它是人生存和发展的前提条件。而且职业生涯周期从任职前的职业教育培训,到寻求职业、就业从业、职业转换、逐步晋升,直至完全脱离职业工作,占据了人生大部分时间,因此,它对个人及其家庭都有着十分重要的意义。

人们都追求职业生涯的良性发展,这个追求是个体逐步实现其职业生涯目标,并不断制定和实施新目标的过程。职业生涯发展过程有两种形式:一是职务的升迁,是指在同一职业甚至同一单位中,一个人职位的不断晋升;二是职业的改变,是指一个人所从事工作内容的改变。这种改变,并不一定是工作或单位的变动,也可以是在一个单位中从事不同的工作,这都属于职业生涯的良性发展。这种发展,对于一个人的成熟是很有意义的,它可以激励个体,更可以带给个体以成就感。

第二节 当代大学生职业生涯规划的现状和特征

一、大学生职业生涯规划的现状

(一)大学生职业生涯规划的类型

2006年某调查机构就大学生职业生涯规划及就业选择现状进行了问卷调查,调查表明,大学生的职业生涯规划有以下几种类型。

1. 拖延型

这类大学生对自己的职业生涯迟迟不进行规划,有的拖延到毕业时才考虑自己的职业选择问题。

2. 依赖型

这类大学生规划自己的职业生涯时缺乏独立性,依赖父母、老师或亲戚朋友为自己做决定,有的甚至把应当自己决定的事交给命运来决定。

3. 冲动型

这类大学生在规划职业生涯时缺乏理性的思考和认真的调查研究,完全跟着感觉走,凭心血来潮和情绪冲动草率决策。

4. 苦闷型

这类大学生在规划职业生涯时缺乏果敢性,在诸多职业资讯中难下决心做出取舍。有的大学生在双选会上没有单位接收时很苦闷,有多个单位让他选择时,不知如何取舍也很苦闷。

5. 计划型

这类大学生既了解社会的客观需求和竞争情况，也很了解自己的能力、兴趣和价值观，因此很容易制定出正确的职业生涯规划。

（二）大学生职业规划中常见的问题

通过调查发现，部分大学生在职业生涯规划中存在"四不"问题。

1. 方向不明

大学生在中学的时候，目标十分明确，就是考大学，但上了大学之后，有相当一部分学生处于"理想的真空期"，找不到自己努力的方向，奋斗目标缺失。其原因有：一是不能正确认识自己，容易产生自傲、自卑、保守和攀比心理，要么过高估计自己，盲目乐观；要么过低估计自己，尤其是在激烈竞争中受挫后更垂头丧气，产生自卑心理。二是不能正确认识社会，不了解职场发展动态，不知道社会的需求，对自己能做什么，社会允许自己做什么不清楚，因此，前进的方向迷失或目标模糊。

2. 意识不强

有相当一部分大学生对职业生涯规划的重要性和必要性认识不足，认为规划职业生涯没有多大必要，规划跟不上变化，规划意识淡漠，抱着"车到山前必有路、船到桥头自然直"的信念，不愿意积极主动地思考自己的职业生涯的发展。调查显示：大部分学生没进行过真正意义上的职业生涯规划。对自己将来如何进一步发展没有设计的占62.3%，有设计的占32.8%，其中有明确设计的仅占4.9%。由此可见，大学生规划职业生涯还处于"要我做，而不是我要做"的状态。

3. 准备不足

面对严峻的就业形势和激烈的职场竞争，部分大学生没有充分的心理准备、知识准备、技能准备，不能充分利用大学的学习条件开发自己的潜能，提高自己的职业素质，去适应未来工作的需要。有的大学生停留在中学的思维和学习模式，重知识、轻能力，重智商、轻情商和德商，缺乏全面适应社会的准备。

4. 实施不力

有的同学做了职业生涯规划，确定了职业目标，制定了行动方案，但停留在纸上谈兵，未落实在行动上。尤其是在实施过程中遇到困难，就知难而退。比如，有的同学计划英语要在大二时期过四级或六级，但考试受挫，就不愿继续努力，有的干脆放弃。

二、大学生职业生涯规划的特点

大学生的职业生涯规划与在职人员比较，有其自身的特点。其特点主要体现在规划的重点不同，但其理论依据完全相同，方法步骤也可借鉴。大学生职业生涯规划的重点有四个部分。

第一，职业测评。对能力素质、兴趣、性格、气质及价值观等进行测量与评估，分析你的特点，再结合工作的特点，帮助你进行职业选择，也就是通常意义上所说的"人职匹配"。"测评"一词包括了两层含义，即"测"和"评"。"测"是指测量、测试，是以定量化的方式对人的能力水平及倾向、个性特点和行为特征等进行分析和表示。"评"是指评价、评定，是以定性化的方式对人的能力水平及倾向、个性特点和行为特征等进行评价和判定。因此测评这一概念将定量的方法与定性的方法紧密地结合在一起，形成一套客观、科学、系统的方法。

第二，评估所学专业，明确自己的职业定向。专业是学业门类，职业是工作门类，专业与职业一般并不存在一一对应关系。比如，学冶金工程专业可以到钢铁厂从事冶金技术工作，也可以到金属材料公司从事经营工作，还可以在钢铁企业从事技术管理、到学校从事专业教学、到科研单位从事冶金研究。从总体上看专业与职业大体存在五种关系，即专业包容职业、专业与职业部分重合、专业是核心，职业包容专业、专业与职业相切、专业与职业分离。对这五种关系如何认识和处理如表1-2所示。

表1-2 专业与职业的五种关系

特征及图形	基本解释	专业技能的重要性	特 点	建 议
专业包容职业	在专业领域内发展职业，一生的职业基本限制在专业领域内	本专业的技能在职业发展中重要性占80%	自己选择的职业与专业高度一致	精学专业
专业与职业部分重合	以专业为基础发展职业，一生的职业发展是在专业基础上有重点地沿着某些方向拓展	本专业的职业技能在职业发展中重要性占40%	个人选择的职业与所修专业部分一致，在重点掌握某些专业技能的同时，注重其他专业技能的学习	学好专业，精修其他喜欢的专业
以专业为核心	一生的职业发展以专业为核心，有较大扩展	本专业的职业技能在职业发展中的重要性≥60%	个人选择的职业与所修专业较一致，但职业发展明显超越专业领域	学好专业，选择与职业发展一致的课程
专业与职业相切	一生的职业发展与专业基本无关或在专业边缘发展职业	本专业的职业技能在职业发展中的重要性为10%~20%	个人选择的职业与所修专业基本不一致	保证专业合格，辅修其他适合的专业，如有可能可调整专业

续表

特征及图形	基本解释	专业技能的重要性	特点	建议
专业与职业分离 ● ○	一生的职业发展与专业完全无关	本专业的职业技能在职业发展中的重要性<10%	个人选择的职业与所修专业很不符合	尽量调整专业，若不能则辅修其他专业

第三，做好就业准备，为实现职业目标创造条件。根据人职匹配理论确立职业目标后，就要围绕适合自己的目标进行就业准备，开发自己的职业素质和职业能力，积累就业信息，编织人际网络。

第四，锁定目标单位，实现自己的就业目标。

三、大学生规划职业生涯的必要性

（一）个性特征的多样性需要大学生精心规划职业生涯

大学生的个性特征多种多样，世界上没有完全相同的人，每个大学生都具有独特性，这种独特性主要表现在以下几个方面。

1. 职业价值观不同

具有不同职业价值观的人有不同的追求，有的追求金钱，有的追求权力和地位，有的追求稳定轻松舒适的生活，有的追求利他，有的追求利己。价值观对一个人的职业目标和择业动机有决定性的作用。如果价值观与职业相吻合，就会觉得开心快乐；如果价值观与职业背离，就会感到无奈和痛苦。不同价值观和动机决定大学生有必要规划不同的职业生涯。

2. 职业兴趣不同

大学生的兴趣也是多种多样的，有的喜欢领导别人，而不乐意被人使唤；有的喜欢形象思维的工作，而不喜欢逻辑思维的工作；有的喜欢与人打交道的工作，而不喜欢与物打交道的工作；有的喜欢干挑战性强的工作，而不乐意干那些按部就班的事务性工作。兴趣各异决定大学生有必要规划不同的职业生涯。

3. 性格不同

大学生的性格有外向型的，也有内向型的，还有介于两者之间的性格。不同性格有不同的职业选择，外向型的性格适合做与人打交道的工作，内向型性格适合做技术工作和研究工作等。不同的性格决定大学生有必要规划不同的职业生涯。

（二）职业选择的多样性需要大学生精心规划职业生涯

职场是一个多元化的世界，条件各异，要求不同。职业选择的多样性主要体现在以下几方面。

1. 职业的地域选择具有多样性

我们既可以选择在国外就业，也可以选择在国内就业，在国内既可以选择经济发达的东部，也可以选择到西部去建功立业。

2. 单位性质的选择具有多样性

我们既可以选择在国有企业就业，也可以选择外企、国内私企、中外合资的股份制企业就业，还可以选择自主创业，自己办公司。在不同所有制的单位就业，其自主性是不同的，如果选择自己办公司，自主性最大，从策划到工作方式几乎完全由自己决定。如果选择制度都很完备的国企和外企，各项工作决策往往不是自己决定，自主性较小。

3. 行业性质的选择具有多样性

有的行业属于朝阳产业，有的属于夕阳产业。发展的前景不同，就业机会和待遇也会不同。我们一般都会选择发展机遇多、待遇好的行业和单位。

4. 职业自由度的选择具有多样性

各种职业的自由度是不同的，有的工作必须在规定的时间和地点坚守岗位，如门卫、医院和高速公路收费员的工作自由度就很小；有的工作就没有固定的地点和时间，如记者、推销员的工作自由度较大。

不同人适合不同的工作环境，选择适合自己的工作环境，工作起来就比较舒心，工作效率高很多。如果在不适合自己的环境工作，心情不舒畅，很压抑，工作就很难做好。所以，职业选择的多样性需要大学生精心规划职业生涯。

四、大学生规划职业生涯的重要性

（一）规划职业生涯有利于大学生更好地明确自己的人生奋斗目标

成功地设计职业生涯必须知己之长短、知环境之利弊。因此，规划职业生涯的过程就是一个不断认识自我、认识环境、扬长避短的过程。这个过程有利于设计者对自己优势和劣势进行深入的调查和细致的分析研究，从而客观、准确地了解自己的实力；同时，也有利于自己对职业世界的现状与发展趋势有一个清醒的认识。职业生涯规划的目的绝不只是协助个人达到或实现个人目标，更重要的是帮助个人真正了解自己，并且进一步详细评估内外环境的优劣，在"衡外情，量己力"的情形下，设计出合理且可行的职业生涯发展规划，选择合适的职业和职务。

职业决定了一个人的未来，大学生精心规划自己的职业生涯对于明确自己人生近期、中期和长期的奋斗目标具有十分重要的意义。追求目标是成功的保证，正如英国塞缪尔·斯迈尔斯所说："在每一种的追求中，作为成功之保证的与其说是卓越的才能，不如说是追求目标。如果一个人下定决心去做某件事情，他就会凭借这种决心的力量，跨越前进中的层层障碍；他不会动摇成功的信念，他能够坚强地在困境中站起，肩负起自己的责任，接受生命的挑战，朝着目标走去，最终能获得美满且幸福的人生。"（转引自康敏编译《目标的魔力》）

然而，相当多的大学新生处于目标的缺失期，高中期间他们的目标十分明确，就是考大学，而上了大学的目标是什么？许多大学新生却十分迷惘，不知道该确立什么目标，为此十分苦恼。学生中学时期缺乏职业指导，许多学生报考专业带有很大的盲目性，他们不懂得运用人职匹配理论来选择专业，往往是家长根据职场的需求状况和职业的冷热度来填报志愿。指导大学生进行职业生涯规划，有利于他们扬起理想的风帆，确立起自己的学业目标、职业目标和创业目标。大学生如果不规划最适合于自己成长与发展的职业生涯，无明确的奋斗目标，必然影响学业和事业的成功。

（二）规划职业生涯有利于大学生有的放矢地开发职业生涯，尽快实现人生目标

科学的、切实可行的职业生涯规划是职业生涯成功开发的前提条件。在职业生涯规划下进行职业生涯的开发，方向性强、有效性高，对职业目标的顺利实现具有积极意义。美国的M·K·巴达维在《开发科技人员的管理才能》一书中根据调查指出：在65岁以下的从业工程师中，从事管理工作的人数就占68%。在对工程技术人员进行职业目标的咨询中，大约有80%的人规划在5年内成为一名主管人员或经理。他们为实现个人职业生涯的规划目标，就会根据职业目标的要求进行职业生涯的开发。如果同学们的职业目标是成为教授级工程师，立志在专业技术领域内功成名就，他们就会努力构建T字形知识结构，"T"字形结构，"－"表示知识面的宽度，"l"表示对专业掌握的深度，两者结合，博专相济，相辅相成。该模式注重基础知识的扎实和专业知识的精深，具有巨大的科研潜力。构建T字形知识结构既注意知识面的拓展，又注重专业知识深度的挖掘，还要关注本专业前沿发展动态，注重专业理论的学习和动手能力、创新能力的培养。如果同学们立志成为杰出的管理者和经营者，就必须构建网络型知识结构，即侧重于专业知识的核心地位和相关知识的联系，在学好本专业的同时，选修管理或经营方面的课程或者辅修管理或经营方面的专业，同时还要参加一定的社会工作和营销工作，积累管理和营销经验。如果同学们立志从事教学科研工作，在学业上应该立志取得硕士或博士学位，只有这样你才能跨入教学科研的行业。总之，精心规划职业生涯，能增强学习工作的目的性，减少盲目性，避免走弯路，从而提高实现人生目标的速度。

实训项目：大学生活与职业规划

一、实训概述

【目的及要求】

大学生从踏入大学校门那时起就进入了人生的一个新阶段，如何对自己的未来做一个科学的计划，又如何去实施这个计划？这正是我们需要帮助新入校的大学生去完成的工作。

二、实训内容

【项目背景】

通过本章的学习及训练，使学生掌握职业生涯规划的基本概念，明白职业生涯规划对人生发展的重要作用，为今后学习本书其他章节打下坚实基础。

【训练步骤】

阅读以下材料，回答后面的问题。

从茫然无措到明确规划

成都理工大学信息管理学院人力资源管理专业大二学生文隆燕既是获得规划大赛的优胜奖，又是职业生涯规划中进步最快的一名学生。

文隆燕在参加规划大赛的时候提交的职业生涯规划书的突出之处是他对自己专业有一定的思考，但不足的是对自己的了解不深入，因此没有明确、清晰地提出自己未来长期和短期的规划，规划书写得较为粗糙。但考虑作为大二学生，毕竟是首次撰写规划书，能够对自己、对自己的专业进行深入的思考尚属不易，于是，他被允许入围规划大赛第二阶段——职业测评。经过职业测评，他全面了解了自己的职业类型和性格特征，对自己有了一个全新的认识。通过对自己的认识，他不断完善自己的作品，提交了复赛规划书。此规划书在测评书的基础上对自己进行了深入的剖析，并对大学四年的学习生活进行了细致的规划，较初赛时的职业规划书有了较大的进步。不仅如此，在大赛第三阶段的拓展训练中，他充分表现出了团队合作精神和沟通能力。但在结构化面试和无领导小组讨论中，由于比较紧张，所以表现欠佳，他失去了参加决赛的机会。

下来之后，他向我们表示："我发现自己不清楚自己的职业发展方向。虽然没有进入决赛，但参加这次大赛收获还真不少——从盲目学习到对自己进行全面了解，确定自己的人生目标，为未来作了明确的规划。"

（1）成都理工大学文隆燕同学规划职业生涯的实践对你有何启示？

（2）谈谈你对职业生涯的理解？

（3）大学生为什么要制订自己的职业生涯规划？

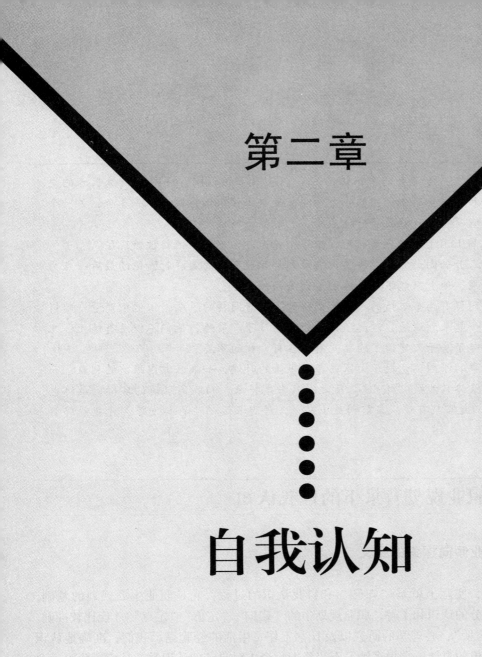

第二章

自我认知

心灵咖啡

> 有这样一则寓言：传说有两个饥饿的人，在最困难的时候，得到了一位长者的恩赐——一根鱼竿和一篓鱼。他们中的一个人想着赶快止住饥饿，就要了一篓鱼；另一个人想着今后能一直有吃的，就要了一根鱼竿。
>
> 拿到鱼的人马上用干柴把鱼烤熟后，吃了个精光。但不久，他就被饿死了。
>
> 拿到鱼竿的人开始向大海边走去，但当看到那片蔚蓝色的海洋时，他的最后一点力气也用完了。结果，他也只能眼巴巴地看着大海而饿死了。
>
> 无独有偶，同样有两个饥饿的人，他们得到了长者同样的恩赐。但他们商量一起烤鱼吃，然后，又一起来到海边，过起了捕鱼为生的日子。最终，他们不仅没有饿死，几年后，他们还盖起了房子，建造了渔船，有了各自幸福的家庭。
>
> 这则寓言故事的深刻寓意提示大家：在做事情的时候，如果只考虑眼前的利益，而不顾长远发展，最终只能被"饿死"。反之，只考虑将来，而脱离眼前的实际，最终也只能被"饿死"。大家只有既从当前利益出发，又考虑长远的生存与发展，才能最终解决问题。

第一节　职业规划背景下的自我认知

一、自我职业倾向探索的意义

自我认知分析，实际上就是"知己"和自我认识的过程，它是职业生涯规划的基础，只有对自己有了充分的认识和了解，职业规划中的"定向""定位""定点"才能比较准确。

"人贵有自知之明"，心理学的研究以及日常工作、生活的经验提示我们，准确地认识自己并不是一件简单的事情。在很多情况下，我们每个人对自己的认识常常是模棱两可、含混不清，有时甚至是完全错误的。我们不知道自己希望从工作中获得什么，不知道自己真正适合做什么。有些人在进行职业决策时，常常为了取悦他人——父母、老师、配偶或老板，他们让别人来判断自己适合什么。有些人追逐社会上的热门职业，被所谓的"流行""时尚""声望"牵着鼻子走。这些人不是根据自己的能力、兴趣来选择自己的工作或职业。如果职业目标不能满足我们的需要或与价值观不一致；如果我们对工作不感兴趣或不具备这项工作所要求的才能，那么所达成的职业目标对我们的意义就大打折扣。此外，还有许多人处在一种无意识的职业生涯状态，不愿意承担职业生涯管理的个人职责，让客观情况左右自己的行动和选择，他们常常把职业生涯管理当做危机管理，即使有信号提示他们应该做出改变时，他们仍然待在原来的位置上，一直等到必须做改变时刻的到来。人们不会从过去的经历中学习，重复同样的错误，这些都和不认识自己，不了解自己有关。

解决这些问题可从两方面入手：首先，人们必须认清自己的价值观、兴趣、才能以及自己所偏爱的生活方式。其次，必须意识到个人所从事的职业与个人的个性特征相协调的重要性。这都要求我们从认识自我开始，进行有意识的职业生涯管理。

我们不妨常常问自己下列一些问题：

（1）你现在是否是待在你想待的地方，如果不是，你知道自己想要的是什么吗？

（2）你知道怎样才能得到自己想要的东西吗？中间需要经过哪些步骤？

（3）与你的职业生涯相关的真正重要因素是什么？

（4）你曾有过的最大的成功是什么？

（5）在职业生涯中你愿意在哪些方面与众不同？为什么？怎样才能做到？

（6）哪些因素影响着你原来的职业决策？哪些人？哪些机会？

（7）你是否曾经注意包装你的技能，或者你是否对自己的兴趣、价值观、个人偏好进行过评估？如果是，你是怎样确定这些因素的？

如果你能回答这些问题，你可能是采取了一种有意识的方式来管理自己的职业生涯。否则，你就应该进一步加强自我认知和探索，认真规划你的职业生涯。

还应该清楚的是，自我认知需要持续进行，这种自我探索还会伴随着个人实践的发展而不断进行并且完善。从某种意义上来说，它和职业生涯管理一样是一个长达一生的过程。例如，某毕业生原来在大学阶段是一个成绩优异的好学生，踌躇满志地找到某个工作单位后，由于该单位人际关系复杂，自己的才能总是得不到上级的认可和赏识，通过对从前建立的自我的怀疑、修订，他可能对自我又有了更全面的认知：以前的我，只是会学习的优秀学生，在处理人际关系方面还有许多欠缺，离一个优秀的员工还有距离。

二、自我认知常用的方法

（一）360°主观评价法

360°主观评价法又被称为多渠道评估法，是指通过收集与受评者有密切关系的、来自不同层面人员的评估信息，来全方位地评估受评者。通过评估反馈，可以获得来自多层面人员对受评者素质、能力等方面的评估意见，比较全面、客观地了解有关受评者个人特质、优缺点等信息，作为受评者进行职业生涯规划及能力发展的参考。例如，通过家人、亲戚、朋友、老师和同学等周围的人对受评者本人进行客观的分析，来达到自我认知。

（二）职业心理测评法

所谓职业心理测评法，是指运用现代心理学、测量学、管理学、社会学、统计学、行为科学及计算机技术于一体的综合技术来进行测评。职业心理测评法通过人机测评、结构化面试、情景模拟、评价中心等技术，对人才的知识水平、能力及其倾向、工作技能、内在动机、个性特征和发展潜能进行测量，并根据工作岗位要求及组织特性进行评价，从而实现对人才进行全面、准确、深入的了解，将最合适的人才用到最合适的工作岗位（人岗匹配），以实现最佳工作绩效。

需要注意的是，人是极为复杂的，某一个维度的单项测评并不能全面反映一个人的特质。为了解决这一问题，可以借助测试工具比较详细、客观地对自己的职业兴趣、职业能力、职业价值观和行为风格进行测评和描述，根据测评结果提出针对性的建议。

（三）橱窗分析法

橱窗分析法是一种借助直角坐标不同象限来表示人的不同部分的分析方法，它以其他人知道或不知道为横坐标，以自己知道或不知道为纵坐标，把对个人的了解比作一个橱窗，由4个"我"组成："公开我""隐藏我""潜在我"和"脊背我"。

橱窗1："公开我"。即自己知道、其他人也知道的部分，其特点是展现在外、无所隐藏。例如，身高、年龄、学历、婚姻状况等。

橱窗2："隐藏我"。即自己知道、其他人不知道的部分，其特点是属于个人私有秘密，不外显。例如，自私、嫉妒等平常自己不愿袒露的缺点，以及心中的愿望、雄心、优点等不敢告诉其他人的部分。可以采取撰写自传或日记的方式来了解自我，了解自身成长的大致经历和自我计划情况等。

橱窗3："潜在我"。即自己不知道、其他人也不知道的部分，其特点是开发潜力巨大，但通常其他人和自己都不容易发觉。可以通过人才测评来发现自己平时注意不到的潜力，也可以在学习和生活过程中，多做尝试来发现自己的潜力。

橱窗4："背脊我"。即自己不知道、其他人知道的部分，其特点是自己看不到，其他人却看得清清楚楚。可以采取同自己的家人、朋友等交流的方式，也可以借助录音、录像设备。要做到尽量开诚布公，对其他人提出的意见有则改之、无则加勉。如果一个人诚恳地征询他人的意见和看法，就不难了解"背脊我"。要做到这一点，需要有开阔的胸怀，确实能够正确对待他人的意见，否则，其他人是不会说实话的。

通过4个橱窗可知，需加强了解的是橱窗3和橱窗4。橱窗3是"潜在我"。著名心理学家赫伯特·奥托指出，一个人一生所发挥出来的能力，只占他全部能力的4%，也就是说一个人96%的能力还未开发。赫赫有名的控制论奠基人诺伯特·纳说："可以完全有把握地说，一个人即使做出了辉煌的成就，在他的一生中利用自己的大脑潜能也不到百亿分之一。"由此可见，认识、了解"潜在我"，是自我认识的重点之一，把个人潜能开发出来，也是职场新人的头等大事。

（四）其他的一些自我认知的方法

（1）现实情景检验法：即在现实情景的释放中去认识自己。因为在没有任何矫饰和防御的情况下，人们对人、对事和对周围环境的态度是最自然、最真实的，所以这种认知也更真实可信。利用这种理论，有些公司在招聘员工的时候常设计现实的场景。如在等候大厅随意地放倒几个拖把，丢弃一些垃圾，甚至有的时候会有突然奔跑的孩子摔倒。于是，就会看到在等待面试的人中各种自然而然的表现：有的人会不断地装饰自己的衣着；有的人在仔细地阅读关于公司的背景资料，有的人会很自然地扶正放倒的拖把、捡起垃圾、扶起摔倒的孩子……最后的结果是扶正拖把、捡起垃圾、扶孩子的人会被录用。

（2）从过去的成长经历中去认识自己。一个人人格的发展，和其生命中一些重要的人息息相关，这些人不仅可以造成一个人的心理情绪失调和心理处于病态，也可以推动一个人的正常心理功能、领导力和天才发展。有一位心理学家形象地说："你现在的人际关系是你过去人际影响的全部总和的再现。"从这个角度去认识自己，也不乏是一个很好的方法。

（3）适当地利用心理投射测验。这种测验方式可以反映更多潜意识层面的信息。但对于结果的解释更依赖解释者的专业素养，因此要慎重科学地使用。投射测验应该很严肃地去选择、应用和解释。最好选用中国心理测量委员会正式出版和声明有效的心理测验。同时，慎重对待测试结果。心理测验的解释非常重要，解释不当会给人带来负面的暗示。

（4）通过镜像自我来了解自己。著名的心理学家库里提出他人的存在就像是自己的镜子。可以通过他人对自己的态度和行为方式来了解自己、判断自己，给出一个客观和公正的定位。每个人在社会生活中都会有人告诉自己真实的声音，这些声音在自己的成长过程中是宝贵的。如果有10个朋友，他们就像是自己的10面镜子，从不同的方向照射自己，促进自我完善。不要怕"刺眼"，勇敢地正视镜中的自己。

（5）通过内省的方法来了解自己。人们能够与自己的内心真实地接触，和自己进行一次对话，来反思和认识自己也是一个很好的方法。《论语》中孔子说要"吾一日三省吾身"。人在内心深处整理自己的时候，会发现自己以前不曾发现的领域，甚至有的时候会产生顿悟，为自己的心灵打开一扇窗，令自己主动地选择积极的、建设性的改变。

以上方法各有优劣，并不相互排斥，在自我职业生涯管理过程中我们可以把各种方法结合起来使用。

三、自我职业倾向探索的内容

（一）职业价值观——你想得到什么

价值观是人们对客观事物（包括人、物、事）在满足主观需要方面的有用性、重要性、有效性的总评价和总看法。它反映了人们对奖励、报酬、晋升、发展或职业中其他方面的不同偏好，体现了一个人最想从工作中获得什么，在工作中最看重什么。价值观常常是欲望、动机、需要的混合体。每个人都可能有一套独特的对个人来说很重要的职业价值观，但有时自己意识不到。

职业价值观是职业选择的核心心理因素，对职业选择和职业动机具有导向作用，对职业认识、职业选择和职业生涯发展具有重要的影响。大学生的职业价值观是大学生这一特殊社会群体对待职业的一种信念和态度，对他们今后的职业生活起着关键性的指导作用，不仅决定了他们的择业行为，而且对于他们的工作态度、工作积极性，乃至对社会的稳定和发展都有重要的影响。

（二）职业兴趣——你最喜欢干什么

兴趣是最好的老师，在职业选择上，应当考虑自己的兴趣或志向所在。

兴趣是指一个人是否喜欢从事某项具体活动，因此，兴趣是一个人喜欢做什么的表现。

兴趣源于价值观、家庭生活、社会阶层、文化及物理环境等因素。

一个人对某职业或专业的兴趣如何，在选择职业或专业时是首要的。对工作有兴趣会促使一个人集中精力获得职业所需要的专业知识和技术才能，更大地调动主观能动性，促进工作能力的发挥，激发人的思维，提高人的工作效率，更好地完成本职工作。有了兴趣作为指引，即使在工作过程中遇到挫折和失败，也能够持之以恒，以自己的能力去克服困难，最终实现事业上的进步。而如果一个人从事了一种他很不喜欢的工作，他就不可能积极主动地去做，甚至有时还不自觉地表现出被动、消极、拖拉的工作态度，因而常常得不到领导和同事的赞扬，甚至会与他们在工作上产生矛盾，进而加剧对工作的厌烦和抑郁不快的心情，使整个生活失去绚丽的色彩。

职业爱好和身体特质是职业成功的前提，实际上，它更是你实现理想的途径，是使一个人快乐幸福的隐形伴侣。因此，我们选择职业的首要出发点应该是考虑自己的兴趣。即使天赋和兴趣发生冲突时，建议你依然是选择自己感兴趣的行业。兴趣对人生事业的发展至关重要，所以兴趣自然是职业选择应考虑的重要因素之一。

（三）职业性格——你适合干什么

性格是一种个人现实的、稳定的态度和习惯化了的行为方式，是人在社会活动中通过与环境相互作用而逐步形成的。性格一旦形成就具有一定的稳定性。

性格对一个人的成功有着很大的影响。一个人从事的职业与他的个性相适应，工作起来就会得心应手，心情舒畅，容易取得成功。相反，如果职业与性格不相适应，性格就会阻碍工作的顺利开展。

人的性格千差万别，或热情外向，或羞怯内向，或沉着冷静，或火爆急躁。职业心理学的研究表明，不同的职业有不同的性格要求。虽然每个人的性格都不能百分之百地适合某项职业，但可以根据自己的职业倾向来培养、发展相应的职业性格。不同的性格特征，对企业而言，决定了每个员工的工作岗位和工作业绩；对个人而言，决定着自己的事业能否成功。

绝大部分职业都同时与几种性格类型特点相吻合，而一个人也都同时具有几种职业性格类型的特点。在实际的吻合过程中，应根据个人的性格与职业的要求，具体情况具体处理，不能一概而论。

（四）职业能力——你能干什么

个体能力是职业生涯管理中的一个重要组成部分，它反映了一个人能做什么或通过适当培训后能做什么。能力意味着一个人在工作中表现出来的技能、经验和知识。它能够使一个人的工作显得出色，因此我们在进行职业生涯决策时，考虑清楚自身的能力是非常关键的，这样才有可能为自己在职场上获得主动权，进而取得职业生涯的成功。但是不幸的是，很多人在择业时并没有选择那些能够最大限度地发挥自己能力优势的职业，甚至经常去选择自己不能胜任或不能发挥已有优势的职业或工作，使自己在今后的发展中处于被动地位。

综上所述，价值观、兴趣、性格和能力对一个人的职业决策都有影响，它们在某些方面是互相关联的，虽然我们为了理解方便把它们分开来分析，但对分析的结果必须视为一个整体，这样才有助于我们更好地把握自己。

第二节 自我的职业价值观探索

一、价值观概述

价值观是人对周围事物的一种评价或态度，是人们在一定环境中的动机、目的需要和情感意志的综合体现。社会中存在个人价值与社会价值两种范畴：个人价值是指作为价值客体的社会对于作为价值主体的个人所具有的价值；社会价值是指作为价值客体的个人对作为价值主体的社会所具有的价值。

价值观是支撑人类生活的精神支柱，它决定着人类行为的取向，决定着人们以什么样的心态和意旨去评价客观世界、对待生活，因而它对于人类的生活具有根本性的引导意义。

二、价值观的探索

价值观的选择依据人们的认知能力。人们必须在不屈服于任何外界压力的条件下做出自由的选择。然而，与以往相比，今天我们所面临的诱惑和信息要多得多，因此要形成清晰的个人价值体系可能要更难一些。个人需要通过大量的思考和自我反省才能明确地了解对自己而言重要的价值。在辨别和明确自己价值观的过程中会经常遇到困难，学会理解自己的价值体系可能是一个需要花费一生时间的过程。

在一个人的职业生涯选择中，其价值观是很重要的决定因素。价值观探索强调的不是价值观本身，而是获得价值观的过程，所以必须注意价值观的探索和确定。

一般而言，价值观探索要经过下述七个步骤。

（1）自由选择。一个人的价值观必须让个人自由选择，经过自由选择而确立的价值观才能真正起到引导个人行为的作用。

（2）从各种不同可能的选择中进行选择。具体做法是：

①辨别与问题有关的价值观。

②辨别其他可能有关的价值观。

③整理上述每一种价值观及其可能对选择产生的后果。

（3）对每种可能选择的后果进行了深思熟虑后做出选择。对各种途径产生的后果三思后进行选择。个人感情冲动或大脑欠冷静时，贸然选择的价值观不能代表他真正的价值观。只有对各种不同途径的后果经过认真考虑和衡量比较后做出的选择才是有意义的选择，才能具有真正的价值观。

（4）重视和珍惜所做出的选择。一般来说，我们对自己认为有价值的东西都会重视和珍惜，会以它为荣。只有为我们所重视和珍惜的价值观，才有可能成为我们真正价值观的一部分。

（5）愿意公开自己的选择。如果我们的选择是在自由的环境中经过自己的认真思考做出的，而且我们非常重视和珍惜它，那么，当有人问起时，我们会很自然地对外公开宣布。

（6）根据自己的选择采取行动。一个人的价值观能左右他的生活，能对他的日常行为产生举足轻重的影响。一个人如果认为某种东西有价值，就会非常乐意地为之付出自己的时间、精力、金钱乃至生命，去尝试、去实践、去完成或拥有它，百折不挠、锲而不舍。

（7）以某种生活方式，不断重复坚持自己的价值观，重复根据自己的选择所采取的行动。如果一个人的某种观念、态度或兴趣已经上升为他的价值观，那么，他就会在各种不同的时间和场合一而再，再而三地表现在行为上。价值观将长久地支配着人们的行动。

三、价值观与职业定位

（一）价值观在职业定位中的地位和作用

在长期对大学生进行职业选择指导的实践中，我们逐渐认识到，大学生的职业定位倾向受其就业动机支配，而就业动机是大学生价值观的重要组成部分。与以往大学生比较而言，就业动机鲜明地体现了当代大学生在人生价值观上发生的变化。

大学生的择业倾向受就业意识支配，它是大学生价值观的重要组成部分。而就业意识的核心是就业动机，大学生的择业态度和行为总是从一定的动机出发并指向一定的目标。一个人在上大学之前，由于就业目标主要受社会宣传和社会舆论的影响，其就业动机表现出明显的受暗示性和不稳定性。而即将毕业的大学生其就业意识已趋于成熟，就业动机已比较明确，他们对自己未来从事的职业已能做出评价和选择。

具体来讲，大学生的就业动机可以归纳为三种类型。这三种类型的就业动机分别影响着大学生的职业定位。

1. 谋生型

在当今的社会经济体制下，劳动依然是人们的谋生手段，通过从事某种职业而获得维持生活的经济收入，这是最普通的就业动机。这种就业动机使学生树立了自食其力的观念。在这种就业动机支配下，学生择业考虑的第一因素就是经济收入水平和福利的高低。

2. 创业型

大学生希望获得事业的成功，在创业中展示才华，取得成就。在这种就业支配下，大学生择业考虑的第一因素是职业是否具备充分展示自己才华的各种条件。

3. 贡献型

一部分大学生的职业理想是做一个对社会、对人类有贡献的人。在这种就业动机支配下，大学生择业考虑的第一因素是社会的需要，当社会需要与个人利益发生冲突时，他们会把社会的需要放在第一位。

（二）当代大学生职业定位特点及影响因素

1. 择业标准向实现自我价值转化

随着大学生就业不包分配，"铁饭碗"逐步取消，人才流动在国家相关政策的鼓励下成为现实，大学生择业不再是从一而终，而是谋求职业流动，通过多样选择寻找到最能发挥自己才能的岗位。

2. 职业评价向注重经济利益转移

经济利益是大学生择业时所关注的重要方面。随着社会主义市场经济体制的建立，大学生的经济意识不断增强，期盼通过合理的就业劳动获得尽可能多的经济收入。一方面，大学生把经济收入的多少看做是衡量个人价值的一个重要方面；另一方面，大学生就业后将面临恋爱、结婚、家庭生活、养育后代及从事一定范围的社会交往活动等人生必不可少的内容，这些都需要较强的经济实力，而获得经济收入的主要渠道是工资收入。与此同时，由于大学生本身缺乏对社会职业报酬的实际体会，所以他们在求职过程中不能根据社会行情对自身价值进行评估并提出合理要求。

3. 以市场选择为根本取向

高等院校大学生的就业心态在竞争和压力下逐步走向成熟，职业价值观也随之有了较大的变化。严峻的就业形势迫使更多的毕业生在选择职业时更加注重市场要求以及自己的实际。

4. 追求技术性、专业性强的职业岗位

很多毕业生愿意到技术性、专业性强的单位去工作。他们认为，在这种岗位上工作能够学有所用、发挥专长，能够充分发挥个人的创造才能，缩短适应职业的时间，且易受人尊重，能获得精神上的满足。

5. 追求更高层次的社会地位

在当代大学生的就业意识中，普遍存在着追求高声望、高层次单位的倾向。因为能在这样的单位就业，既能使自己接触到层次高、视野宽的工作，以增强自己适应社会的能力，又能使自己获得更多的学习、培训和晋升的机会，以获得较高的社会地位，对未来的择偶、交友也将有很多好处。

6. 既追求安全感和稳定性，又追求灵活性

长期以来，我国实行传统的劳动人事制度，人一旦已经从业，终生难变，这既使人们有安全感、稳定感，又使人们无望改变职业岗位。但随着传统模式的改变，双向选择、自主择业影响着当代大学生的择业倾向，他们在注重稳定、安全的同时也注重灵活性、自由性。

案例导读

李明今年 29 岁，现在一家广告公司供职。从他七年前大学毕业到现在，已经换了五家不同的公司。

"我原来一直的看法是：不要急于给自己的人生定向，可以多尝试一下，然后再确定自己的方向。这五年来，我一直在试图给自己找一份真正满意的工作，于是我不断地搜取各方面的信息、建议，以图更好的发展。最开始，我在银行工作，后来又先后干过房地产、保险、体育器材等工作，直到最近进了这家规模不大的广告公司。频繁的跳槽虽然让我累积了丰富的工作经验，但也失去了很多原有的资源以及升迁的计划。我已经是一位将近而立之年

的男人，我希望自己的工作生活能够相对固定些，能有一个长期稳定的发展空间。但就目前情况看，很难。我投身广告是因为这一行业现在市场需求大，可谁知道以后会怎样呢？我原先的几份工作也是开始好做，后来越来越难做了。我觉得自己长期以来都不能安心干好一份职业，要么容易厌倦、要么轻易放弃。包括做广告，我的劲头也不如开始时那么足了，业务、人际方面的麻烦事弄得我注意力很难集中，这对我很不利。老同学聚会时，我看见一些朋友已是小有成就，想想自己，又是惭愧又是不服。真不知是运气不好，还是自己存在问题。"

在今天的中国，经济高速发展，职业选择日益增多，"跳槽"对许多打工者来说是谋求更好发展的一种途径。如果不满意现在的工作，自身又具有一定的实力和冒险精神，换换口味，换换环境，走一条从未走过的路，也许会有意外的收获。

但是，正所谓"有得必有失"，这样做可能使你失去一些朋友，丧失一些资源，并承受来自各方面的压力。因此，你必须估量一些可能遇到的麻烦，以及将来要遭遇的竞争，在此基础上再决定自己的去留。也就是说，在选择之前要充分权衡得失，不要轻率而因此造成得不偿失。

在这个世界上没有任何一项职业、一份工作是十全十美的，与其整日不满抱怨、牢骚满腹，还不如利用机会好好充实、锻炼。有些工作也许看来不错，但未必适合你，你也未必真正喜欢。所以表面上的"有利""不利"等，其本身并无很大意义，关键还在于你自身的实际情况。只有懂得超越表面价值的人，才拥有真正的大智大慧，才能把坏事变成好事，不受表面价值的羁绊。其实，正如俗语所说，"三百六十行，行行出状元"，不管在哪儿工作，都会有展示能力的机会、发展自己的空间，即使你的工作很不理想，你也要致力于对他人有益的活动，争取多贡献、多作积累，并借此鹤立鸡群。

对此，日本松下电器公司总裁松下幸之助有一段话发人深省："我想，选择公司是决定各位将来方向最重要的课题。不要存在着姑且进入这家公司试试看的心理，而要有一生一世都要在这家公司服务的坚定信念。所以今后漫长的一生里，很可能遇到不愉快的事情，碰到各种麻烦，但切勿轻言离开公司。若遭遇不顺就想转业，则永远不会有大的成果……不论哪一种工作，要确切地知道是否适合自己，并不是一件容易的事。工作几年之后，慢慢地会产生兴趣，适应的情况连自己都感到惊奇。工作之中往往会有这种情形产生。"

四、职业价值观

价值观是一种内心尺度，它凌驾于整个人性当中，支配着人的行为、态度、观察、信念、理解等，支配着人认识世界、明白事物对自己的意义和自我了解、自我定向、自我设计等；也为人自认为正当的行为提供充足的理由。我们这里考察的职业价值观，在于探讨人们在职业选择和职业生涯中，在众多的价值取向里，优先考虑哪种价值。

（一）职业价值观的内涵

职业价值观是个体对职业所持有的相对稳定的个性倾向，它的形成和发展是个人长期生活经验积淀的结果。舒伯认为职业价值观是个人追求的与工作有关的目标,也即个人的内在需求及在从事活动时所追求的工作特质或属性。它是人生价值观在职业问题上的反映。

每种职业都有各自的特性。不同人对职业特性可能有不同的评价和取向,这就是所谓的职业价值观,也叫择业观。作为人们对待职业的一种信念和态度,职业价值观往往决定了人们的职业期望,影响着人们对职业方向和职业目标的选择。当我们有矛盾冲突或妥协与放弃时,常常也是出于价值的考虑。

当然,个人由于所处的生涯发展阶段、社会环境的不同,他的需求会发生改变,从而可能导致价值观的变化;当今多元社会中多种价值观的冲击也会导致原有价值观体系的混乱乃至改变。因此,价值观需要不断地审视和澄清。

(二)职业价值观的类型

美国的职业学家萨柏曾经概括过15种职业价值观类型:助人、美学、创造、智力刺激、独立、成就感、声望、管理、经济报酬、安全、环境优美、与上级关系、社交、多样化和生活方式。职业专家通过大量的调查,把职业价值观分为六大类,如表2-1所示。

表2-1 六类职业价值观的特点和相对应的职业类型

职业价值观	特点	相应职业类型
自由型（非工资生活者型）	不受别人指使,凭自己的能力拥有自己的小"城堡",不愿受人干涉,想充分施展本领	室内装饰专家、图书管理专家、摄影师、音乐教师、作家、演员、记者、诗人、作曲家、雕刻家、漫画家等
小康型	追求虚荣,优越感也很强。很渴望能有社会地位和名誉,希望常常受到众人尊敬。欲望得不到满足时且过于强烈的自我意识,有时反而很自卑	记账员、会计、银行出纳、法庭速记员、成本估算员、税务员、核算员、打字员、办公室职员、统计员、计算机操作员等
支配型（独断专行型）	相当于组织的一把手,飞扬跋扈,无视他人的想法,为所欲为且视此为无比快乐	推销员、进货员、商品批发员、旅馆经理、饭店经理、广告宣传员、调度员、律师、政治家、零售商等
自我实现型	不关心平常的幸福,一心一意想发挥个性,追求真理。不考虑收入、地位及他人对自己的看法,尽力挖掘自己的潜力,施展自己的本领,并视此为有意义的生活	气象学者、生物学者、天文学家、药剂师、动物学者、化学家、科学报刊编辑、地质学家、植物学者、物理学者、数学家、实验员、科研人员、科技工作者等
志愿型	富于同情心,把他人的痛苦视为自己的痛苦,不愿干表面上哗众取宠的事,把默默地帮助不幸的人视为无比快乐	社会学者、导游、福利机构工作者、咨询人员、社会工作者、社会科学教师、护士等

续表

职业价值观	特　　点	相应职业类型
技术型	认为立足社会的根本在于一技之长，因此钻研一门技术，认为靠本事吃饭既可靠，又稳当	木匠、农民、工程师、飞机机械师、野生动物专家、自动化技师、机械工、电工、火车司机、公共汽车司机、机械制图员等

五、职业价值观自测量表

自我职业价值观的认知方法有多种，以下选用两种近年来常用的方法。

（一）职业价值观自测量表

下面有52道题目，每道题目都有5个备选答案，请根据自己的实际情况或想法，在题目后面圈出相应字母，每题只能选择一个答案。通过测验，你可以大致了解自己的职业价值观念倾向（A——非常重要；B——比较重要；C——一般；D——较不重要；E——很不重要）。

1. 你的工作必须经常解决新的问题。　　　　　　　　　　　　　　A B C D E
2. 你的工作能为社会福利带来看得见的效果。　　　　　　　　　　A B C D E
3. 你的工作奖金很高。　　　　　　　　　　　　　　　　　　　　A B C D E
4. 你的工作内容经常变换。　　　　　　　　　　　　　　　　　　A B C D E
5. 你能在你的工作范围内自由发挥。　　　　　　　　　　　　　　A B C D E
6. 工作能使你的同学、朋友非常羡慕你。　　　　　　　　　　　　A B C D E
7. 工作带有艺术性。　　　　　　　　　　　　　　　　　　　　　A B C D E
8. 你的工作能使人感觉到你是团体中的一份子。　　　　　　　　　A B C D E
9. 不论你怎么干，你总能和大多数人一样晋级和涨工资。　　　　　A B C D E
10. 你的工作使你有可能经常变换工作地点、场所或方式。　　　　A B C D E
11. 在工作中你能接触到各种不同的人。　　　　　　　　　　　　A B C D E
12. 你的工作上下班时间比较随便、自由。　　　　　　　　　　　A B C D E
13. 你的工作使你不断获得成功的感觉。　　　　　　　　　　　　A B C D E
14. 你的工作赋予你高于别人的权力。　　　　　　　　　　　　　A B C D E
15. 在工作中，你能试行一些自己的新想法。　　　　　　　　　　A B C D E
16. 在工作中，你不会因为身体或能力等因素，被人瞧不起。　　　A B C D E
17. 你能从工作的成果中知道自己做得不错。　　　　　　　　　　A B C D E
18. 你的工作经常要外出，参加各种集会和活动。　　　　　　　　A B C D E
19. 只要你干上这份工作，就不再被调到其他意想不到的单位和工种上去。　A B C D E
20. 你的工作能使世界更加美丽。　　　　　　　　　　　　　　　A B C D E

21. 在你的工作中，不会有人常来打扰你。　　　　　　　　　　A B C D E
22. 只要努力，你的工资会高于其他同年龄的人，升级或涨工资的可能　A B C D E
性比干其他工作大得多。
23. 你的工作是一项对智力的挑战。　　　　　　　　　　　　　A B C D E
24. 你的工作要求你把一些事物管理得井井有条。　　　　　　　A B C D E
25. 你的工作单位有舒适的休息室、更衣室、浴室及其他设备。　A B C D E
26. 你的工作让你有可能结识各行各业的知名人物。　　　　　　A B C D E
27. 在你的工作中，能和同事建立良好的关系。　　　　　　　　A B C D E
28. 在别人眼中，你的工作是很重要的。　　　　　　　　　　　A B C D E
29. 在工作中，你经常接触到新鲜的事物。　　　　　　　　　　A B C D E
30. 你的工作使你能常常帮助别人。　　　　　　　　　　　　　A B C D E
31. 你在工作单位中，有可能经常变换工作。　　　　　　　　　A B C D E
32. 你的作风使你被别人尊重。　　　　　　　　　　　　　　　A B C D E
33. 同事和领导人品较好，相处比较随便。　　　　　　　　　　A B C D E
34. 你的工作会使许多人认识你。　　　　　　　　　　　　　　A B C D E
35. 你的工作场所很好，比如有适度的灯光，安静、清洁的工作环境，　A B C D E
甚至恒温、恒湿等优越的条件。
36. 在工作中，你为他人服务，使他人感到很满意，你自己也很高兴。　A B C D E
37. 你的工作需要计划和组织别人的工作。　　　　　　　　　　A B C D E
38. 你的工作需要敏锐的思考。　　　　　　　　　　　　　　　A B C D E
39. 你的工作可以使你获得较多的额外收入，比如，常发实物、常购买　A B C D E
折扣商品、常发商品的提货券、有机会购买进口货等。
40. 在工作中，你是不受别人差遣的。　　　　　　　　　　　　A B C D E
41. 你的工作结果应该是一种艺术而不是一般的产品。　　　　　A B C D E
42. 在工作中不必担心会因为所做的事情让领导不满意，而受到训斥或　A B C D E
经济惩罚。
43. 在你的工作中能和领导有融洽的关系。　　　　　　　　　　A B C D E
44. 你可以看见你努力工作的成果。　　　　　　　　　　　　　A B C D E
45. 在工作中常常要你提出许多新的想法。　　　　　　　　　　A B C D E
46. 由于你的工作，经常有许多人来感谢你。　　　　　　　　　A B C D E
47. 你的工作成果常常能得到上级、同事或社会的肯定。　　　　A B C D E
48. 在工作中，你可能做一个负责的人，虽然可能只领导很少几个人，　A B C D E
你信奉"宁做兵头，不做将尾"的俗语。
49. 你从事的那种工作，经常在报刊、电视中被提到，因而在人们的心　A B C D E
目中很有地位。
50. 你的工作有数量可观的夜班费、加班费、保健费或营养费等。　A B C D E
51. 你的工作比较轻松，精神上也不紧张。　　　　　　　　　　A B C D E

52. 你的工作需要和影视、戏剧、音乐、美术、文学等艺术打交道。　　　A B C D E

【评分与评价】

上面的52道题分别代表13项工作价值观。每圈一个A得5分、B得4分、C得3分、D得2分、E得1分。请你根据表2-2所示的评价表中每一项前面的题号，计算一下每一项的得分总数，并把它填在每一项的得分栏上。然后在表格下面依次列出得分最高和最低的三项。

表2-2　评价表

得分	题号	价值观	说明（工作的目的和价值）
	2，30，36，46	利他主义	在于直接为大众的幸福和利益尽一份力
	7，20，41，52	美感	在于能不断地追求美的东西，得到美感的享受
	1，23，38，45	智力刺激	在于不断进行智力的操作，动脑思考，学习以及探索新事物，解决新问题
	13，17，44，47	成就感	在于不断创新，不断取得成就，不断得到领导与同事的赞扬或不断实现自己想要做的事
	5，15，21，40	独立性	在于能充分发挥自己的独立性和主动性，按自己的方式、步调或想法去做，不受他人的干扰
	6，28，32，49	社会地位	在于所从事的工作在人们的心目中有较高的社会地位，从而使自己得到了人们的重视与尊敬
	14，24，37，48	管理	在于获得对他人或某事物的管理支配权，能指挥和调遣一定范围内的人或事物
	3，22，39，50	经济报酬	在于获得优厚的报酬，使自己有足够的财力去获得自己想要的东西，使生活过得较为富足
	11，18，26，34	社会交际	在于能和各种人交往，建立比较广泛的社会联系和关系，甚至能和知名人物结识
	9，16，19，42	安全感	不管自己能力怎样，希望在工作中有一个安稳局面，不会因为奖金、长工资、调动工作或领导训斥等经常提心吊胆、心烦意乱
	12，25，35，51	舒适	希望能将工作作为一种消遣、休息或享受的形式，追求比较舒适、轻松、自由、优越的工作条件和环境
	8，27，33，43	人际关系	希望一起工作的大多数同事和领导人品较好，相处在一起感到愉快、自然，认为这就是很有价值的事，是一种极大的满足
	4，10，29，31	变异性（追求新意）	希望工作的内容应该经常变换，使工作和生活显得丰富多彩，不单调枯燥

得分最高的三项是：_____；_____；_____。
得分最低的三项是：_____；_____；_____。

从得分最高和最低的三项中，可以大致看出你的价值倾向，在选择职业时就可以加以考虑。

（二）自我反省、自我陈述法

根据舒伯提出的工作价值观理论，与工作相关的、更具体的价值观有：利他主义、爱美、创造力、知识（智力）、激励、独立性、成就、威望、管理、经济回报、安全感、环境、监督关系、协作、变化、生活方式等。人们会从本质上看重不同的价值观，不同的职业和工作会在不同程度上满足人们某方面的价值观。一般来说，工作越能满足人们的工作价值观，他们的工作满意度水平就越高。

如何探测人们的工作价值观呢？

一方面，人们可以通过分析自己的生活史，弄清过去曾做过的职业生涯决定，追究其中的原因就可以了解到自己的工作价值观；另一方面，人们也可以通过更多的结构化价值观调查来补充这种非正式的分析。

以下说法代表了不同人对工作的态度以及工作对他们的意义。哪三种方式是你和你工作之间关系的真实反映？

（1）工作作为收入来源——是一种实现目的的手段。你真正想要的是否就是金钱，或者金钱能买到的东西？是金钱带给你满足感还是挣钱本身带给你满足感？这背后的期望是什么？

（2）工作作为一种活动——是一种让你有充实感的东西。工作为什么会产生这种效果？

（3）工作为了自我实现——是表达甚至发现自我的方式。工作是如何让你触及自己或向你揭示出真正的自我？这种工作动机背后的欲望又是什么？

（4）工作代表一种贡献——"工作能够改善社会福利、促进人类进步"，或者只是作为社会的一员"所应尽的义务"。这些话不一定完全适合你。用你自己的话说出你希望通过工作做出什么样的贡献，而你贡献的目的又是什么？

（5）工作是一种结构——规划你每天及每年的活动。在最简单的层面上，把工作视为安排生活的一种方式给你提供了可将事情整合起来的框架；在最复杂的层面上，工作的结构可能会演变成一种对你有极大意义的仪式或艺术形式。你从这种结构中又得到了什么呢？

（6）工作作为一个家庭式的根据地——工作向你提供了感觉上像家一样的空间。如果是这样，你回到工作中就像回到家中一样，在工作的时候最放松、最能找到自己，工作是你的归属。那么，这种感觉背后的欲望是什么？

（7）工作作为能力的一种体现——是一种自我感觉有价值的方式，使自身变得独立、内行、熟练、能驾驭一切。你是把什么样的愿望和这种感觉联系起来呢？

（8）工作是一种乐趣——工作本身就是令人愉快的。那么，更确切地说，在工作中究竟是什么活动带给你乐趣呢？与这种满足感相关联的欲望又是什么呢？

（9）工作是一场比赛——工作是一场竞技性运动或者是一种有特殊规则的游戏，工作中的成功就好比赢得了一场网球或桥牌赛。在这种方式中你的欲望又是什么呢？

通过对我们价值观、职业价值观的探索和澄清，让我们能够了解到自己的优点和缺点，并能结合自身所拥有的各种资源，发挥个人潜能，规划个人短期和远期的人生目标，实现自我理想，经营美好人生。

第三节　职业兴趣探索

一、兴趣概述

（一）兴趣的含义

兴趣是个体力求认识某种事物或从事某项活动的心理倾向，它表现为个体对某种事物或从事某种活动的选择性态度和积极的情绪反应，兴趣是个体对客观事物的选择性态度，正如"萝卜青菜，各有所爱"。兴趣是个体对需要的情绪表现，它是一种能够引起你想去了解某种事物或从事某项活动的内在感情。

任何人的兴趣都不是与生俱来的，而是现实生活实践中逐渐发生和发展起来的。如果一个人对某一事物根本不了解，那他根本就不可能感兴趣。兴趣与价值观、家庭生活、社会阶层、文化背景、物质环境等因素有关。当然，兴趣是会改变的，也是可以培养的。研究发现，在25~55岁时，人们的兴趣变化较少，但在15~25岁时可能变化很大。

（二）兴趣的发展与差异

从职业兴趣的发生和发展来看，一般要经历"有趣—乐趣—志趣"的过程。有趣是兴趣过程的第一阶段，这种职业兴趣是变化多端的、短暂的，如今天想当教师，明天相当设计师等。第二阶段是乐趣，它是在有趣的基础上发展形成的，这种职业兴趣会向专一的方向发展，如一个人对无线电有乐趣，他不但会学习这方面的知识，还会亲自装配或参加有关活动等。第三阶段为志趣，当人的乐趣与人的社会责任感、理想、奋斗结合起来时，便由乐趣转为志趣，志趣具有社会性、自觉性和方向性的特点。在职业生涯中，我们鼓励探索自己感到有趣的东西，并去发展相关技能让它成为你的乐趣，最终把它确立为你的志趣。

（三）兴趣与职业规划

生活中很多人都有兴趣爱好，但他们从不认为自己的爱好应该也是择业的基础。还有许多人认为，把职业选择建立在适合自身特点和喜好的基础上是不现实的。这些人把注意力集中在一些现实上，如这所学校能提供什么样的学位和课程，哪些职业具有较高的职业稳定性和较好工资报酬。

从最早期的帕森斯开始，职业发展专家就专门把兴趣当做职业选择的一个重要部分。将个人的职业建立在兴趣的基础上不仅是现实可行的，而且是十分必要的。

首先，兴趣可以是职业选择的基础，成为职业发展的动力。为自己感兴趣的事付出是一种乐趣，这样工作就不再是外部强加的负担，兴趣是成功推动力，正如一句台词所讲的"有喜好，就会执着；有执着，才会成功"。

再次，兴趣更是职业满足感的来源，它还能提高职场压力与竞争的应对能力。兴趣是引起和维持人的注意的重要内部因素，就像一个灯塔，为人们职业发展指明了方向。职业心理学家的研究表明，一个人对某种职业产生兴趣可以增强职业的适应性，而且能发挥他全部才能的80%～90%，令他长时间保持高效率而不感到厌倦。如果相反，则他的才能只能发挥20%～30%。

最后，个人的目标职业必须源于你的兴趣。真正的兴趣是发自内心的，如果一个人所从事的工作是他真正发自内心热爱的事业，他就不会将工作仅仅当做是谋生的手段，而是当做事业去干，完全自愿地投入，充分体验到工作挑战的乐趣和成就感。当然，有时候我们对自己真正感兴趣的东西并不清楚，可能你会将家人、亲友的不切实际的期望误以为是自己的真实理想。

二、自我职业兴趣探索

认识个人职业兴趣有两种方法：一是通过职业兴趣测试；二是通过经验法。先来看第一种方法，即问卷测验职业兴趣。运用已有的职业兴趣测试问卷，可以发现自己感兴趣的职业。这种方法的优点在于在没有完全明确的职业概念时，通过问卷测试可以了解自己的职业兴趣领域。同时，这些问卷经过了科学的检测，测查结果比较可靠。但是，其测试过程本身比较复杂，因此还需要专业人员帮助计分、解释。

在这里主要介绍"ACT无性别差异兴趣问卷"。该测验由ACT（美国大学考试中心）编制。

ACT职业兴趣测验表（见表2-3）

下面列出了一些与职业有关的活动，请你根据自己的情况在你喜欢或胜任的活动项目上选"符合"，在你不喜欢或不能胜任的项目上选"不符合"，两都均画上相应的"√"。

表2-3　ACT职业兴趣测验

序号	活动项目	符合	不符合
1.	了解恒星的形成		
2.	素描和绘画		
3.	帮助人们做出重要决策		
4.	组织会议		
5.	点钱、算钱		
6.	使用医学器械		
7.	了解大脑的活动机制		

续表

序号	活动项目	符合	不符合
8.	作曲或改编音乐		
9.	急救伤员		
10.	制定规章和政策		
11.	在商店里做问卷调查		
12.	修理玩具		
13.	考察科学博物馆		
14.	摄影艺术创作		
15.	给孩子们示范怎样做游戏运动		
16.	参加政治竞选		
17.	填写和核对工资表		
18.	操作挖土机		
19.	听著名科学家的报告		
20.	写短篇小说		
21.	参加社会福利募捐		
22.	当众介绍情况		
23.	建立财会账目		
24.	当森林消防员		
25.	研究生物学		
26.	了解当代作家的写作风格		
27.	帮助新来者结识人		
28.	与推销员讨论骗人的广告		
29.	预算经费		
30.	做家具		
31.	测量试管中的化学物质		
32.	给杂志中的故事插图		
33.	参加小组讨论		
34.	为他人制订工作计划		
35.	结算账目		
36.	学习雕磨宝石		
37.	设计一座新型结构的建筑物		
38.	写电影剧本		

续表

序号	活动项目	符合	不符合
39.	帮人树立信心		
40.	向人们解释公民的合法权利		
41.	商品的分类、记数和保存		
42.	暴风雨后补救损坏的树木		
43.	研究植物疾病		
44.	向当地广播站推荐音乐节目		
45.	帮助救援处于危险中的人们		
46.	为新产品写说明书		
47.	计划每月的预算		
48.	动物饲养		
49.	阅读关于新的科学发现的书或杂志		
50.	从事室内装潢		
51.	帮助调停朋友间的纠纷		
52.	管理工厂		
53.	检查财政账目中的错误		
54.	在奖品或徽章上刻字或图案		
55.	研究化学		
56.	画漫画		
57.	做导游		
58.	做推销人员		
59.	计算货船的停泊费		
60.	操作吊车或电影放映机		
61.	使用显微镜或实验室设备		
62.	设计金属雕塑		
63.	帮助有困难的朋友		
64.	打电话处理商务		
65.	制图		
66.	建筑施工		
67.	了解地球、太阳和恒星的起源		
68.	在乐队里演奏		
69.	培养人们的新爱好		

续表

序号	活动项目	符合	不符合
70.	就公司中的问题访谈工人		
71.	计算贷款利息		
72.	观察技师修理电视机		
73.	对蝴蝶进行观察分类		
74.	写戏剧评论		
75.	为残疾人服务		
76.	监督和管理他人工作		
77.	管理开支项目		
78.	修剪植物和灌木		
79.	研究维生素对植物的作用		
80.	设计海报		
81.	以开玩笑或讲故事的方式使他人娱乐		
82.	从事商业经营活动		
83.	检查报告图表中的错误		
84.	在图书馆里管理书籍		
85.	了解鸟的迁徙		
86.	参加演出		
87.	从事教学工作		
88.	挨家挨户进行民意调查		
89.	打字		
90.	检查次品		

统计计分方法：

上面90个题目，按照霍兰德的6个职业领域设计，即研究型（I）、艺术型（A）、社会型（S）、企业型（E）、传统型（C）和现实型（R）。90个项目循环排列，1、7、13、19等15个题目属于研究型计分项目，2、8、14、20等15个题目属于艺术型计分项目，其余类推，符合计1分，不符合计0分。分别计算6类题目即得总分。

测验结果可在霍兰德三字母职业码表中查得。

第二种方法是经验评估职业兴趣。

职业的兴趣类别表明的是在相应的职业中包含哪些活动或任务。从整个社会来看存在着很多种职业，不同的职业包含着不同的活动或任务。哪些职业或哪些活动会引起你的兴趣呢？你能把哪些任务完成得更好呢？

如果对职业有一些认识，可以从熟悉的职业入手，考察确定最喜欢的职业。这种方法的优点在于快捷、简单，如果熟悉的职业种类很少，选择范围相应的也比较小，就会漏掉许多可能的选择，不利于发现人的职业潜能。

根据凯利得个人建构理论发展出来的职业偏好比较活动，可以用来协助我们做职业兴趣的探索。

第一步，请在职业偏好比较表的最上一列各栏中分别填写七种最熟悉的职业名称。注意：所填写的职业名称中至少有一项是填答者现在从事的工作，有一项以上愿意从事的职业也可以；所填写的职业尽可能具体，不能重复，也要避免雷同，以免难以比较。如果自己不能够区分，也没有关系；一时想不出，可参阅报刊或亲友的职业，选几个熟悉的职业填上。

第二步，比较对所填写的第一个职业与第二个职业的偏好程度。在这两个职业中，哪一个比较愿意去做？并请在对应的栏目中写下愿意去从事该工作的原因和理由。注意：试着想想，我比较愿意去做……工作，是因为……；职业偏好的理由可填写一项以上，并请尽量多写。如果所比较的两项职业都不愿意去从事，仍需要从中选择一个较愿意从事的，并写下理由。两者相比，若比较偏好第一个职业，则将偏好的原因写在表格上；如果比较偏好第二个职业，请将不喜欢第一个职业的理由写在表格上，同时请在不喜欢的理由前加上一个×，以表示不喜欢。如果一时想不起来两个职业的不同，试着以下列指导语引导：两个职业有什么不同呢？对我自己来说，是不是有不一样的意义呢？先引导择业者做完一至两个职业比较，让他熟悉填写方式，再让他自己填答，并鼓励其在作答有困难时发问。

第三步，在完成各项职业偏好程度的比较之后，请填答者就所列七个职业中选取一项最愿意从事的工作，并以该项职业之下的各项偏好理由，对照所提供的职业价值观分类表，作为检查、反省、讨论个人职业价值观的参考。

这种方法可能没有测验法准确、全面，但在没有测查工具的情况下，如果择业者对心目中理想的职业有一定的认识，也不失为一种简便易行的办法。

通过运用以上方法来对自我进行测试，能够找出哪些职业会引起自己的兴趣。确定出对哪些职业感兴趣是正确选择职业的一个基础。

三、兴趣与职业匹配

为便于大家根据自己的兴趣选择合适的职业，这里介绍一下加拿大职业分类词典中各种职业兴趣类型的特点与相应的职业（见表2-4）。

表2-4 职业兴趣类型的特点与相应的职业

类型	类型特征	适应的职业
1	愿与事物打交道，喜欢接触工具、器具或数字，而不喜欢与人打交道	制图员、修理工、裁缝、木匠、建筑工、出纳员、记账员、会计、勘测、工程技术、机器制造等
2	愿与人打交道，喜欢与人交往，对销售、采访、传递信息一类的活动感兴趣	记者、推销员、营业员、服务员、教师、行政管理人员、外交联络等

续表

类型	类型特征	适应的职业
3	愿与文字符号打交道，喜欢常规的、有规律活动；习惯于在预先安排好的程序下工作，愿干有规律的工作	邮件分类员、办公室职员、图书馆管理员、档案整理员、打字员、统计员等
4	愿与大自然打交道，喜欢地理地质类的活动	地质勘探人员、钻井工、矿工等
5	愿从事农业、生物、化学类工作，喜欢种养、化工方面的实验性活动	农业技术员、饲养员、水文员、化验员、制药工、菜农等
6	愿从事社会福利类的工作，喜欢帮助别人解决困难，这类人乐意帮助人，他们试图改善他人的状况，帮助他人排忧解难，喜欢从事社会福利和助人工作	咨询人员、科技推广人员、教师、医生、护士等
7	愿做组织和管理工作，喜欢掌管一些事情，以发挥重要作用，希望受到众人尊敬和获得声望，愿做领导和组织工作	组织领导管理者，如行政人员、企业管理干部、学校领导和辅导员等
8	愿研究人的行为和心理，喜欢谈涉及人的主题，对人的行为举止和心理状态感兴趣	心理学、政治学、人类学、人事管理、思想政治教育研究工作以及教育、行为管理工作、社会科学工作者、作家等
9	愿从事科学技术事业，喜欢通过逻辑推理、理论分析、独立思考或实验，发现和解决问题的、推理的、测试的活动，善于理论分析，喜欢独立地解决问题，也喜欢通过实验做出新发现	生物、化学、工程学、物理学、自然科学工作者、工程技术人员等
10	愿从事有想像力和创造力的工作。喜欢创造新的式样和概念，大都喜欢独立的工作，对自己的学识和才能颇为自信。乐于解决抽象的问题，而且急于了解周围的世界	社会调查、经济分析、各类科学研究工作、化验、新产品开发以及演员、画家、创作或设计人员等
11	愿做操作机器的技术工作，喜欢通过一定的技术来进行活动，对运用一定技术，操作各种机械，制造新产品或完成其他任务感兴趣，喜欢使用工具特别是大型的、马力强的先进机器，喜欢具体的东西	飞行员、驾驶员、机械制造等
12	愿从事具体的工作，喜欢制作看得见、摸得着的产品并从中得到乐趣，希望很快看到自己的劳动成果，并从完成的产品中得到满足	室内装饰、园林、美容、理发、手工制作、机械维修、厨师等

四、巩固和培养职业兴趣

（一）就业前拓宽职业认识面

大学毕业生在就业前，认识的职业种类越多，对职业的性质了解得越细致，职业兴趣就会越广泛。职业兴趣越广泛，择业动机就越强，择业余地也会相对宽广。

（二）必要的社会责任心

当就业环境和自身素质决定我们必须干自己不喜欢的工作时，我们应该拿出必要的对社会负责的态度，培养自己的职业兴趣，即所谓"干一行，爱一行"。事实上，在就业时，多数人并不总是能够挑选到自己的理想职业。当我们还不能选择到自己满意的职业时，就必须尽快调整职业期望值，适应就业环境，在不理想的职位上，培养职业兴趣，干出一番理想的事业来。"把没有意思的工作很有意思地去完成"，美国钢铁大王戴尔·卡内基这样告诫人们。

（三）先就业，后择业

多数人的就业实践表明，走上职位的方法有多种多样，有被别人安排的，有自己找到的，有撞上的，有捡来的。除去自己找到的职位外，其他几种就业方法都是被动的。被动得到的职业，你也会对它产生兴趣，其方法是先就业，后择业。不少职业，你刚开始从事它的时候，可能对之毫无兴趣。但是随着你从业时间的延长和职业技能的提高，加之对职业生涯意义的全面了解，特别是当我们能够在这些职位上职得一定成绩的时候，我们的职业兴趣就会大大增加。只要我们专心地、深入地去从事某种职业，就会发现它有一种使我们倾心的魅力。

（四）量体裁衣

陶行知先生曾讲过一段发人深省的话："我觉得中学生有一个大问题，即择业问题。我以为择业时要根据个人的才干和兴趣，做事要有快乐，所以我们要根据个人的兴趣来择业。"但是我们要成功，就必须有那样的才干。才干，一般是指个体最擅长的某些知识或技能。在通常情况下，才干与兴趣有着互相推动的效应，即兴趣产生才干，才干助长兴趣；同时才干也能产生兴趣，兴趣又会强化才干。

但是，在我们初次择业时，应以自己所拥有的才干，即擅长的知识和技能去选择职业。因为根据自己的才干适应职业的状况择业，往往更趋向于职得其人、人适其职的最佳状态。在这种最佳状态下，我们的工作才能越做越有兴趣，越做越长才干，最后的结果可能使我们成为某一职业生涯领域内的人才。

案例导读

阿烁是一所名牌大学国际经济与贸易系的本科生，今年已经大三了。高考那年听从父母的安排选报了现在的专业。

"从小学到高中，我的很多事情都是父母一手包办的。高考的压力使得我无心考虑以后的发展方向，只是拼命地学习，一心想拿高分上重点。高考结束后，我感觉整个人都轻松了，在填报志愿时自己也没什么主意，就听凭父母在那里拿着招生简章反复地挑来选去。后来妈妈说国经贸易专业是热门，我也不清楚到底是学什么的，只觉得和经济有关应该不错，于是就糊里糊涂地进了现在的系。"

"这个专业确实很好，学生录取分数都很高。可是，我对经济确实没什么兴趣，上课时觉得无聊，下课后也懒得翻书，到了期末考试总是临阵磨枪才得以'涉险过关'。我发现自己更感兴趣的是人文方面的学科，譬如社会学、中文什么的。大一下学期，我曾和爸妈商量转系的事，他们听了以后表示很不理解，说：'这个专业别人想进还进不来呢，你倒是自己放弃，得不偿失。'由于父母的极力反对，我只得作罢。"

"两年半的大学生活转瞬即逝，我在专业方面仍毫无兴趣，成绩也非常一般。如今，同学们都已纷纷准备考研、出国，可我仍觉得前途一片迷茫。"

像阿烁这样的普通学生，除去文理分科，从小学到高中所受的学校教育与周围大多数同学并无实质性差异。在高考的巨大压力下，考取高分已成为学生、家长和学校三方最直接、最一致的目标，至于"因材施教"往往只能作为一种理想或一件摆设，空洞地存在着。到了大学，因材施教的思想终于能够在某种程度上得以体现，却又时常因为家长、学生的选择不当而使之再度落空。由于缺乏必要的升学指导，许多考生在填报升学志愿以前，既不了解个人的兴趣特长，也不清楚所报专业的性质和特点，只是根据家长的意愿和社会舆论的导向盲目地填报志愿，结果对被录取专业感到不合适、不称心。

一般来说，对所学专业不满意的学生大都希望通过转系来更换一个自己感兴趣的专业。但由于种种主客观条件的限制，当事人往往无法实现自己的愿望。这些限制性的条件可能缘于名额的紧张、竞争的激烈，也可能来自家长、老师的反对。理想和现实的尖锐冲突必然导致当事人内心的焦虑不安，甚至由此产生厌学心理和逆反情绪。

然而，重新选择的机会总是有的，已上大三的阿烁可以借一年后的考研之机更换一个真正适合自己且有兴趣的专业，只要这个选择是通过自身全面的分析和理智的思考作出的，相信阿烁的父母会给予理解和支持。当年笔者本人，在本科阶段所学的专业是保险，但由于个人的志趣和理想不在于此，便瞒着家里作了一个"大胆"的决定：跨专业报考心理学的研究生，并通过近一年的努力获得了成功。由此看来，机会总是有的，就看你能否把握；合理冒险是成功的催化剂，没有风险就没有收益。

第四节 职业性格探索

一、性格概述

性格是人在对现实的、稳定的态度和习惯化的行为方式中表现出来的个性心理特征。

性格是个性最鲜明的表现。人们在对他人的知觉中所力图确定的个性特征往往就是性格。例如，勤劳或懒惰、诚实或狡猾、勇敢或懦弱、谦虚或骄傲等都是对一个人性格特征的描述。

性格反映在人对现实的态度以及与之相适应的习惯化的行为方式之中。态度是个体对某一对象所持的评价和行为倾向，它是在社会环境中，随着意识的成熟、情感的丰富、经验的积累逐步形成的。当个体在长期的生活实践中逐渐出现对现实的各种稳定的态度，并以一定的方式表现于个体的行为之中构成个体特有的行为方式时，其性格特征也就形成了。例如，在遇到危险的时候，有的人经常表现为勇敢无畏，有的人则可能经常表现出懦怯、退缩，这就是一个人的性格特征的一种表现。这些性格特征既表明了他对现实的态度又表现了他在现实生活中习惯化的行为方式。正如恩格斯所说："人物的性格不仅表现在他做什么，而且表现他怎样做。""做什么"反映了个体对待现实的心理倾向，表明个体追求什么，拒绝什么，即人对现实的态度；"怎么做"反映了个体的行为特点，表明个体采取什么样的方法、如何追求既定目标，即人的习惯化的行为方式。

性格是一个人独特的、稳定的个性心理特征。一方面，并不是人对现实的任何一种态度都代表其性格特征。性格是个体在长期实践活动中沉积下来的稳定的态度和习惯化的行为方式。在有些情况下人对事物的态度是属于一时的、情境性的、偶然的表现，不能视为性格特征。例如，一个人一贯反应机敏，在某种特殊情况下，一反常态，表现为行动呆板、沉闷，我们就不能把呆板看做是此人的性格特征。另一方面，性格总是表现出一个人独特的个性特征，并且在一个人的行为中打上了烙印。世界上没有两个性格完全相同的人。即使两人的性格同为忠诚、坚定或勤奋，但两者的表现也不尽相同。

二、性格类型

性格的类型是指在一类人身上所共有的性格特征的独特结合。这种结合使一类人的性格和另一类人的性格明显不同。许多心理学家曾试图对性格进行分类。现列举有代表性的几种分类。

（一）机能类型

从心理机能上划分，性格可分为：理智型、情感型和意志型。这种分类观点是英国心理学家培因和法国心理学家李波特等人提出的，是一种按理智、意志、情感三种心理机能中哪一种占优势来确定性格类型的分类方法。理智型者通常以理智来衡量和支配自己的行动，与人交往时明事理、讲道理；情感型者情绪体验深，言行举止易受情绪左右；意志型者具有较明确的活动目标，行为活动具有目的性、主动性、持久性和坚定性。除这三种类型外，还可划分出一些中间型、混合型或非优势型。

（二）内外倾向型

从心理活动倾向性上划分，性格可分为：内倾向型和外倾向型。瑞士心理学家荣格（1913年）提出的类型说最为著名。他认为力比多流动的方向决定人格的类型。他依据力比多倾向于内部或外部，把人分为内向型和外向型。内向型者心理活动倾向于内部：感情深沉，待人接物较谨慎小心；处理事务缺乏决断力，但一旦下定决心总能锲而不舍。外向型者心理活动倾向于外部：活泼、开朗、感情外露；待人接物果断，独立性强，但比较轻率。

（三）独立型和顺从型

从个体独立性上划分，性格分为独立型、顺从型。美国心理学家威特金按照个体场依存性的不同，把人分为顺从型（场依存性占优势）和独立型（场独立性占优势）。场依存性是指一个人的独立性程度。顺从型的人独立性差，易受环境暗示，行动比较依赖，缺乏主见，缺乏果断性。独立型的人处理问题时倾向于内在参照，有坚定的个人信息、自尊、自强、有主见，不易受环境暗示。但多数人则处于两个极端类型的中间。

（四）优越型与自卑型

奥地利心理学家 A. 阿德勒创立了"个体心理学"，用精神分析的观点来划分性格类型。阿德勒根据个人竞争性的不同把性格划分为优越型与自卑型。前者争强好胜，不甘落后，总想超过别人；后者甘愿退让，不与人争，缺乏进取心。

（五）理论型、经济型、权力型、社会型、审美型和宗教型

这种观点是由德国哲学家、教育家斯普兰格（1928 年）提出的。他把人类的生活方式分为六种：理论型、经济型、权力型、审美型、社会型、宗教型。理论型的人对认识客观事物、追求真理有极大的热情，观察事物客观冷静，重视理论，力求把握事物本质，但在解决实际问题时常无能为力。理论家和哲学家属于这种类型。经济型的人一切以经济观念为中心，从实际获利出发评价事物价值，并以追求财富获取利益为个人生活目的。现实中企业家属于这种类型。权力型的人有强烈的权力意识和权力支配欲，无论对待何事何人，都易表现出对对象的支配倾向，凡是他自己的所作所为总由他自己决定。社会型的人重视社会价值，有献身精神，常以关心、热爱社会为自我实现的目标。这类人大多数都从事社会公益事务，如社会慈善，文教卫生事业等。审美型和宗教型略。

三、性格自测量表

人们为了测验性格的内外向编制出多种量表，现介绍日本淡元路治郎的向性检查卡。

向性检查卡又被称为淡路向性检查，该量表以一个人对别人的态度、交友的情况、对新环境的兴趣和适应，以及自我主张的强烈程度等作为判断内外向性的重要特征。

淡路向性检查卡

请回答下列问题。如果问题内容适合于您的情况，就在"是"上画"√"；如果不适合，就在"否"上画"√"；如果介于适合和不适合之间，就在"不定"上画"√"。回答时不要考虑应该怎样，而只回答你平时是怎样的。每个答案无所谓正确与错误，因而没有对你不利的题目。

1. 对细小的事情也忧虑不已吗？　　　　　　　　是（　）　否（　）　不定（　）

2. 能当机立断吗? 是（ ） 否（ ） 不定（ ）
3. 处理重大的事情啰唆费时吗? 是（ ） 否（ ） 不定（ ）
4. 能中途改变决心吗? 是（ ） 否（ ） 不定（ ）
5. 比起想，更喜欢做吗? 是（ ） 否（ ） 不定（ ）
6. 忧郁吗? 是（ ） 否（ ） 不定（ ）
7. 对失败耿耿于怀吗? 是（ ） 否（ ） 不定（ ）
8. 从容不迫吗? 是（ ） 否（ ） 不定（ ）
9. 不爱说话吗? 是（ ） 否（ ） 不定（ ）
10. 好动感情吗? 是（ ） 否（ ） 不定（ ）
11. 喜欢热闹吗? 是（ ） 否（ ） 不定（ ）
12. 情绪容易变化吗? 是（ ） 否（ ） 不定（ ）
13. 热衷于事情吗? 是（ ） 否（ ） 不定（ ）
14. 忍耐力强吗? 是（ ） 否（ ） 不定（ ）
15. 爱讲小道理吗? 是（ ） 否（ ） 不定（ ）
16. 议论问题容易过激吗? 是（ ） 否（ ） 不定（ ）
17. 小心谨慎吗? 是（ ） 否（ ） 不定（ ）
18. 动作敏捷吗? 是（ ） 否（ ） 不定（ ）
19. 工作细致吗? 是（ ） 否（ ） 不定（ ）
20. 喜欢干引人注目的事吗? 是（ ） 否（ ） 不定（ ）
21. 不顾一切地工作吗?（对工作入迷吗?） 是（ ） 否（ ） 不定（ ）
22. 是空想家吗? 是（ ） 否（ ） 不定（ ）
23. 过于洁癖吗? 是（ ） 否（ ） 不定（ ）
24. 乱扔物品吗? 是（ ） 否（ ） 不定（ ）
25. 浪费多吗? 是（ ） 否（ ） 不定（ ）
26. 说话过多吗? 是（ ） 否（ ） 不定（ ）
27. 性情不随和吗? 是（ ） 否（ ） 不定（ ）
28. 喜欢开玩笑吗? 是（ ） 否（ ） 不定（ ）
29. 容易受怂恿吗? 是（ ） 否（ ） 不定（ ）
30. 固执吗? 是（ ） 否（ ） 不定（ ）
31. 经常感到不满吗? 是（ ） 否（ ） 不定（ ）
32. 担心对自己的评论吗? 是（ ） 否（ ） 不定（ ）
33. 敢于批评别人吗? 是（ ） 否（ ） 不定（ ）
34. 自己的事情能放心托别人办吗? 是（ ） 否（ ） 不定（ ）
35. 不愿接受别人指导吗? 是（ ） 否（ ） 不定（ ）
36. 居于人上能很好管理吗? 是（ ） 否（ ） 不定（ ）
37. 老老实实地听取别人的意见吗? 是（ ） 否（ ） 不定（ ）
38. 机灵吗? 是（ ） 否（ ） 不定（ ）

39. 好隐瞒吗？　　　　　　　　　　　　　　是（　）　　否（　）　　不定（　）
40. 同情别人吗？　　　　　　　　　　　　　是（　）　　否（　）　　不定（　）
41. 过于信任别人吗？　　　　　　　　　　　是（　）　　否（　）　　不定（　）
42. 不忘记怨恨吗？　　　　　　　　　　　　是（　）　　否（　）　　不定（　）
43. 腼腆羞怯吗？　　　　　　　　　　　　　是（　）　　否（　）　　不定（　）
44. 喜欢孤独吗？　　　　　　　　　　　　　是（　）　　否（　）　　不定（　）
45. 交朋友尽心尽力吗？　　　　　　　　　　是（　）　　否（　）　　不定（　）
46. 在别人面前能随便地说话吗？　　　　　　是（　）　　否（　）　　不定（　）
47. 在惹人注目的地方退缩不前吗？　　　　　是（　）　　否（　）　　不定（　）
48. 和意见不同的人也能随便地交往吗？　　　是（　）　　否（　）　　不定（　）
49. 好管闲事吗？　　　　　　　　　　　　　是（　）　　否（　）　　不定（　）
50. 慷慨地给别人东西吗？　　　　　　　　　是（　）　　否（　）　　不定（　）

根据被试回答结果，可求出外向性指数（$V \cdot Q$），其公式为：

$V \cdot Q = $（外向性反应总数 + 1/2 回答"不定"的总数）/25×100

公式中外向性反应总数是指所有作外向反应的题数。该量表外向性题的编号是：2、4、5、8、10、11、12、18、20、21、24、25、26、28、29、34、36、37、38、40、41、46、48、49、50；其余25道题属于内向性题。外向性指数大于115的，则性格类型属于外向型；外向性指数小于95的，则性格类型属于内向型；外向性指数为95～115的，则属于中间型。

四、性格与职业的匹配

1. 内倾向型

这类人喜欢安静，富于内省；不好交际，除了亲密朋友之外，对一般人保持距离；不喜欢刺激；做事有计划，生活有规律；很少有攻击性；情绪容易控制。内向型性格适合从事有计划的、稳定的、不需要与人过多交往的职业，如自然科学研究人员、技术人员、艺术家、宗教家、会计师、速记员、打字员、计算机软件人员、税务员、统计员、商店收款员、银行出纳员、办公室办事员、图书管理员、电话员、美容师、整容师、发型设计师、铁路职员、公共卫生服务官员、秘书、工艺美术员等。

2. 外倾向型

这类人喜欢交际，有许多朋友；渴望刺激和冒险；情绪容易冲动；乐观、随和、好动；粗心大意；富于攻击性；情绪不易控制。外向型性格适合从事与外界广泛接触的职业，如管理者、律师、监督者、教师、推销员、售货员、新闻记者、警官、政治家、公关者、社团工作者、广告宣传员、调度员、党团干部、商品批发员、人事工作者、医生、导游员、咨询人员、保险工作人员、民事纠纷调解员、技术人员、推广、应用人员、心理咨询师、经纪人、代理人等。

近年来，一些教育学、心理学研究人员根据我国的实际情况，将职业性格分为九种基本类型（见表2-5）。

表 2-5 职业性格的九种基本类型

类型	特征	适合的职业
变化型	在新的和意外的活动或工作情境中感到愉快,喜欢有变化的和多样化的工作,善于转移注意力	记者、推销员、演员
重复型	适合连续从事同样的工作,按固定的计划或进度办事,喜欢重复的、有规律的、有标准的工种。	纺织工、机床工、印刷工、电影放映员
服从型	愿意配合别人或按别人指示办事,而不愿意自己独立做出决策,担负责任	办公室职员、秘书、翻译
独立型	喜欢计划自己的活动和指导别人活动或对未来的事情做出决定,在独立负责的工作情境中感到愉快	管理人员、律师、警察、侦察员
协作型	在与人协同工作时感到愉快,善于引导别人,并想得到同事们的喜欢	社会工作者、咨询人员
劝服型	通过谈话或写作等使别人同意自己的观点,对别人的反应有较强的判断力,并善于影响别人的态度和观点	辅导员、行政人员、宣传工作者、作家
机智型	在紧张和危险的情况下能自我控制沉着应付,发生意外和差错时不慌不忙出色地完成任务	驾驶员、飞行员、公安员、消防员、求生员
自我表现型	喜欢表现自己的爱好和个性,根据自己的感情做出选择,通过自己的工作来表现自己的思想	演员、诗人、音乐家、画家
严谨型	注重工作过程中各个环节、细节的精确性。愿意按一套规划和步骤工作尽可能做得完美,倾向于严格、努力地工作以看到自己出色完成工作的效果	会计、出纳员、统计员、校对员、图书、档案管理员、打字员

五、性格与职业的关系

不同性格类型的人,倾向适合于不同的职业。比如外向的人宜于去搞社交性和活动性的工作,而内向的人则更适于搞文字性和安稳性的工作。

不同的职业对人也有不同的性格要求,要适应这一职业,就必须具备或培养这一职业的性格特征。比如,作为医生,要有精益求精、一丝不苟的工作态度,有救死扶伤的人道主义品质,有高度的责任感并具有同情心;教师要热爱教育事业、富有爱心、为人师表、严于律己;工厂技术员要有创新精神、实干精神和吃苦耐劳、持之以恒的品质;管理干部要善于交往沟通、多角度思维、关心下属等。可以说,从事每一种职业都有一定的"职业性格",好的职业性格有助于个体在相应职业中更好地完成工作。

另一方面,在职业实践中,职业活动的要求也会让从业者巩固或改变原有的性格特征,形成许多新的性格特征。例如,科研工作者在发展观察力、思维力的同时,也逐渐形成严谨、细致等性格特征。商业活动中,营业员可以形成主动耐心的职业性格,现代化生产要求培养人具有高度的组织性、计划性和协调性。所以，性格和职业是相互对应、相互作用的。

不过，大多数的职业并不一定过分强调与性格之间的严格对应，因为，不同类型的性格在同一职业领域中能够有各具特色的表现，同一性格的人在不同的职业领域中也会有各显魅力的展示。比如，情绪型的人，如果从事文学创作，会因感情丰富细腻而将人物的心理活动刻画得惟妙惟肖；如果从事科学研究，则会因善于想象而在非逻辑思维上比理智型的人更胜一筹。

而且，人的性格是极其复杂的，任何对性格与职业关系的固定、静止、片面的看法都是有失偏颇的。人所属于的性格类型并不是绝对单一的，大多数的人可能主要被划分成了某一种性格类型，但还有相近的和具有中性关系的其他性格类型，真正相排斥的并不多。因此大学生对自己进行职业设计时，对此不必顾虑过多。

性格和职业是相辅相成的，所以，在职业选择中我们既要考虑性格和职业的适合性，又要在职业实践中培养和强化相应的优良的职业性品质。

第五节　气质类型与职业探索

一、气质概述

（一）气质的定义

气质是不以人的活动目的和内容为转移的心理活动的、典型的、稳定的动力特征。

气质是人的个性心理特征之一，它是指在人的认识、情感、言语、行动中，心理活动发生时力量的强弱、变化的快慢和均衡程度等稳定的动力特征。主要表现在情绪体验的快慢、强弱、表现的隐显以及动作的灵敏或迟钝方面，因而它为人的全部心理活动表现染上了一层浓厚的色彩。

人们常说"三岁看到老"，气质类型的很早表露，说明气质较多地受个体生物组织的制约；也正因为如此，气质在环境和教育的影响下虽然也有所改变，但与其他个性心理特征相比，变化要缓慢得多，具有稳定性的特点。

（二）气质类型的分类

气质是一个古老的心理学问题。不同的心理学理论流派对气质类型的分类有不同的研究成果。

早在公元前5世纪，古希腊著名医生希波克拉特就提出了4种体液的气质学说。他认为人体内有四种体液：血液、黏液、黄胆汁和黑胆汁。四种体液协调，人就健康，四种体液失调，人就会生病。希波克拉特曾根据哪一种体液在人体内占优势把气质分为四种基本类型：多血质、胆汁质、黏液质和抑郁质。

古代所创立的气质学说用体液解释气质类型虽然缺乏科学根据，但人们在日常生活中确实能观察到这四种气质类型的典型代表。活泼、好动、敏感、反应迅速、喜欢与人交往、注意力容易转移、兴趣容易变换等，是多血质的特征。直率、热情、精力旺盛、情绪易于冲动、心境变换剧烈等，是胆汁质的特征。安静、稳重、反应缓慢、沉默寡言、情绪不易外露，注意力稳定但又难于转移，善于忍耐等，是黏液质的特征。孤僻、行动迟缓、体验深刻、善于觉察别人不易觉察到的细小事物等，是抑郁质的特征。因此，这四种气质类型的名称曾被许多学者所采纳，并一直沿用到现在。

人的气质类型可以通过一些方法加以测定。但属于某一种类型的人很少，多数人是介于各类型之间的中间类型，即混合型，如胆汁—多血质，多血—黏液质等。

（三）气质理论的新发展

心理学根据气质是人的高级神经活动类型的特点和其在行为方式上的表现，揭示出兴奋过程和抑制过程的3种特性：

（1）兴奋过程和抑制过程的强度。
（2）兴奋过程和抑制过程的均衡度。
（3）兴奋过程和抑制过程的灵活性。

这些特征把高级神经活动分为4种类型。

（1）强而不均衡的。
（2）强的、均衡的、灵活的。
（3）强的、均衡的、惰性的。
（4）弱型的。

这些高级神经活动的类型，是人的气质形成的生理基础。

（四）气质类型与职业的关系

人的气质带有先天遗传的性质，它能影响人的行为方式、能力的形成和发展，各种气质都有自己的优缺点。只有充分了解自己的气质类型，才能发挥优点、克服缺点，实现自己心理素质基础的一定程度上的转化。

实际上，不同的职业对于气质特点都有特定的要求，如医务工作要求反应灵敏、耐心、细致、热情等气质；驾驶员、飞行员、运动员则要求机智、敏捷、勇敢、抗干扰等气质特点；对组织管理干部则要求工作细致、善于交际、耐心等气质；外交人员则要求有思维敏捷、姿态活泼、能言善辩、感染力强等气质特点。因此，分析职业对气质的要求，分析个体的气质类型，有利于做到人职匹配，提高个体适应职业的能力。

（五）正确看待自身的气质类型

人的气质本身无好坏之分，气质类型也无好坏之分。在评定人的气质时不能认为一种气质类型是好的，另一种气质类型就是坏的。每一种气质都有积极和消极两个方面，在这种情况下可能具有积极的意义，而在另一种情况下可能具有消极的意义。如胆汁质的人可成为积极、热情的人，也可发展成为任性、粗暴、易发脾气的人；多血质的人情感丰富，工作能力强，易适应新的环境，但注意力不够集中，兴趣容易转移，无恒心等。气质相同的人可有成就的高低和善恶的区别。抑郁质的人工作中耐受能力差，容易感到疲劳，但感情比较细腻，做事审慎小心，观察力敏锐，善于察觉到别人不易察觉的细小事物。气质不能决定人们的行为，是因为人们可以自觉地去调节和控制。

气质只是属于人的各种心理品质的动力方面，它使人的心理活动染上某些独特的色彩，却并不决定一个人性格的倾向性和能力的发展水平。气质不能决定一个人活动的社会价值和成就的高低。据研究，俄国的四位著名作家就是四种气质的代表，普希金具有明显的胆汁质特征，赫尔岑具有多血质的特征，克雷洛夫属于黏液质，而果戈里属于抑郁质。类型各不相同，却并不影响他们同样在文学上取得杰出的成就。所以气质相同的人可以成为对社会作出重大贡献、品德高尚的人，也可以成为一事无成、品德低劣的人；可以成为先进人物，也可以成为落后人物，甚至反动人物。反之，气质极不相同的人也都可以成为品德高尚的人，成为某一职业领域的能手或专家。

不可否认，气质不仅影响活动进行的性质，而且可能影响活动的效率。例如，要求作出迅速灵活反应的工作对于多血质和胆汁质的人较为合适，而黏液质和抑郁质的人则较难适应。反之，要求持久、细致的工作对黏液质、抑郁质的人较为合适，而多血质、胆汁质的人又较难适应。

而且，在一些特殊职业中（例如，飞机驾驶员、宇航员、大型动力系统调度员或运动员等），要经受高度的身心紧张，要求人们有极其灵敏的反应，要求人们敢于冒险和临危不惧，对人的气质特性提出特定的要求。在这种情况下，气质的特性影响着一个人是否适合于从事该种职业。因此在培训这类职业的工作人员时应当测定人的气质特性。这是职业选择和淘汰的根据之一。

当然，绝不能孤立地考虑人们的气质特征，更重要的是培养积极的学习和劳动态度。如果具有正确的动机和积极的态度，各种气质类型的人都可能在学习上取得优良成绩，在劳动中作出出色的贡献。

总之，虽然人的行为不是决定于气质，而是决定于在社会环境和教育影响下形成的动机和态度，但是气质在人的实践活动中也具有一定的意义。虽然气质与态度相比只居于从属的地位，但它是构成人们各种个性品质的一个基础，因此它是一个必须加以分析和考虑的重要因素。

二、气质特征测量表

指导语：本测验有60道题，可帮助你确定自己的气质类型。回答这些题目时，应实事求是，怎么想的、怎么做的就怎么回答。

1. 做事力求稳妥，不做无把握的事。（　　）
    A. 最符合　　B. 比较符合　　C. 说不清　　D. 比较不符合　　E. 完全不符合
2. 遇到可气的事就怒不可遏，想把心里话说出来才痛快。（　　）
    A. 最符合　　B. 比较符合　　C. 说不清　　D. 比较不符合　　E. 完全不符合

3. 宁可一个人干事,也不愿很多人在一起。(　　)
   A. 最符合   B. 比较符合   C. 说不清   D. 比较不符合   E. 完全不符合
4. 到一个新环境很快就能适应。(　　)
   A. 最符合   B. 比较符合   C. 说不清   D. 比较不符合   E. 完全不符合
5. 厌恶那些强烈的刺激,如尖叫、噪声、危险镜头等。(　　)
   A. 最符合   B. 比较符合   C. 说不清   D. 比较不符合   E. 完全不符合
6. 和人争吵时,总是先发制人,喜欢挑衅。(　　)
   A. 最符合   B. 比较符合   C. 说不清   D. 比较不符合   E. 完全不符合
7. 喜欢安静的环境。(　　)
   A. 最符合   B. 比较符合   C. 说不清   D. 比较不符合   E. 完全不符合
8. 善于和人交往。(　　)
   A. 最符合   B. 比较符合   C. 说不清   D. 比较不符合   E. 完全不符合
9. 羡慕那些善于克制自己感情的人。(　　)
   A. 最符合   B. 比较符合   C. 说不清   D. 比较不符合   E. 完全不符合
10. 生活有规律,很少违反休息时间。(　　)
    A. 最符合   B. 比较符合   C. 说不清   D. 比较不符合   E. 完全不符合
11. 在多数情况下情绪是乐观的。(　　)
    A. 最符合   B. 比较符合   C. 说不清   D. 比较不符合   E. 完全不符合
12. 碰到陌生人觉得过分拘束。(　　)
    A. 最符合   B. 比较符合   C. 说不清   D. 比较不符合   E. 完全不符合
13. 遇到令人气愤的事,能很好地自我克制。(　　)
    A. 最符合   B. 比较符合   C. 说不清   D. 比较不符合   E. 完全不符合
14. 做事总是有旺盛的精力。(　　)
    A. 最符合   B. 比较符合   C. 说不清   D. 比较不符合   E. 完全不符合
15. 遇到问题常常举棋不定,优柔寡断。(　　)
    A. 最符合   B. 比较符合   C. 说不清   D. 比较不符合   E. 完全不符合
16. 在人群中从不觉得过分拘束。(　　)
    A. 最符合   B. 比较符合   C. 说不清   D. 比较不符合   E. 完全不符合
17. 情绪高昂时,觉得干什么都有趣;情绪低落时,又觉得干什么都没意思。(　　)
    A. 最符合   B. 比较符合   C. 说不清   D. 比较不符合   E. 完全不符合
18. 当注意力集中于一事物时,别的事物就难使我分心。(　　)
    A. 最符合   B. 比较符合   C. 说不清   D. 比较不符合   E. 完全不符合
19. 理解问题总比别人快。(　　)
    A. 最符合   B. 比较符合   C. 说不清   D. 比较不符合   E. 完全不符合
20. 碰到危险情况时,常有一种极度恐怖感。(　　)
    A. 最符合   B. 比较符合   C. 说不清   D. 比较不符合   E. 完全不符合
21. 对学习、工作、事业怀有很高的热情。(　　)

A. 最符合　　B. 比较符合　　C. 说不清　　D. 比较不符合　　E. 完全不符合
22. 能够长时间做枯燥、单调的工作。（　）
　　　A. 最符合　　B. 比较符合　　C. 说不清　　D. 比较不符合　　E. 完全不符合
23. 符合兴趣的事，干起来劲头十足，否则就不想干。（　）
　　　A. 最符合　　B. 比较符合　　C. 说不清　　D. 比较不符合　　E. 完全不符合
24. 一点小事就能引起情绪激动。（　）
　　　A. 最符合　　B. 比较符合　　C. 说不清　　D. 比较不符合　　E. 完全不符合
25. 讨厌做那种需要耐心、细致的工作。（　）
　　　A. 最符合　　B. 比较符合　　C. 说不清　　D. 比较不符合　　E. 完全不符合
26. 与人交往不卑不亢。（　）
　　　A. 最符合　　B. 比较符合　　C. 说不清　　D. 比较不符合　　E. 完全不符合
27. 喜欢参加热烈的活动。（　）
　　　A. 最符合　　B. 比较符合　　C. 说不清　　D. 比较不符合　　E. 完全不符合
28. 爱看感情细腻、描写人物内心活动的文学作品。（　）
　　　A. 最符合　　B. 比较符合　　C. 说不清　　D. 比较不符合　　E. 完全不符合
29. 工作学习时间长了，常感到厌倦。（　）
　　　A. 最符合　　B. 比较符合　　C. 说不清　　D. 比较不符合　　E. 完全不符合
30. 不喜欢长时间谈论一个话题，愿意实际动手干。（　）
　　　A. 最符合　　B. 比较符合　　C. 说不清　　D. 比较不符合　　E. 完全不符合
31. 宁愿侃侃而谈，不愿窃窃私语。（　）
　　　A. 最符合　　B. 比较符合　　C. 说不清　　D. 比较不符合　　E. 完全不符合
32. 别人说我总是闷闷不乐。（　）
　　　A. 最符合　　B. 比较符合　　C. 说不清　　D. 比较不符合　　E. 完全不符合
33. 理解问题时常比别人慢些。（　）
　　　A. 最符合　　B. 比较符合　　C. 说不清　　D. 比较不符合　　E. 完全不符合
34. 疲倦时只要短暂的休息就能精神抖擞，重新投入工作。（　）
　　　A. 最符合　　B. 比较符合　　C. 说不清　　D. 比较不符合　　E. 完全不符合
35. 心里有事宁愿自己想，不愿说出来。（　）
　　　A. 最符合　　B. 比较符合　　C. 说不清　　D. 比较不符合　　E. 完全不符合
36. 认准一个目标就希望尽快实现，不达目的，誓不罢休。（　）
　　　A. 最符合　　B. 比较符合　　C. 说不清　　D. 比较不符合　　E. 完全不符合
37. 同样和别人学习、工作一段时间后，常比别人更疲倦。（　）
　　　A. 最符合　　B. 比较符合　　C. 说不清　　D. 比较不符合　　E. 完全不符合
38. 做事有些莽撞，常常不考虑后果。（　）
　　　A. 最符合　　B. 比较符合　　C. 说不清　　D. 比较不符合　　E. 完全不符合
39. 别人讲授新知识、新技术时，总希望他讲慢些，多重复几遍。（　）
　　　A. 最符合　　B. 比较符合　　C. 说不清　　D. 比较不符合　　E. 完全不符合

40. 能够很快忘记那些不愉快的事情。（　　）
    A. 最符合　　B. 比较符合　　C. 说不清　　D. 比较不符合　　E. 完全不符合
41. 做作业或完成一件工作总比别人花费的时间多。（　　）
    A. 最符合　　B. 比较符合　　C. 说不清　　D. 比较不符合　　E. 完全不符合
42. 喜欢运动量大的剧烈活动，或参加各种文体活动。（　　）
    A. 最符合　　B. 比较符合　　C. 说不清　　D. 比较不符合　　E. 完全不符合
43. 不能很快地把注意力从一件事情转移到另一件事情上去。（　　）
    A. 最符合　　B. 比较符合　　C. 说不清　　D. 比较不符合　　E. 完全不符合
44. 接受一个任务后，就希望把它迅速解决。（　　）
    A. 最符合　　B. 比较符合　　C. 说不清　　D. 比较不符合　　E. 完全不符合
45. 认为墨守成规比冒风险强些。（　　）
    A. 最符合　　B. 比较符合　　C. 说不清　　D. 比较不符合　　E. 完全不符合
46. 能够同时注意几件事物。（　　）
    A. 最符合　　B. 比较符合　　C. 说不清　　D. 比较不符合　　E. 完全不符合
47. 当我烦闷的时候，别人很难使我高兴起来。（　　）
    A. 最符合　　B. 比较符合　　C. 说不清　　D. 比较不符合　　E. 完全不符合
48. 爱看情节起伏跌宕、激动人心的小说。（　　）
    A. 最符合　　B. 比较符合　　C. 说不清　　D. 比较不符合　　E. 完全不符合
49. 对工作抱认真谨慎、始终如一的态度。（　　）
    A. 最符合　　B. 比较符合　　C. 说不清　　D. 比较不符合　　E. 完全不符合
50. 和周围人们的关系总是相处不好。（　　）
    A. 最符合　　B. 比较符合　　C. 说不清　　D. 比较不符合　　E. 完全不符合
51. 喜欢复习学过的知识，重复做已经掌握的工作。（　　）
    A. 最符合　　B. 比较符合　　C. 说不清　　D. 比较不符合　　E. 完全不符合
52. 希望做变化大、花样多的工作。（　　）
    A. 最符合　　B. 比较符合　　C. 说不清　　D. 比较不符合　　E. 完全不符合
53. 小时候会背的诗歌，我似乎比别人记得清楚。（　　）
    A. 最符合　　B. 比较符合　　C. 说不清　　D. 比较不符合　　E. 完全不符合
54. 别人说我"出语伤人"，可我并不觉得这样。（　　）
    A. 最符合　　B. 比较符合　　C. 说不清　　D. 比较不符合　　E. 完全不符合
55. 在学习生活中，常因反应慢而落后。（　　）
    A. 最符合　　B. 比较符合　　C. 说不清　　D. 比较不符合　　E. 完全不符合
56. 反应敏捷，大脑机智。（　　）
    A. 最符合　　B. 比较符合　　C. 说不清　　D. 比较不符合　　E. 完全不符合
57. 喜欢有条理而不甚麻烦的工作。（　　）
    A. 最符合　　B. 比较符合　　C. 说不清　　D. 比较不符合　　E. 完全不符合
58. 兴奋的事情常使我失眠。（　　）

　　　　A. 最符合　　B. 比较符合　　C. 说不清　　D. 比较不符合　　E. 完全不符合
59. 别人讲新概念，我常常听不懂，但是弄懂以后就很难忘记。（　　）
　　　　A. 最符合　　B. 比较符合　　C. 说不清　　D. 比较不符合　　E. 完全不符合
60. 假如工作枯燥无味，马上就会情绪低落。（　　）
　　　　A. 最符合　　B. 比较符合　　C. 说不清　　D. 比较不符合　　E. 完全不符合

结果评价：

下表为气质测量量表，请将以上60道测试题计分，并将计算结果填入表中。

（1）计分：每题选A得2分，选B得1分，选C得0分，选D得—1分，选E得—2分；并将每题的得分填入下面"得分"栏内。

（2）计算每种气质类型的总分数。

胆汁质	题号	2	6	9	14	17	21	27	31	36	38	42	48	50	54	58	总分
	得分																
多血质	题号	4	8	11	16	19	23	25	29	34	40	44	46	52	56	60	总分
	得分																
黏液质	题号	1	7	10	13	18	22	26	30	33	39	43	45	49	55	57	总分
	得分																
抑郁质	题号	3	5	12	15	20	24	28	32	35	37	41	47	51	53	59	总分
	得分																

　　如果某气质类型的得分明显高于其他三种，均高出4分以上，则可定为该气质类型。此外，如果该气质类型得分超过20分，则为典型类型。如果该得分为10～20分，为一般型。若两种气质得分相近，差异小于3分，又明显高于其他两种4分以上，可判定为两种类型的混合型；同样，如果三种气质得分均高于第四种，而且很接近，则为三种气质的混合型。

　　确定了自己的气质类型后，则可根据下列关系确定自己适合的职业。

　　多血质：比较适合做社交性、文艺性、多样化、要求反应敏捷且均衡的工作，而不太适应做需要细心钻研的工作。他们可从事广泛范围的职业，如外交人员、管理人员、驾驶员、医生、律师、运动员、新闻记者、冒险家、服务员、侦察员、干警、演员等。

　　胆汁质：较适合做反应迅速、动作有力、应急性强、危险性较大、难度较高而费力的工作。可以成为出色的导游员、勘探工作者、推销员、节目主持人、演讲者、外事接待人员等。但不适宜从事稳重、细致的工作。

　　黏液质：较适合做有条不紊、刻板平静、耐受性较高的工作，而不太适宜从事激烈多变的工作。可从事的职业有外科医生、法官、管理人员、出纳员、播音员、会计、调解员等。

　　抑郁质：能够兢兢业业干工作，适合从事持久细致的工作，如技术员、打字员、排版工、检查员、记录员、化验员、刺绣雕刻工、机要秘书、保管员等，而不适合做要求反应灵敏、处理果断的工作。

1. 大学生职业选择的准则是什么？
2. 设计一份自己近10年（含大学期间）职业生涯规划。
3. 引起大学生择业浮躁的因素是什么？
4. 大学毕业生如何消除择业焦虑？
5. 引起大学生择业恐惧的原因有哪些，如何消除？

第六节 职业能力探索

一、能力概述

（一）能力的含义

能力是直接影响活动效率，保证活动顺利完成所必备的个性心理特征。例如，一位画家所具有的色彩鉴别力、形象记忆力等，这些都叫能力，这些能力是保证一位画家顺利完成绘画活动的心理条件。

能力有两种含义：一是指已经发展或表现出的实际能力。例如，某人能讲三种外语，会开汽车，等等。二是指可能发展的潜在能力。研究表明，潜在能力是尚未表现出来的心理能量，是通过学习或训练后可能发展起来的能力，它只是各种实际能力发展的可能性。潜在能力被认为是实际能力形成的基础和条件，实际能力是潜在能力的展现。实际能力和潜在能力密切地联系着。

能力和活动密切相关。一方面，能力在活动中发展并表现在活动之中。如我们只有在一部文艺作品中才能看出作者的观察力、思维能力、创造能力和写作能力，作者的创作能力也只有在他的创作活动中不断形成和发展起来。能力存在于活动之中，离开了活动也就无所谓能力。另一方面，从事某种活动必须以某种能力为前提。如进行学习研究活动，必须以记忆力、注意力、感知及抽象概括能力为前提，才能保证学习活动的顺利完成。所以，能力是完成某一活动必备的心理条件。

人们要完成某种活动，往往不是依靠一种能力，而是依靠多种能力的结合。这些能力的高度发展和有机结合，就能保证某种活动的顺利进行。这种结合在一起的能力叫才能。例如，教师要有敏锐的观察力、准确而流畅的言语表达力、严谨的逻辑思维能力、组织管理能力以及处理教学中偶发事件的教育机制等。这些能力的结合就是教师的才能。同样，学生的解题能力与计算能力结合起来，就组成数学才能。

各种能力最完备地结合和最高度发展统称为天才。天才是能力的独特结合，它使人能顺利地、独立地、创造性地完成某些复杂的活动。天才往往结合着多种高度发展的能力。一个天才人物往往同时是文学家、历史学家、诗人、政治家等。天才不是天生的，它离不开社会历史的要求、时代的需要。特定的社会历史环境常常会涌现出许多具有特定能力的天才人物。天才并不是什么天赋之才，是在先天良好遗传素质的基础上，经过良好的环境影响和教育作用，再加上个人的勤奋努力而逐渐形成的。正如爱迪生所说的"天才是1%的灵感加上99%的汗水"。

（二）能力的分类

人的能力是各种各样的，可以从不同的角度对能力进行分类。

1. 按能力所表现的活动领域不同可把能力分为一般能力和特殊能力

一般能力也被称为认识能力，也就是平常我们所说的智力，它是指完成各种活动都必须具备的能力。它由注意力、观察力、记忆力、思考力、想象力五个因素构成。其中思考力是一般能力的核心，它代表着智力发展的水平。其他任何能力的发展和提高都与这种能力的发展分不开。

特殊能力也被称为专业能力，是指在某种专业活动中表现出来的能力。它是顺利完成某种专业活动的心理条件。例如，画家的色彩鉴别力、形象记忆力；音乐家区别旋律曲调特点的能力、音乐表象想象能力以及感受音乐节奏的能力，均属于特殊能力。

一般能力和特殊能力紧密地联系着。一般能力是各种特殊能力形成和发展的基础，一般能力越是发展，就越为特殊能力的发展创造了有利条件；特殊能力的发展，同时也会促进一般能力的提高。在活动中，一般能力和特殊能力共同起作用。要成功地完成一项活动，既需要具有一般能力，又需要具有与该活动有关的特殊能力。

2. 按照活动中能力的创造性大小可把能力分为模仿能力和创造能力

模仿能力也被称为再造能力，是指人们通过观察别人的行为、活动来学习各种知识，然后以相同的方式作出反应的能力。如学习绘画时的临摹，从字帖上仿效前人的书法，儿童在家庭中模仿父母的说话、表情，按照学习的数学定理来解决同一类型题目等都是模仿。模仿不但表现在观察别人的行为后立即做出相同的反应，而且表现在某些延缓的行为反应中。模仿是人和动物的一种重要的学习能力。

创造能力是指在活动中创造出独特的、新颖的、有社会价值产品的能力。它是成功地完成某种创造性活动所必需的心理条件。一个具有创造力的人往往能超脱具体的知觉情境、思维定式、传统观念和习惯势力的束缚，在习以为常的事物和现象中发现新的联系和关系，提出新的思想，产生新的产品，如科学发明、工具革新、小说创作、创造性地解决问题等。创造能力有三个特点：

（1）独特性。见解独特，不循常规，能标新立异。

（2）变通性。不受定式的约束，能举一反三，触类旁通，构思新奇灵活。

（3）流畅性。心智活动畅通无阻，能在短时间内产生大量想法，提出多种答案。

模仿能力和创造能力是紧密联系的，创造能力是从模仿能力的基础上发展起来的，人们的活动一般总是先模仿，后创造。模仿是创造的前提和基础，创造是模仿的发展。模仿能力和创造能力又是相互渗透的，模仿能力中包含有创造能力的成分，创造能力中包含着模仿能力的因素。

3. 按照能力的功能可把能力划分为认知能力、操作能力和社会交往能力

认知能力是指人脑加工、储存和提取信息的能力。一般认为观察力、记忆力、注意力、思考力和想象力等都是认知能力。人们认识客观世界，获得各种各样的知识，主要依赖于人的认知能力。

操作能力是指人们有意识调节自己的外部动作以完成各种活动的能力，如艺术表演能力、劳动能力、体育运动能力、实验操作能力等。

社会交往能力是指在人们的社会交往活动中所表现出来的能力，如言语感染力、组织管理能力、决策能力、处理意外事故的能力等。这种能力对协调人际关系，促进人际交往和信息沟通有重要作用。

以上三种能力是相互联系的，操作能力和社交能力是在认知能力的基础上形成和发展起来的；同时，人们在操作和社会活动中，又进一步丰富和发展了认知能力。在有些实践活动中，需要这三种能力有机结合才能使活动顺利进行。

二、能力与职业匹配

职业能力既与一般能力有关，更与特殊能力密不可分。

人们从事某种职业活动都是具体的，因此，人的职业能力倾向，主要就是指人的特殊能力，它是表示从业人员为胜任这一职业要求而必备的能力。

（一）能力与职业对应划分

根据职业所需的特殊能力类型，可以把特殊能力与职业对应划分为以下几个方面。

（1）擅长与物打交道。如制图、勘测、建筑、机械制造、会计、出纳等。

（2）擅长与人打交道。如记者、推销员、教师、行政管理人员、外交联络员等。

（3）擅长做有规律的工作。如图书档案管理员，习惯在预先安排好的程序下工作等。

（4）喜欢从事社会福利和助人工作。如律师、医生、护士、咨询等。

（5）具有领导和组织能力。如行政人员、企业管理等。

（6）擅长研究人的行为。如心理学、政治学、人事管理、思想政治教育等。

（7）擅长科学技术研究。如对分析、推理的活动感兴趣，喜欢通过实验发现新问题，独立解决问题等。

（8）擅长抽象、创造性工作。如经济分析，各类科研、化验、社会调查等。

（9）擅长操作机器的技术性工作。如机械制造、驾驶员、飞行员等。

（10）喜欢具体的工作，愿从事看得见、摸得着，能很快看到自己劳动成果的工作。如手工、装饰、维修等。

著名数学家陈景润是位天才的数学家，成功地证明了哥德巴赫猜想；但由于他性格内向，不善于语言表达，完全不适合当教师。他虽然富于才华，但不具备教育学生的能力。因此，只有正确分析自己的能力倾向，才能有所作为，才能做到能力水平与职业层次相一致。

（二）能力类型的特点及相适合的职业

（1）语言能力：包括对词的理解和使用的能力，对词、句子、段落、篇章的理解能力，以及善于清楚而正确地表达自己的观点和向别人介绍信息的能力，它包括语言文字的理解能力和口头表达能力，善于表达自己的思想和观点，适合职业有教师、记者、服务员等。

（2）数理能力：能够快速运算，进行推理，解决应用问题，适合的工作有会计师、出纳、统计、建筑师、精算师、工程师、工业药剂师等。

（3）空间判断能力：是指能看懂几何图形、识别物体在空间运动中的联系、解决几何问题的能力。与图纸、工程及建筑等打交道的人，对空间判断能力要求很高；而对于裁缝、电工、木工、无线电修理工和机床工来说，必须有一定的空间判断能力。

（4）察觉细节的能力：对物体或图像的有关细节的知觉能力，如对于图形的阴暗、线的宽度和长度做出视觉的区别和比较，能看出其细微的差异。适合职业有生物学家、建筑师、测量员、制图员、农业技术员、动植物技术员、医师、兽医、药剂师、画家、无线电修理工等。

（5）运动协调能力：身体能够迅速而准确地做出动作反应。适合职业有舞蹈演员、驾驶员、飞行员、牙科医生、外科医生、雕刻家等。

（6）动手能力：是指手、手腕、手指都能够迅速而准确地操作小的物体的能力。适合职业有技术工人、检修人员、模型制造人员、手工艺者等。

（7）书写能力：对词、印刷物、账目、表格等的细微部分具有正确的知觉能力。适合职业有校对、录入人员等。

（8）社会交往能力：善于进行人与人之间的互相交往、互相联系、互相帮助，能够协同工作并建立良好的人际关系。适合职业有公共关系人员、对外联络人员、政府新闻官、物业管理人员等。

（9）组织管理能力：擅长组织和安排各种活动以及协调参加活动中人的关系的能力。适合职业有管理人员、如企业经理、基金管理人等。

三、职业能力倾向测量

在我国，人们对能力的评价，对择业者个体来说，主要是采用自我体验、他人作评价的方式进行，即所谓的"听其言，观其行"。这样的方法所得到的关于能力的评价多停留在主观印象阶段，常呈现模糊、片面的特征。最近几年通过引进或介绍，更多地使用测量的方法，开发出了适应我国使用的测量工具，如《BEC 职业能力测验（Ⅰ）型》和《BEC 职业能力测验（Ⅱ）型》、劳动和社会保障部的《CETTIC 职业素质测评》、很多高校正在使用的北森公司开发的朗途职业规划测评系统等。这些量表操作便捷，能较全面地反映被测者的实际状况。下面介绍一种常用的自测量表。

职业能力倾向自测量表

该测试的评定用五级量表：强、较强、一般、较弱、弱。测试分为 9 组，每组均相应测试一项职业能力。每组均有6题，按上述5个等级为各题打分。能力强的打1分，较强的为2分，依次递增，弱的打5分。最后总计各组得分除以6可得该组所测职业能力最后得分。各题能力评定等级为，最后得分为1的，表明该项能力强，随分值增加依次为较强、一般、较弱，若为5分则表明为弱。

（一）语言能力

强：1分　　较强：2分　　一般：3分　　较弱：4分　　弱：5分

（1）善于表达自己的观点。

（2）阅读速度快，并能抓住中心内容。

（3）清楚地向别人解释难懂的概念。

（4）对文章中的字、词、段落和篇章的理解和综合能力。

（5）掌握词汇量的程度。

（6）中学时你的语文成绩。

（二）数理能力

强：1分　　较强：2分　　一般：3分　　较弱：4分　　弱：5分

（1）做出精确的测量。

（2）解算术应用题的能力。

（3）笔算能力。

（4）心算能力。

（5）使用工具（如计算器）计算的能力。

（6）中学时你的数学成绩。

（三）空间判断能力

强：1分　　较强：2分　　一般：3分　　较弱：4分　　弱：5分

（1）美术素描画的水平。

（2）画三维度的立体图形能力。

（3）看几何图形的立体感。

（4）玩拼图游戏。

（5）对盒子展开后平面图的想象力。

（6）中学时你的立体几何成绩。

（四）察觉细节能力

强：1分　　较强：2分　　一般：3分　　较弱：4分　　弱：5分

（1）发现相似图形中的细微差异。

（2）识别物体的形状差异。

（3）注意到多数人所忽视的物体的细节部分。

（4）检查物体的细节。

（5）观察图案是否正确。

（6）中学时善于找出数学作业的细小错误。

（五）书写能力

强：1分　　较强：2分　　一般：3分　　较弱：4分　　弱：5分

(1) 快而准确地抄写资料。
(2) 在阅读中发现错别字。
(3) 发现计算错误。
(4) 发现图表中的细小错误。
(5) 在图书馆很快查找编码卡片。
(6) 自我控制能力。

（六）运动协调能力

强：1分　　较强：2分　　一般：3分　　较弱：4分　　弱：5分

(1) 劳动技术课中操作机器一类的活动。
(2) 玩电子游戏机或瞄准打靶。
(3) 在广播体操中集体的协调灵活性。
(4) 打球姿势的平衡度。
(5) 打字比赛或算盘比赛的成绩。
(6) 闭眼单脚站立的平衡能力。

（七）动手能力

强：1分　　较强：2分　　一般：3分　　较弱：4分　　弱：5分

(1) 灵巧地使用手工工具（如锤子等）。
(2) 灵巧地使用很小的工具（如镊子等）。
(3) 弹乐器时手指的灵活度。
(4) 做小手工艺品的动手能力。
(5) 很快地削水果。
(6) 修理、装配、编织、缝补等活动能力。

（八）社会交往能力

强：1分　　较强：2分　　一般：3分　　较弱：4分　　弱：5分

(1) 善于在陌生的场合发表自己的意见。
(2) 新场所结交新朋友。
(3) 口头表达能力。
(4) 善于与人友好交往并协同工作。
(5) 助人。
(6) 做别人的思想工作。

（九）组织管理能力

强：1分　　较强：2分　　一般：3分　　较弱：4分　　弱：5分

(1) 参加集体活动。
(2) 活动中能关心他人。
(3) 想出好点子。
(4) 果断地处理突发事件。

(5) 合作的水平。

(6) 解决同事或同学间的矛盾。

案例导读

小米是学国际贸易的，原以为这个专业出去好找工作，可没想到到了眼前却是这么难。小米想去沿海一带工作，因为那儿工资高、生活条件好。临近毕业时，她向二十多家公司寄了简历，有回音的只有六七家。参加了几次校内的人才见面会，并正式面试了几家公司，可都没有成功；小米想去的别人认为她不合适，想要她的单位小米又不乐意去。五个多月过去了，小米仍旧一无所获。有时候小米会躺在床上忍不住想：要是我连工作都找不着，四年大学岂不白上了！

小米不想成为一名失业者，所以下决心无论如何都要签一家单位。如果毕业时还找不到满意的单位，就只能碰上哪家是哪家了。

就业难是现今大学毕业生的一种普遍感受。除去客观的外在因素，大学生个体对就业所需的职业意向、知识、能力和心理等准备不足，也是造成这一状况的重要原因。职业意向，简单地说，是指个体希望从事何种类型的职业以及他对可能选择的职业的了解。由于不少学生在专业的最初选择上带有盲目性和被动性，因此对所学专业以及将要从事的职业带有朦胧感，这种朦胧的职业意识往往直到毕业才被动地趋向清晰和现实。职业意识的缺乏进一步导致了毕业生择业的盲目性：在多个选择面前，他们时常会举棋不定，结果错失良机。

众所周知，知识和能力是竞争中最重要的砝码。可惜的是，太多的人在学好专业知识的同时，忽视了实际能力的培养，以致不能很好地适应社会的需求。大学生的能力构成要素是多方面的，主要应从以下两方面加强训练：一是智力技能方面，如分析综合、决策、社交、写作和管理技能等；二是操作技能方面，如计算机操作、英语会话、勘察设计等。

除了知识、能力的准备，大学生在就业前进行有计划、有目的、系统性的心理训练也是非常必要的。在这个过程中，个体不仅要积极主动地培养良好的心理素质，还应及时克服在择业中经常出现的心理障碍，以健康的心态应对激烈角逐的就业市场。

实训项目：自我认知

一、实训概述

【目的及要求】

完成自我的认知是大学生进行职业生涯规划的第一步，本项目的练习目的，在于通过对自我认知训练，全面认识自己的职业价值观、职业兴趣、职业性格特点和职业能力，精确认识自我、纠正自我认知方面的偏差。

二、实训内容

【项目背景】

通过自我认知的各项内容逐渐深入,更好地进行自我认知。认识不足之处,找到提升自我的空间,并做初步的改进。

【训练步骤】

(1) 根据书中所列相关测试题,完成职业价值观、职业兴趣、职业性格、职业能力的测定。

(2) 完成下列自我认知表。

我的测评结果	我的职业价值观	
	我的兴趣爱好	
	我的性格	
	我所擅长的技能	
本学期个人实践	参与的实践活动	收获与反思(能力形成方面)
自我综合评价		
总结个人长处		
需要改进的方面	改进内容	采用的方法及途径

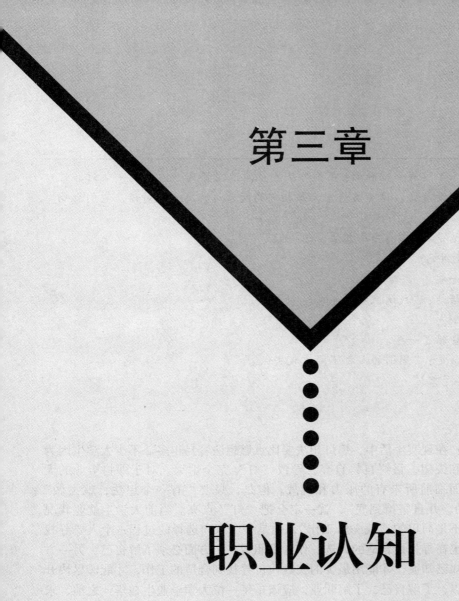

第三章

职业认知

心灵咖啡

一则校园广告展示了这样一幅画面：4盏灯从左至右依次排列，左边的一盏灯非常明亮，右边的一盏灯则没有亮。这4盏灯中，每相邻的两盏灯都有一段对话，它们影响灯的明暗度。

第一盏灯后的对话是："我有一个想法，想去做。"

回答说："可以做到吗？"

第二盏灯变暗了一些。

第二盏灯后的对话是："我试试看。"

回答说："很难吧！"

第三盏灯变得更昏暗了一些。

第三盏灯后的对话是："周围的人都不同意我去做。"

回答说："那就算了吧！"

第四盏灯熄灭了。

这则广告提示我们：在现实生活中，熄灯想法要比点燃想法容易得多。不少大学生因为面对困难而疑问、担心和失望，最终自暴自弃，导致"灯"完全熄灭。对于即将毕业的大学生，在就业和择业上面临前所未有的压力和挑战。但是，只要"有一个想法，就去做""有一个目标，就去行动，并且坚持到底"，就一定会把"灯"点亮。当前大学生就业状况提示我们，求职就业并不是简单的"找一份工作"，他是一个双向选择的过程：个人要寻找适合自己的岗位，岗位也在寻找最合适的人选。作为求职者，一方面必须了解自己；另一方面必须了解职业，做到知己知彼，才能用最少的实践代价寻找到合适的工作，才能够尽快开始自己的职业生涯。所以，了解自己，了解职业，应该是每一位大学毕业生在毕业之前、求职就业之前必须做的功课。

第一节 职业概述

人的一生中最重要的阶段是在职业中度过的，职业不仅为人们提供了赖以生存的物质基础，也提供了参与社会活动、承担社会义务、获得社会福利的条件。深入了解职业，可以帮助人们树立正确的职业观，使职业发展道路更顺畅。

一、职业的概念

（一）职业的含义

对职业的含义，不同的人、不同的社会有不同的看法和认识。当前从事职业研究的理论工作者们认为，职业是指人们为了谋生和发展而从事的相对稳定、有经济收入、特定类别的社会劳动。这种社会劳动是人们的生活方式、经济状况、教育程度、行为模式和道德情操等的综合反映，是人们所承担的社会责任与义务、所拥有的社会权利的重要体现。

职业是一种社会历史现象，是人类发展到一定阶段的产物，现代意义上的职业，是社会分工的产物，是一种专业化的社会劳动岗位。从国家的角度来看，每一种职业都是一种社会分工；从社会的角度来看，职业是劳动者获得的社会角色，如医生、教师、律师、公务员等；从个人的角度来看，职业则是劳动者"扮演"的社会角色，并为社会承担一定的义务和责任，同时获得相应的收入报酬。

职业一词的外延包括三层意思：一是有工作，即有事可做，有事可为；二是有收入，即获得工资或其他形式的经济报酬；三是有时间限度，一般规定为不超过全天活动时间的三分之一。

（二）职业的功能

职业是社会分工的产物，存在于组织活动中。职业对个人、组织和社会具有不同的功能。

1. 职业对个人的功能

每一个具备劳动能力的人，在他几十年的职业生涯中，职业有着非常重要的作用。主要表现在以下几个方面：

（1）职业活动为人们提供物质生活的基本条件，是人们赖以生存的手段。

大学毕业生求职就业，经济收入的高低是一个重要的参考依据。大学毕业生在职业生涯开始阶段，主要是寻找适合自己发展的职业方向，积累社会经验，锻炼职业能力，而获取一定的经济收入可以使我们的职业发展有一个较好的基础。

（2）职业能满足人们对社会地位、名誉、权力、成功的需要。

市场经济社会中，个人的成就往往体现在职业生涯之中，职业的成功会给个人带来地位、名誉、权力的满足感。对多数人来讲，职业的成功途径很多，但大体上可以分为两类：一类是技术或业务的途径，不断提升自己的专业能力求得进步；另一类是管理的途径，通过管理梯次不断提升自己。当然还可能有第三条途径，就是自主创业、开创自己的事业。

（3）职业可以促进个人多方面的发展，培养、完善个人的兴趣、个性、特长和能力，使个人发展更全面。

实际表明，能够与职业相结合的个人兴趣会更持久、更深入、更有效；人的个性也会在职业活动中、在与他人的相互联系与合作中不断完善。职业场合是锻炼人的特长和能力的最好场合，往往也是实现个人理想和价值的最好场合。

（4）职业是个人为社会做贡献、提升和实现个人价值的重要途径。

每个人为社会做贡献的方式很多，但从事职业活动是最重要、最稳定的一种，也是将个人利益和社会利益结合最好的一种方式。为社会做贡献越多，个人价值越高。

2. 职业对组织的功能

（1）职业和职业活动构成了组织和组织活动，也可以说，组织活动体现为职业活动，职业活动实现着组织的存在和运转。

（2）职业活动创造出组织的效率和效益，组织成员越是"职业化"，组织越是稳定，其活动就越富有成效。

（3）职业活动创造出组织的社会价值，组织对社会的贡献是由每个组织成员富有成效的职业活动做出的。

3. 职业对社会的功能

职业和职业活动构成了人类的社会生活，它是社会存在和发展的基础。

（1）通过职业劳动，生产出社会物质财富和精神财富，构成了社会发展的基础。

（2）职业分工及劳动是构成社会经济制度及其运行的主要组成部分。

（3）职业的运动和转换推动社会的发展。

（4）职业是维持社会稳定、实现"安居乐业"的基本手段。

（三）职业的特性

1. 职业的多样性和层次性。

随着社会的发展，社会分工越来越细，职业种类越来越多。我国早先就有"三百六十行"之说，现代社会职业更是成千上万种。职业除呈现出多样性的特点之外，还呈现出差异性和层次性。例如，工程技术人员有高级工程师、工程师、助理工程师、技术员，高等院校则有教授、副教授、讲师、助教之分。

2. 职业的专业性和技术性。

每一种职业都需要专门的知识和技能。特定的职业道德品质，只有具备了特定的要求，才能胜任所对应的职业。例如，从事数控机床加工，要有机械制图、机械原理等方面的知识，具备数控机床操作的技能和一丝不苟、精益求精的工作态度。随着科学技术的进步、职业的专业性和技术性要求会越来越高。

3. 职业的连续性和经济性。

一般来说，一个人可能在较长的时间内持续从事某种职业，并通过职业活动获得较稳定的经济收入。职业正是因为具有明显的经济性和连续性，才与人们的社会活动和日常活动紧密地联系在一起。

4. 时代性。

职业具有时代性，不同时期有不同的热门职业。我国曾出现过"当兵热""从政热"，到"上大学热""考研究生热"，又发展到"下海热""出国热""外资企业热"等，都反映出特定时期人们对某种职业活动的热衷程度。

从不同的角度分析，职业除了上述特性外，还有社会性和规范性等特性。

二、职业的产生与发展

生产力发展带来职业细分。随着社会科学技术的进步，职业不断发生变化，新的职业不断出现，旧的职业逐渐消失。

（一）职业的产生

职业是人类社会生产力发展到一定阶段的产物，是随着社会分工的产生而出现的。原始氏族社会，人们只能采摘果实，外出打猎，从事原始农业。确切地说，当时还没有真正意义上的职业，因为没有固定从事某项专门工作的人群。

随着人类征服自然能力的提高，社会生产力的逐步发展，人类社会产生了三次大分工。第一次社会大分工是在原始社会后期，畜牧业从原始农业中分离出来，一部分人长期从事打猎的实践活动，开始脱离农业种植劳动，专门从事畜牧业劳动；第二次社会分工是工业从农业中分离出来，当时少数人从事手工业劳动，逐渐脱离了农牧业；第三次社会分工是商人和商人阶层的产生。由于三次社会大分工，便出现了人类社会最初的职业，即农夫、牧人、工匠、商人等。

（二）职业的发展

社会分工的发展决定和制约着职业的发展。科学技术的进步、生产工具的改进、生产的社会化使分工越发达，专业化程度越高，职业门类也越来越多。

社会分工的发展还决定和制约着职业的变化。职业的变化同科学技术与生产力的发展也有一定的关系。科学进步的重要标志是不断有新技术、新工艺和新产品出现，这必然导致职业的新旧更替，并产生新的职业种类。比如，电子科技的发展导致了印刷行业的巨大变革，随着电子计算机汉字激光照排技术的产生和广泛应用，使印刷业逐渐告别铅与火的时代，这必然使铅字的铸造业逐步消亡，取而代之的是汉字录入、照排职业的产生。

随着科学技术的发展，职业对人们的要求也越来越高。人们要获取职业，需要一定的条件和过程，并不是任何一项职业都适合每一个人。每项职业都要求从事的人员具备适当的条件，例如，一定的身体条件、知识和技能、思想品德和心理素质等。同样，每个人的身体、文化、技能、思想、心理素质以及家庭经济情况都不同，对各种不同职业也会有各自的需求与选择，于是就产生了职业对人的选择和人对职业的选择。

三、当代职业发展的新趋势

（一）当代职业发展呈现的新趋势

1. 职业的种类大量增加

职业产生初期，种类少，发展缓慢。因为传统生产技术相对稳定，一项重要的技术发明在生产上的应用往往会持续相当长的一个时期，所以使社会职业也具有相对稳定性。但随着社会的发展以及科技发展的加快，职业种类增加的速度也逐渐加快，当代新兴行业不断涌现，新的职业大量出现。因此，新旧职业更替速度加快。1999年，劳动和社会保障部组织制定了《中华人民共和国职业分类大典》，该大典将我国职业分为8个大类、66个中类、413个小类、1838个细类。从2004年起，国家将根据社会经济发展需要，建立新职业定期发布制度，并不断补充与修订国家职业分类体系。

2. 第三产业职业数量增加

随着科学水平的提高，产业结构的调整，第三产业在国民经济发展中所起的作用越来越大，如金融、商务、传播、物流、卫生、教育、旅游等。第三产业的就业人数不断增加，这是现代社会发展的大趋势。另外，我国加入世贸组织和吸引外资对第二产业的制造业起到了积极的推动作用，所以近年来第二产业的用人需求比重呈现上升态势。我国目前第三产业从业者的比例虽然比较低，仅为17%，但发展潜力相当大。例如，据上海市预测上海第三产业的发展目标，2000年为44%，到了2010年已超过50%。

3. 职业活动的内容不断弃旧从新

同样的职业，时代不同，技术方法、工作手段有着天壤之别。例如，工程设计绘图，过去用图纸、丁字尺等，现在用CAD技术；机械加工，以前用普通车床，现在用数控车床。一些职业，因新的工作设备和条件变化，对职业内容有了新的要求。如行政工作人员，在以前只要求具备较好的组织协调能力、分析问题解决问题能力、文字能力、口头表达能力等，但现在除要求他们具备上述能力以外，还要求具备社会交往及计算机辅助管理、办公自动化操作能力等。职业的演变提高了对从业者素质、技能的要求。

4. 职业将向高科技化、智能化、专业化方向发展

目前，得到世界各国公认并列入21世纪重点开发的领域有：信息技术、航天技术、生物技术、新能源技术、新材料技术和海洋技术等。近年来，我国兴建了一批高新技术产业开发区，出现了一批高新技术公司，建立了一批外资和中外合资高新技术企业。因而，在加快高新技术发展政策的实施过程中，与此有关的职业将得到较快发展。随着科学技术的发展，职业的专业化和复合化程度越来越高。

5. 职业的流动性强

随着社会职业种类的不断增加，职业选择的机会增多，打破了职业的相对稳定性。现代社会职业兴衰演化迅速，职业的更新速度不断加快，导致一个人一生面临职业变化也会越来越频繁。

6. 永久性职业减少

只有少数人能拥有"永久性"的工作，而从事计时、计件或临时性职业的人会越来越多。

（二）本世纪部分热门职业与紧缺人才预测

（1）计算机软件职业。

（2）电子通信职业。

（3）现代制造业。

（4）广告、房地产、建筑及装饰技术职业。

（5）金融、证券、投资、保险业。

（6）医疗保健职业。

（7）环境保护类职业。

（8）法律类职业。

（9）信息咨询与服务业。
（10）经纪、代理类职业。
（11）商业策划、市场营销类职业。
（12）文化休闲与旅游业。
（13）现代制造业的经营管理和工程技术人才。
（14）生物工程技术人才。
（15）现代农业科技人才。
（16）咨询、策划人才。
（17）国际贸易和外语人才。
（18）教育工作者。
（19）法律工作者。
（20）传媒与出版业人才。

四、职业声望

职业声望是指人们对职业的社会贡献及其社会地位（如权力、工资、晋升机会、发展前景等）的一种主观评价。不同国家和不同民族由于经济发展水平及其传统文化的差异，对职业声望的评价也有所不同。

根据美国1999年出版的《职业排行年鉴》，美国目前最好的职业既不是总统、大法官，也不是体育大明星，而是网站管理师、电脑或软件工程师。《职业排行年鉴》是根据美国政府和有关贸易组织提供的资料，并根据职业收入、职业地位、职业压力、职业提升机会、职业稳定性和职业环境等标准对美国250项工作进行评估后排名的。位居前10位的职业有9项与电脑业有关，其中网站管理师名列第一。美国总统由于没有晋升机会，工作压力大以及增长慢而仅被排在第229位。厨师则被排在第172位，比总统排名靠前。排名最后的分别是油田杂工、伐木工人和渔民，因为这些工作收入少，社会地位低，而且工作还不稳定。

我国职业声望评估，是从改革开放后起步的。从1989年开始，中国社会科学院组织了综合经济社会调查，在全国各省、市、自治区选出100个不同类型、不同发展程度的县进行了全面的"百县市国情调查"，获得了迄今为止最全面的职业声望调查。

阅读资料

2000年年初，北京锦华咨询有限责任公司和点津网站对京沪两地大学生的择业取向进行了调查。北京的大学生们心目中声望好的职业依次是：①市长；②党政机关领导干部；③国有大中型企业厂长、经理；④大学教授；⑤法官；⑥社会科学家；⑦电脑网络工程师；⑧律师；⑨医生；⑩记者。而在上海大学生心目中的职业声望排序又有所不同：①电脑网络工程师；②政府干部；③高科技企业工程师；④大学教授；⑤自然科学家；⑥计算机软件设计师；⑦翻译；⑧法官；⑨医生；⑩编辑。

从京沪两地大学生的不同职业排序,可以从一个侧面反映出他们不同的职业价值观。相比之下,处于经济金融贸易发展中心的上海大学生推崇那些高科技、信息化,而且能带来高收入的职业,如电脑网络工程师、高科技企业工程师等。而处于政治文化中心的北京大学生则更偏重于具有权威性的职业如市长、党政机关领导干部、国有大中型企业的厂长、经理等。

第二节 职业的分类

一、职业分类的概念及作用

职业分类是采用一定的标准和方法,依据一定的分类原则,对从业人员所从事的各种专门化的社会职业进行全面、系统的划分与归类。我国职业分类是以工作性质的同一性为基本原则,对社会职业进行的系统划分与归类。所谓工作性质,即一种职业区别于另一种职业的根本属性,一般通过职业活动的对象、从业方式等的不同予以体现。需要说明的是,对工作性质的同一性所作的技术性解释,要视具体的职业类别而定。

职业分类是一个国家形成产业结构概念和进行产业结构、产业组织及产业政策研究的基础,对于社会各个行业的发展有着十分重要的意义,任何一个国家的职业分类都影响并制约着其国民经济各部门管理活动的成效。首先,它是劳动力社会化管理的基础。其次,现代职业分类是教育培训与就业工作的基础。最后,现代职业分类为国民经济信息统计和人品普查提供服务。

二、职业分类的基本依据和方法

任何一个国家的职业分类都是建立在一个分类结构体系之上的,针对体系中的每个层次,依据不同的原则和方法,才能实现总体结构的职业划分与归类。

根据国际职业分类的通行做法,职业分类一般划分为大类、中类、小类、细类四个层次。大类层次的职业分类是依据工作性质的同一性,并考虑相应的能力水平进行的;中类层次的职业分类是在大类范围内,根据工作的任务与分工的同一性进行的;小类型层次的职业分类是在中类的范围内,按照工作的环境、功能及相互关系的同一性进行的;细类层次的职业分类即为职业的划分和归类,它是在小类的基础上,按照工作分析法,根据工艺技术、对象、操作流程和方法的统一性进行的。

职业分类的基本方法是工作分析法。职业分类工作分析法是将任何一种职业活动依据其工作的基本属性进行分析,按照工作特征的相同与相异程度进行职业的划分与归类。

国家职业标准是在职业分类的基础上,根据职业(工种)的活动内容,对从业人员工作能力水平的规范性要求。它是从业人员从事职业活动,接受职业教育培训和职业技能鉴定以及用人单位录用人员的基本依据。国家职业标准由国家人力资源和社会保障行政主管部门组织编制并颁发。

职业分类与职业选择、就业咨询、就业指导之间有着密切的联系。高校毕业生与用人单位在就业市场进行"双向选择",实际上就是求职者选择职业和职业选择求职者的过程。因此,对于高校毕业生来说,不了解职业的种类及分类的依据,不了解职业对于劳动者素质的不同要求,就很难做出正确的择业决策。

三、我国的职业分类

在职业分类中,产业、行业与职业三者之间存在着归属关系,其中,不同产业相应地包含着各种行业,不同的行业也相应地包含着各种职业。

产业是国民经济中最基本的分类。按照国际上通行的原则,一个国家的国民经济都可以划分为三大产业:第一产业包括农业、林业、畜牧业、渔业和矿业;第二产业包括机械制造业、加工业和建筑业;第三产业指广泛的服务业(除第一、第二产业以外的其他各业),包括流通部门,如交通运输业、邮电通信业、批发零售贸易和餐饮业;为生产服务的部门,如综合技术服务和信息咨询服务等单位;为居民生活服务的部门,如旅馆、理发店、生活用品修理部等单位;为提高居民文化和身体素质服务的部门,如学校、医院、体育馆、电影院等单位;为社会管理服务的部门,如国家各级行政机关、社团组织等。行业是指从事相同性质的经济活动的所有单位的集合。行业是采用经济活动的同质性原则划分的,即每一个行业类别都按照同一种经济活动的性质划分。

我国于1984年颁布《国民经济行业分类和代码》,把我国国民经济分为13个门类,1994年进行了修订,2002年颁布了新的《国民经济行业门类》国家标准。由国家统计局牵头修订的新标准,按照国际通行的经济活动同质性原则划分行业,立足于中国国情,考虑与国际标准的兼容,充实了第三产业,新增加了"信息传输、计算机服务和软件业""水利、环境和公共设施管理业"等门类。

根据我国的具体国情,新标准将国民经济行业划分为门类、大类、中类和小类四级,共有20个行业门类,95个大类,396个中类,913个小类。

下面仅列出20个行业门类:

(1) 农、林、牧、渔业。
(2) 采矿业。
(3) 制造业。
(4) 电力、燃气及水的生产和供应业。
(5) 建筑业。
(6) 交通运输、仓储和邮政业。
(7) 信息传输、计算机服务和软件业。
(8) 批发和零售业。
(9) 住宿和餐饮业。
(10) 金融业。

(11) 房地产业。
(12) 租赁和商务服务业。
(13) 科学研究、技术服务和地质勘察业。
(14) 水利环境和公共设置管理业。
(15) 环境管理业。
(16) 居民服务和其他服务业。
(17) 教育。
(18) 卫生、社会保障和社会福利业。
(19) 文化、体育和娱乐业。
(20) 公共管理和社会组织。

在上述行业分类的基础上，劳动部修订了我国的"职业分类大典"，我国职业分类的总体结构分为大类、中类、小类和细类（职业）四个层次，依次体现为由粗到细的职业类别。细类作为我国职业分类结构中最基本的类别，即职业。根据我国国民经济发展现状，借鉴国际标准职业分类体系，《中华人民共和国职业分类大典》将我国职业归为 8 个大类，66 个中类，413 个小类，1 838 个细类（职业），如表 3-1 所示。

表 3-1 职业的分类

类 别	中类	小类	细类
第一大类：国家机关、党群组织、企业、事业单位负责人	5	16	25
第二大类：专业技术人员	14	115	379
第三大类：办事人员和有关人员	4	12	45
第四大类：商业、服务业人员	8	43	147
第五大类：农、林、牧、渔、水利业生产人员	6	30	121
第六大类：生产、运输设备操作人员及有关人员	27	195	1 119
第七大类：军人	1	1	1
第八大类：不便分类的其他从业人员	1	1	1

大类是职业分类中的最高层次。大类的划分是以工作性质的同一性为主要依据，并考虑我国管理体制、产业结构的现状与发展等因素，将我国全部社会职业大致分为管理型、技术型、事务型、技能型等八大职业类别。第七类和第八类不再进行下一层次的划分。每一大类的内容包括大类编码、大类名称、大类描述、所含中类的编码和名称。

四、国外的职业分类

美国霍普金斯大学心理学教授、著名的职业指导专家约翰·L·霍兰德（John L. Holland）将职业划分为六大类基本类型。

（1）现实型。主要是指熟练的手工和技术工作。通常指运用手工工具或机器进行的工作，在西方常被称为"蓝领"职业。例如，木匠、鞋匠、锁匠、产业工人、运输工人（司机）等。

（2）研究型。主要指科学研究和试验工作。从事这些工作的人，包括研究自然界和人类社会是怎样构成和发展变化的工作人员。科研人员（包括自然科学和社会科学）就属于这类职业。

（3）艺术型。指艺术创作类工作。从事这些工作的人们用语言、音响、动作、色彩等创造艺术工作。作家、音乐家、舞蹈演员、摄影师、书画家、雕塑家等各类文艺工作者都属于这类职业。

（4）社会型。指为人办事的工作，即教育人、医治人、帮助人、服务人的工作。例如，教师、医生、护士、服务员、家庭保姆等。

（5）企业型。指那些劝说、指派他人去做某事的工作。例如，国家机关及工作机构的负责人、党员干部、经理、厂长、律师、工业顾问、推销员等。

（6）常规型。通常指办公室工作，即与组织机构、文件档案和活动安排打交道的工作。例如，办公室办事员、图书管理员、统计员、银行出纳员、商店收款员、邮电工作人员等。

第三节 专业学习与职业发展

专业学习与职业发展是连续的过程，职业发展是专业学习在岗位上的体现，专业学习为职业发展做准备。为了使专业学习与职业发展更好地衔接，大学生在大学期间应该以职业发展为目标制订合理的专业学习计划，注重能力的自我培养和身心素质的提升。

一、专业概述

（一）专业的含义

当代世界绝大多数高等学校从性质上看，实施的都是专门教育，即根据学术门类划分或职业门类划分，将课程组合成不同的专门化领域。在我国，将这些不同的组合称为"专业"。专业是高等学校根据社会分工需要和学科体系的内在逻辑而划分的学科门类。按专业设置组织教学，进行专业训练，培养专门人才是现代高校的特点之一。

（二）专业的形成

早在中世纪，大学里就开始分专业进行教学，只是中世纪大学的专业与今天的专业相比更加宽泛，往往是以一级学科为专业，如医学、法律、神学等。从一级学科发展到二级、三级学科为专业，期间经历了一个漫长的发展过程，其中既有学科发展方面的因素，也有社会分工方面的影响。

专业的形成有其内在必然性。专业的出现是以一定的社会分工为前提的，同时，专业的出现与自然科学、社会科学的不断分化与综合的趋势有着非常密切的联系；此外，专业的缘起还与高等教育自身的发展密切相关。

（三）专业设置的指导思想及专业划分的原则

高等学校专业设置的指导思想是：以服务为宗旨，以就业为导向，充分体现高校办学特色，具体体现在职业性与学科性相结合；专业的划分实行"以职业岗位群或行业为主，兼顾学科分类"的原则，合理性与科学性相结合；实行"宽窄并存"的原则，灵活性与稳定性相结合。具体来说，专业设置的指导思想与原则应遵从以下几点：

（1）经济社会发展需要从人才培养规律出发。
（2）从学科、专业本身的发展变化的现实出发。
（3）要从实际出发，随时调整专业结构。
（4）要按学科基础或服务对象的范围划分专。
（5）专业的范围应有较宽广的覆盖面。
（6）专业设置要考虑布局的合理性。
（7）专业设置应考虑学校的办学条件。

（四）专业设置的依据

职业分类并兼顾学科分类是高等教育设置专业的重要依据。专业的划分既以一定的社会分工为前提，又与一定的学科基础相对应。因此，专业设置既要根据现代科技的发展特点，又要依据一定的经济社会的阶段特征。如目前高等院校分设：农林牧渔、交通运输、生化与药品、资源开发与测绘、材料与能源、土建、水利、制造、电子信息、环保气象与安全、轻纺食品、财经、医药卫生、旅游、公共事业、文化教育、艺术设计、传媒、公安、法律19个大类，下设二级类78个，共532种专业。

随着社会的变迁，职业也呈现出新的时代特点。科学技术的发展，科技含量的提高，对劳动者的科技素质提出了越来越高的要求；改变了职业活动的内涵，职业活动中体力劳动的比重减少，脑力劳动的比重日益增加，加快了职业的新陈代谢，新职业不断产生，旧职业不断衰退。专业设置坚持现实性与前瞻性相结合，既适应我国当前经济发展和劳动力市场需要，又适应超前预见未来经济发展和职业变化的需要。解决就业问题的基础环节是专业设置要适应市场要求。专业设置应瞄准经济与产业结构调整的走向，在科学调研的前提下，组成由行业、企业、学校参加的专业指导委员会，对产业发展前景进行分析，对人才需求进行预测。学校教育的长周期、迟效益特征决定了它往往滞后于社会对人才的需求，因此，把握社会发展方向，科学预测未来职业发展趋势，在此基础上设置专业就成为学校服务社会、服务学生的必然要求。

二、专业学习的重要性

在现代社会里，一个人不经过专业学习，不掌握一定的专业知识和技能，就很难就业，更谈不上实现职业理想。因此，对每个同学来说抓住在校学习的机会，搞好专业学习，完成学业要求，对实现职业生涯规划具有重要的意义。

（1）学好专业是顺利就业的必备条件。因此，无论在什么岗位上，没有一定的专业知识和专业技能，都无法履行岗位职责，完成工作任务，如学习制造类机械专业的毕业生看不懂图纸，不会使用量具；学习电气专业的毕业生不会使用仪器、仪表，看不懂电气设备图，又怎么能胜任工作呢？非但如此，还可能因专业知识的匮乏和技能的欠缺而造成重大的损失。

在就业竞争日趋激烈的形势下，只有具备扎实的专业知识和过硬的专业技能，才能在就业竞争中占有优势，为顺利就业创造有利条件，为成功从业铺平道路，为创造优异业绩做好积淀。

（2）学好专业是实现职业生涯目标、人生价值的基础。只有学好专业，完成学业，才能找到与专业相应的职业，并在职业舞台上，灵活运用专业知识，充分发挥专业特长，出色完成工作任务，提高工作效率，这些正是一个人职业生涯发展的基础，也是实现职业生涯目标和人生目标的基础。

三、专业学习计划

专业学习计划包括学校和院系统一设置的专业学习计划（含有专业设置、课程安排、学时学分比重等）和学生个人的专业学习计划（即学生根据学校和院系的专业计划以及个人的特点设定一套符合自己专业学习需求的计划），在这里，专业学习计划主要指个人的专业学习计划。在大学的专业学习中，制订缜密科学的专业学习计划对一个人学习成功是十分重要的。科学合理的专业学习计划不仅能提高学习效率，有效地提高专业学习成绩，而且能磨炼个人意志，锻炼个人的个性品质，进而使自己的综合素质得到全面提高。

（一）专业学习计划的内容

个人的专业学习计划应当包括以下三个方面的内容：

1. 明确的专业学习目标

它是指学生通过专业学习达到预期的结果，在专业基本理论、基本知识和基本技能方面达到的水平，在专业能力方面和实际应用方面达到的目标等。

2. 进程表

进程表是指学习时间和学习进度安排表，包括三个层次：一是总体学习时间和学习进度安排表，即大学期间如何安排专业学习进程。二是学期进程表，可以把一个学期的全部时间分成三个部分：学习时间、复习时间、考试时间。分别在三个时间段内制订不同的学习进程表。三是课程进度表，是大学生在每门课程中投入的时间和精力的体现。大学生不应该把可利用的时间平均分配到各门课程中，而是要根据学习基础、学习能力、学习意向、各门课程的难易程度等来安排时间，重点课程、难度较大的课程、与专业目标结合紧密的课程时间安排要多些，反之则可以安排时间少一些。

3. 完成计划的方法和措施

该方法和措施主要指学习方式。学习方式的选择需要考虑许多因素：学习基础、学习能力、学习习惯、学科性质、学校能够提供的支持服务、学生能够保证的学习时间等，还要遵循学习心理活动特点和学习规律以及个人的生理节律等。学生要综合考虑以上因素，因时因情而异地选择合适的学习方式。科学合理的专业学习计划有利于大学生更好地完成学业，不合理的专业学习计划很难长时间落实，经常半途而废。

（二）专业学习计划的要求

1. 全面合理

计划中除了有专业学习时间外，还应有学习其他知识的时间和进行社会工作、为集体服务的时间；有保证休息、娱乐的时间。计划中不能只有学习、吃饭、睡觉，要是这样的计划就是片面的、不科学的。

2. 长时间短安排

在一个较长时间内，究竟干些什么，应当有个大致计划。比如，一个学期、一个学年应当有个长计划。但实际学习时变化很多，往往又难以预测，因此长计划不可太具体。但下个月或下个学期要解决什么问题，应心中有数，而第一星期干什么要具体些，每天干什么应当更具体。这样把一项较大的任务分配到每周、每天去完成，使长计划中的任务逐步得以实现。

3. 要重点突出

学习时间是有限的，而学习的内容是无限的，所以必须有重点，要保证重点，兼顾一般。所谓重点：一是指自己学习中的薄弱学科；二是指知识体系中的重点内容；三是与专业学习目标相关的内容。制订计划时，一定要集中时间、集中精力攻克重点。

4. 脚踏实地

有些大学生制订专业学习计划时满腔热情，想得很好，可行动起来，寸步难行，这是目标定得太高，计划订得太死，脱离实际的缘故。这里说的实际是指：一是知识能力的实际，每个阶段，在计划中要接受消化多少知识，要培养哪些能力。二是指常规学习时间与自由学习时间各有多少。三是"债务"实际，对自己在学习上的"欠债"情况心中有数。四是教学进度的实际，掌握教师教学进度，就可以妥善安排时间，不至于使自己的计划受到"冲击"。

5. 适时调整

每一个计划执行结束或执行到一个阶段，就应当检查一下效果如何。如果效果不好，就要寻找原因，进行必要的调整。检查的内容应包括：计划中规定的任务是否完成，是否按计划去做，学习效果如何，没有完成计划的原因是什么，什么地方安排得紧，什么地方安排得松。通过检查后，再修订专业学习计划，改变不科学、不合理的地方。

6. 一定的灵活性

计划终归不是现实，具有一定的可能性。把计划变成现实，还需要经过较长的一段时间。在这个过程中会遇到许多新问题、新情况，所以计划不要太满、太死、太紧，要留有机动时间，使计划有一定的机动性、灵活性。

四、专业与职业的对应关系

（一）职业群

由于社会的分工，人们从事着不同的职业。在国民经济建设不同的产业、行业领域中，有成千上万种不同的职业；学校所设置的专业是学业分类，它是从学科与技术的角度进行划分。所以，专业和职业既有区别，又密切相连。

一个具体的专业，它与职业有对应关系，可以是一个职业岗位，但更多的情况是，一个专业对应的是一个职业岗位群（或职业领域）。职业岗位群一般由工作内容、社会作用、基本技能要求相近，从业者所应该具备的素质接近的若干个职业岗位而构成。如机械设计与制造专业，毕业生所对应的职业岗位群有：机械设计、加工工艺制定、工艺装备设计、CAD/CAM等工程软件应用、数控编程、数控机床操作及技术管理等；电气自动化技术专业，毕业生所对应的职业岗位有：电气藏气自动化系统的安装、调试、改造及技术管理，变配电系统设备的运行、维修、安装、调试及部分设计工作，工业自动化系统营销等；计算机应用技术专业，毕业生所对应的职业岗位群有：企业、商贸、财经、金融、党政团体等单位从事计算机维护、修理，数据库编程，网络安装与使用，多媒体制作，计算机经营等。

不管什么专业，学校在制订专业教学计划时都要明确该专业毕业生的就业方向（或职业岗位群）。

（二）增强职业意识

大学生经过专业学习和训练，完成学业后，就会选择职业进入企业、公司。所以，在校学习期间，应该增强职业素质，熟悉与自己所学专业对应的职业群，及时关注相应职业或职业群的变化情况，了解与自己所学专业相关所需要的职业资格证书并获取相关的职业资格证书。

（三）专业设置与社会需求

随着高等教育大众化时代的到来，"上大学就意味着找到好工作"的时代已经随着高等教育精英时代的结束而结束。在专业设置上既要适应教育的外部环境把专业置于整个经济社会的大循环的动态系统中去考察，又要遵循教育的内部规律，符合学科发展需要和人才培养规律，因此教育自身所要求的人才培养有一定的超前性。有的专业从无到有，蓬勃发展，有的专业辉煌一时、日渐衰落。专业调整除受到国家宏观调控之外，其兴衰变化，更多的是由市场需求和职业发展前景所决定。

在高等教育大众化时代，大学生只是一种优秀的社会人力资源，职业对大学生要求越来越精细、越来越挑剔。大学生除了按教学计划学好专业外，提高职业适应性显得更为重要。因此，在校期间，大学生必须根据职业发展需要，选择主修专业和辅修专业，合理安排学习计划，积累适应个人职业发展需要的专业技能，增强自身的就业竞争力。

五、以就业为导向，了解专业，学好专业

大学生上大学，一个重要目的就是要实现较好的就业。在我国高等教育尚是稀缺资源的情况下，上大学名额远远不能满足广大考生上大学的要求，许多考生难以选择自己中意的大学和喜欢的专业。因此，学生对所学专业不了解和不喜欢的情况普遍存在。由于不喜欢或是不了解所学专业，许多学生只是被动地学习专业，丧失了学习的动力。

实际上，一个专业能够为学习提供的职业发展空间相当大，如果大学生从入校开始，能够接受良好的专业教育和职业指导专家的建议，能够结合自己的兴趣和能力，以就业为导向，充分地了解专业，就能够激发起学习兴趣，学到与自己的职业发展方向相关的专业知识和技能，实现良好的就业。

高等院校以社会需求或就业为导向的教育教学改革，为学生跨专业选课，积累与自己职业发展相关的专业知识和技能创造了良好的条件。一个大学生若能够较早的明确自己的职业发展方向，充分了解自己的职业要求，就一定能够以就业为导向，学到良好的专业知识和专业技能，受到社会和用人单位的欢迎。

以就业为导向，首先要找到自己喜欢从事的职业或职业发展方向，然后客观全面地了解所学的专业、了解与所选职业方向相关的专业，结合学校的具体情况，制订方案，学好专业知识和技能。一个大学生应该是以就业为导向，了解专业，学好专业。

（一）对与专业相关的职业进行调查研究

了解与专业相关的职业，需要调查研究。可以同本专业的若干同学组成一个调查小组合作进行调查了解。我国的专业主要是以学科为主划分，它是人才培养规格的标志。因此，要尽可能清楚地了解专业的学科特征，了解学科门类中其他相关专业的基本情况，了解本专业人才培养规格的主要特征。

（二）了解学科特色

首先，要清楚所修专业属于哪一学科门类和哪一级学科类别。例如，道路桥梁工程专业属于工科门类、建筑设计类一级学科。其次，要对学科的基本特色有所了解，对其相近学科和本学科的前沿知识和发展动向有所了解。在对学科的内涵及生存发展的广度和深度进行了解的基础上，有效地把握所学专业在学科中的位置和生存发展空间。

（三）了解专业人才培养规格

不同学校同一专业人才培养的规格会有所差别。一般来说，各院校都会根据自身的学术水平、社会影响等对毕业生一个基本的定位，各校人才培养都是根据这一定位来确定的。人才培养规格在高等教育精英化时代和大众化时代会有很大不同，从根本上来看，会受社会需求的制约。

了解专业人才培养规格，首先，要明确本专业是为谁培养毕业生，也就是明确本专业人

才将进入的主要行业领域。其次,要明确本专业所培养的是哪种类型的人才,是应用型、研究型,还是复合型,是去做技术工作、管理工作、设计开发、统计分析,还是经贸营销。

(四) 个人的职业发展方向与专业学习的关系

如果个人没有明确的职业发展方向,首先应该确定个人的职业发展方向,然后再考虑职业发展方向与专业的关系,要根据对自身性格、兴趣、爱好、能力、知识、职业倾向等的认识和了解,明确自己首选的职业——专业关系属于哪一种类型,进而依次排序。

职业发展需要的知识和技能很多,各专业的人才培养规格和学科特征提供了一系列的知识和技能的组合。大学生应该清楚自身通过专业学习所获得的知识和技能中哪些对职业发展有用,哪些用处较小;除专业学习获得的这些知识和技能之外,对于个人的职业发展还需要补充哪些知识和技能。通常情况下,专业的针对性越强,适应性越小;而适应性增加,则专业针对性或对专业知识、技能的掌握深度就会降低。适应性主要通过基础知识、基本技能和综合素质的培养来体现,专业性主要由专业知识和专业技能反映出来。

六、综合能力的培养

(一) 职业层次

人们在根据自己的能力确定自己的工作类型外,还应该是根据自己的能力,决定自己从事哪个层次上的工作,以达到人尽其才。一般把职业按照所要求的能力和责任度分为以下六个层次。

(1) 非技能性工作:这种层次工作简单、普通,不要求独立的决策和创造能力。

(2) 半技能性工作:要求在有限的工作范围里具有一些最低的技能和知识,或具备一定程度的操作能力。

(3) 技能性工作:要求具备熟练的技术、专门的知识和判断能力。

(4) 半专业性和管理性工作:要求具备一定专门知识或判断力,这种工作对他人要承担一定程度的责任。

(5) 专业性工作:要求具备大量的知识和判断力,这种工作具有一定的责任和自主权。

(6) 高级专业性和管理性工作:这种工作要求具有高水平的知识、智力和自主性,承担更多的决策和监督他人的责任。

(二) 提高综合能力适应职业层次的要求

大学毕业生走向社会要胜任工作,取得发展,需要多种能力,如社会适应能力、人际交往能力、组织管理能力、表达能力、动手能力、创新能力、决策能力、沟通能力等。这些能力应在走上工作岗位之前有所准备,大学生在大学期间尤其应注重综合能力的自我培养。综合能力培养是高等教育的核心目标。大学毕业生的综合能力结构包括操作能力、认知能力、表达能力和综合适应能力。

操作能力是指履行岗位职责的动手能力,要求掌握应知应会的职业技术规范及任职上岗需要的职业技能。

认知能力是指选择并快速获取知识与信息的能力、观察判断事态和临场应变能力、运用知识进行技术分析和解决实际问题的能力、进行技术革新和设计发明的创新能力等。

表达能力是指语言表达、文字表达、数理统计和运用图表展示的能力。

综合适应能力主要是指组织管理能力、自我发展能力和业务交往及社会交际的能力等。

培养综合能力的途径主要有以下几方面。

1. 积累知识

知识是能力的基础，勤奋是成功的钥匙。离开了知识的积累，能力就成了"无源之水"，而知识的积累要靠勤奋的学习来实现。现在有一种错误的理解，不少高职学生打着"必需、够用"的幌子忽视理论知识的学习；也有少数教师认为职业院校的学生不需要专业理论知识。如今的公司企业需要的是既懂理论、又懂技术的高素质、高技能的劳动者。如果我们的学生在校期间花大量的时间只学习了一些简单的技术，将来进入社会就满足不了新技术发展的需要。而内化了的理论知识主要是一种逻辑思维能力，这种能力无论在什么样的技术条件下都是必需的。因此，大学生在校期间，既要掌握已学书本上的知识和技能，更要掌握学习方法，学会学习，养成自学的习惯，充分利用有限的理论课学习时间，尽可能掌握较多的专业理论知识。只有这样，才能不断扩大知识面，为提高能力奠定基础。

2. 勤于实践

善于学习是培养能力的基础，实践是培养和提高能力的重要途径，是检验大学生是否学到知识的标准。因此，在大学期间，既要主动积极参加各种校园文化活动，又要勇于参与一些社会实践活动；既要认真参加社会调查活动，又要参加各种公益活动；既要积极参与校内外相结合的科学研究、科技协作、科技服务活动，又要热忱参加教育实习活动，参加学校举办的各种类型的学习班、培训班、担任家庭教师等。通过参与实践活动，不仅可以在广阔的社会舞台上接受锻炼，学到许多课本上学不到的知识，又能培养和锻炼自己的表达能力、组织管理能力、工作创新能力以及处理人际关系的能力。同时，通过这些活动，还可以增加对未来工作环境、工作性质、工作要求以及自己所学专业的应用范围的全面了解，从而发现自己的长处和不足，明确自己为适应未来工作再学习、再努力的方向。

3. 发展兴趣

兴趣包括直接兴趣和间接兴趣。大学生应该重点培养对学习的间接兴趣，以提高自身能力为目标鼓励自己学习。围绕所学专业发展自己的兴趣爱好，并以这些兴趣为契机，加强相关知识的学习和积累，注意发展自己的优势能力。

4. 超越自我

作为一名大学生，应当注意发展自己的优势能力，但仅有优势能力是不够的，大学生必须对已经具备的能力有所拓展，不管其发展程度如何，这是他们今后生存的需要，也是发展的需要。因为现代社会是多维竞争的社会，增加了单一能力生存者的难度，同时也增加了企业的生存危机感。近年来用人单位对综合能力强的毕业生表现出的偏爱正说明了这点。因此不管是否是自己的兴趣之所在，都必须注意全面发展自己的各种能力，要有超越自我的信心和勇气。

大学毕业生能力结构的特点是以应用为目的，突出理论技术和智力技能，辅之以经验技术和操作技能。大学毕业生应以适应职业岗位（群）为目标加强智力技能训练，注重技术能力培养，使自己具有获取知识和运用知识的实际能力和与之相应的方法技巧，并在此基础上培养创新意识和创新精神，提高创新能力，提倡个性发展。

无论什么专业，学校在制定专业教学计划时围绕其培养目标和综合能力形成，将安排相应的教育教学活动，一般有理论教学、实践教学（实验、实训）、素质教育活动、课程设计、毕业设计等。大学毕业生应该积极完成每项教育教学内容和各项活动，努力提高自身的综合能力，以适应相应的职业层次。

七、身心素质的提升

身心素质包括人的身体素质和心理素质两方面。身心素质是思想政治素质、智能素质、职业道德素质的基础。一个人如果没有健康的身心素质，要想成就事业是不可能的。因此各行各业均把大学生的身心素质是否健康作为首选条件。因此，大学生必须正确认识身心素质的内涵，重视自己身心素质的培养。

身体素质指人的体质、体力和精力等方面，主要体现为力量素质、速度素质、灵敏性素质、耐力素质、柔韧性素质等。身体素质是人生存和发展的物质基础。大学生必须注意了解卫生保健知识，了解体育锻炼的基本知识，掌握科学的健身方法和用脑方法，养成良好的锻炼习惯和健康的生活方式，以培养健康的身体素质。

心理素质指人的心理发展水平以及心理对社会适应能力的综合品质。心理素质健全的主要标志是心理健康，心理健康与身体健康密切相关。世界卫生组织对健康的定义为，健康不但没有身体缺陷和疾病，还要有完整的生理、心理状态和社会适应能力。健全的心理素质是一个人健康的身体素质、道德素质、能力素质的基础。良好的心理素质是现代健康概念的重要指标之一，也是 21 世纪人才必备的素质之一。

大学生身心素质提升的主要途径有以下几点。

（一）科学用脑

心理是人脑对客观现实的主观反映。只有健康的大脑，才能有健康的身体、正常的心理。

1. 勤于用脑

大脑用得越勤快，脑功能越发达。人的脑细胞约有 140 亿个左右，人所利用的只是一小部分，还有相当大的潜力需要人们去开发。智力水平与脑细胞之间建立神经联系密切相关，脑利用越多，神经联系也就建立得越丰富、越精密，脑也就变得越聪明。

2. 讲究用脑的最佳时间

据有关资料研究表明，人的最佳用脑时间有很大的差异，大脑细胞处于兴奋的高峰期就是学习效率最高的时间。大学生只有在最佳时间用脑，才能提高学习效率。

3. 劳逸结合，多种活动交替进行

人的脑细胞有专门的分工，各司其职。经常轮换脑细胞的兴奋和抑制，可以减轻疲劳，提高效率。所以大学生要调节自己的学习，听说读写、写作计算、文理融会、动静结合、交替进行，使兴奋和抑制有机结合。

4. 培养良好的生活习惯

节奏性是人脑的基本规律之一，大脑皮质的兴奋与抑制有节奏地交替进行，大脑才能发挥较大的效能。要使大脑兴奋和抑制有节奏，就要养成良好的生活习惯。按时起床、按时锻炼身体、按时上课、按时休息。良好的生活习惯，实际是在大脑中建立一个动力定型，使大脑有节奏地工作和休息。良好的生活习惯还要去掉不良嗜好，要求大学生戒烟戒酒。同时，还要求大学生加强体育锻炼，促进血液循环，使大脑所需的氧气和营养得到充分吸收。

（二）正确认识并悦纳自己

良好的自我意识要求做到自知、自爱，其具体内涵是自尊、自信、自强、自制。一个人心理烦恼、焦虑、不安，往往出于对自己的不满意，有些是因为只看到自己的弱点，而看不到自己的长处；有些是对自己的长处做了片面的夸大而看不到自己的弱点；有些则是忽略自身的条件而一味追求完美等。这些都是属于不能正确认识和悦纳自己的表现。大学生应该对自己充满自信，对他人深怀尊重；能够客观地认识、对待自己的优缺点，明白自己不是一无所能，也不是无所不能，不对自己提出苛刻的、非分的期望和要求；能够审时度势、灵活地选择自己的价值坐标，直面人生，正确对待得失成败。大学生正确认识并悦纳自己，避免心理冲突和情绪焦虑，心态宁静，充分挖掘和利用自己的潜能，高效率地学习和工作，最大限度地实现人生的价值，充分享受人生的快乐。

（三）自觉控制和调节情绪

情绪对身体健康有重大影响。大学生希望有健康的身心，就必须保持乐观的情绪，在学习、生活和工作中有效地驾驭自己的情绪活动，自觉地控制和调节情绪。

（四）提高克服挫折的能力

人的生活道路不是一帆风顺的，在前进中，既有阳光大道，也有荆棘小路，遇到挫折是正常的，能否正确对待挫折，忍受挫折，是人身心健康与否的一个重要标志。大学生要维护和增进身心健康，就要提高挫折的耐受力。

第四节　科学认知、理性规划大学生活

高等院校是大学生即将开始职业生涯的起跑线，大学阶段的学习是为成功的职业生涯奠定基础的关键阶段。因此，理性认识大学生活，了解专业发展，客观评价自我，建立起对职业的系统认识，是我们每一个大学生在进行职业生涯规划之前所必须做好的准备工作。

职业生涯是人生中最重要的历程，是追求自我实现的重要人生阶段，对人生价值起着决定性作用。一个人要想实现自己的价值观，得到社会的认可，一定要尽自己的所能为社会作

出贡献，这是成功的必要条件，可以说，人生的成功依仗着职业生涯的成功。

大学教育属于专业教育，其任务是向大学生传授从事专业工作所需要的各类知识并进行一定的专业训练，培养方向是高级专业人才，随着现代科学技术的发展，社会对专业人员的需求量增大，对专业人员的素质要求越来越高。依靠大学教育是培养高级专业人才的主要途径，在培养专业人才方面，高等学校具有优越的条件：拥有一支专业齐全、素质优良的师资队伍；拥有后勤、管理、政工队体的协调配合；拥有系统、严密的教学体系和教学管理体系的保证；拥有必要的物质基础；拥有优良的办学传统和良好的学风、校风和教风，大学生自身所处的年龄段，也决定了这时是接受专业教育和培养的最佳时期。

一、大学生的社会角色

大学教育是青年社会化的一条重要途径。所谓青年社会化，是指青年在社会成熟过程中，社会运用一定的文化、价值观、行为规范、生产、生活技能、法律、道德、习俗等教化陶冶青年，使之被社会接纳，成为社会一员的过程。社会化有广义狭义之分。广义的社会化是指人的一生都要受社会观念、社会文化和社会规范的教化，都存在不断学习、不断调适的任务，都有跟上时代和社会发展步伐不断超越自我的努力和现实表现。狭义的社会化是指未成年人的个人学习社会知识，各种规范和技能，学习参与社会生活并成为合格社会成员的过程，青年社会化属于狭义的社会化。大学生所处的时期，是社会化最重要的时期，是初次社会化趋于完成的时期。因此，我们首先要认识大学生的社会角色。

（一）具有坚定信念的社会主义事业的接班人

我国正处在现代化建设的重要时期，也是建立社会主义市场经济体制的关键时期。如何把发展市场经济与思想道德建设统一起来，真正地促进社会全面进步则是一项长期而艰巨的任务。

新时期我国公民道德建设的指导思想是：全面贯彻"三个代表"重要思想，坚持党的基本路线，在全民族牢固树立建设有中国特色社会主义的共同理想和正确的世界观、人生观、价值观，在社会大力倡导社会主义荣辱观，努力提高公民道德素质，促进人的全面发展，培养一代又一代有理想、有道德、有文化、有纪律的社会主义公民。

当代大学生是开创 21 世纪祖国社会主义大业的主力军，担负着坚持发展社会主义的历史重任。社会主义信念是当代大学生的力量源泉和精神支柱。为了坚定社会主义信念，大学生必须认真学习马列主义、毛泽东思想，特别要认真学习邓小平理论和"三个代表"重要思想。通过学习和研究，明确社会主义代表着人类发展的方向，未来属于社会主义和共产主义；只有社会主义才能救中国，坚信社会主义的美好前景，只有社会主义才能发展中国。

（二）社会主义事业的建设者

当代大学生，作为社会主义事业的建设者和接班人，担负着振兴中华的崇高历史使命。将大学生培养成有理想、有道德、有文化、有纪律的积极献身于中国特色社会主义事业的建设者和接班人，是社会主义事业的奠基工程，也是广大人民群众的期望与心愿。

大学生必须明确使命和任务的艰巨性，了解中国的国情。归纳起来，有以下几个方面。

（1）建设具有中国特色社会主义国家的艰巨任务。

（2）我国经济建设已初具规模，但经济发展水平还比较低，特别是人均收入远远落后于世界发达国家。

（3）人口众多，人们的文化技术素质也较低，给社会经济带来沉重的负担。

（4）在上层建筑方面，建设高度社会主义民主政治所必需的一系列经济文化条件有了一定发展，但还不是很充分。

（5）在经济全球化中，中国处于激烈的国际竞争之中，激流行舟，不进则退。

虽然我国的建设事业面临重重困难，但这恰恰给予了我们更多施展才华的机会。当代大学生就应适应时代的要求，继承和发扬我国知识分子艰苦奋斗、顽强拼搏、勇攀高峰的优良传统，立志走爱国主义者到忠诚的社会主义者、共产主义者的道路，使自己真正成为社会主义事业的建设者和接班人。

（6）推动中国融入世界的主力军。

当代国际形势下，各国都在信息产业革命的推动下展开了更为激烈的竞争。发达国家利用高科技优势进一步拉大了同发展中国家的差距。当代大学生应该增强紧迫感、危机感，有志气、有决心，用自己的双手把中国建设成为富强、民主、文明的社会主义国家，使中国成为国际竞争舞台上的强国。

而中国融入经济全球化的世界，也为大学生的成长发展和发挥自己的聪明才智提供了优越的条件和良好的机遇，每一个有志气、有才华的大学生，都应珍惜时代提供的机会，勤奋学习，奋发向上，力争在中国走向世界、走向未来的伟大事业中有所作为，在担负起推动中国融入世界的历史使命时不负众望。

二、当前大学生的职业问题

（一）职业价值观模糊不清

表现在重大决策的时候往往有些意气用事；自己期望的和社会现实存在较大的差异；很多人总在问自己要什么，而没有问自己能够付出什么；经常受社会舆论的影响，难以把握自己的方向。

（二）自我定位方法简单

自我定位方法简单，大部分学生还不会自我定位。这些主要表现在大学根据自己外在因素定位，如自己毕业的学校，所学的专业等，忽略了自己的内在素质和发展潜力；容易通过攀比来定位，如和同学相比，和同事相比来确定自己的位置；容易迷失自我，如因上司的评价去选择一份工作或辞去一份工作。

（三）工作积累不够扎实

表现在对于"积累的"的理解有失偏颇，过于重视知识，经验和技能，而忽视了职业责任，内在品质，良好的人际关系，基础能力（如思维能力，解决问题能力等）实际工作中只注重做事，不注重做人；不懂得如何看待自己的"积累"，常以为表面的经验、职位是下一步发展的基础，而没有把实实在在的能力和人品作为坚实的台阶。

（四）心理素质比较弱，尤其是心理承受力和耐力

表现在心态比较浮躁，希望尽快见到结果，对于细节的处理缺乏耐性；对企业的适应比较艰难，缺乏相应的心理准备和自我调节能力；对工作压力的承受能力较弱。

（五）处理问题的方法存在不足

大多数学生一直重视结果，而不在意方法，在处理矛盾、冲突、人际关系等问题上，显得有心无力，缺乏合适的方法和技巧。

以上这些职业问题和我们大学期间的学习、生活有直接的联系。对大学生来说，面对各种知识浩如烟海，各门类学科交叉渗透，想要百科皆通，掌握方方面面的知识是不可能的，面对多种多样的大学生活，各种锻炼的机会都去参加也是不现实的。这就要求大学生在校期间，合理安排学习，为自己的职业生涯积攒后劲，只有这样，才能成为受社会各界欢迎的大学生。

三、做受社会欢迎的大学生

（一）注重基础理论的学习

理论是指导实践的指针，是完成实践活动的基础。理论的获得，无疑是勤奋学习的结果。理论知识作为知识结构的根基，是每个大学生的就业之本。现代教育提倡素质教育，也是重在抓好基础教育。我国的高等教育对大学生培养的根本一点是要扩大学生的知识层面，培养宽口径、厚基础的应用型人才。只有把基础知识面拓宽，大学生毕业后发展才能有后劲。

大学生注重基础理论的学习还有助于培养科学的思维方法和良好的心理素质，而这又是工作中必备的优秀品质。切不可为了培养其他方面的能力，而忽视了基础知识的学习。大学生在学习基础理论的时候，还要拓宽自己的知识面，这是提高实际工作能力的基础。拓宽知识面不是什么都要学，而是要科学地、有选择地学。要根据自己的情况，考虑自己的精力和承受能力，量力而行，才能达到学习目的。正确的方法是首先要学好必修课，理解和熟悉本专业国内外最新的科学技术成就和科学前沿动态，再就是了解一些同本专业发展相关的基础知识，以适应社会的需要。

（二）勇于实践，积极创新

1. 注重实习过程

大学生在校学习期间，按教学计划安排，都有一定时间的生产学习和毕业实习。我们一定要充分利用好这些机会，向现场有经验的技术人员学习，向生产一线的工人师傅学习，吸

取他们多年来积累的时间经验，充实自己。在实习过程中，可以学习很多书本上学习不到的知识，既能培养自己综合运用知识的能力和实际动手能力，又能使自己的创造思维能力、工作学习的独立性和主动性得以提高。同时，通过实习，还可以增强对未来从事职业岗位的工作环境、工作性质、工作要求以及专业的应用范围的感性认识，从而发现自己的长处和不足，明确自己为适应未来工作再学习、再努力的方向。

2. 参加各项实践活动

大学生在书本上学到的知识必须和具体的实践结合起来，才能够培养自己分析问题的能力。这两种能力的提高也是通过在实践过程中不断发现问题、处理问题来完成的。因此大学生要有计划和针对性地进行社会调查，广泛接触社会，从而增进对社会的了解，正确评价自我，摆正自己在社会活动中的位置，从而提高自己的社会活动能力和交往能力，提高自己分析问题和解决问题的能力。

3. 积极参加课外科技活动或模拟科技活动

现在越来越多的高校开始重视学生的课外科技活动。比如，有全国性的"挑战杯"全国大学生学术作品比赛，全国大学生数学建模大赛，各种计算机网络大赛等，不少品学兼优的大学生在参加活动的过程中，学到了知识，提高了能力。实践证明，在学校期间参加过这些科技活动的大学毕业生就业后上岗快、科技能力强，很快就成为业务骨干。所以说在校参加科技活动不失为锻炼实践能力的重要途径。

四、理性规划大学生活

对于刚刚跨入大学校门的学生来说，几乎所有人对未来都有过憧憬，你可能努力过，积极参加社团活动，认真听课，认真地准备考试，然后，大学生活的最后一年，很多人会发现，现实中的选择和想象中的大相径庭，而自己大学时所做的那些事，有很多是无意义的，不能对未来产生一点点有益的影响，而另外一些有意义的事根本没想到去做。所以回首过去，许多人会感到遗憾，这样的情况，一方面缘于未来的不确定性，另一方面则是因为我们缺乏科学的人生规划。因此，在大学生活中，应首先进行科学的人生规划。这是职业生涯准备中最重要的内容。

（一）构建合理的知识结构

全面掌握学科基本理论知识，熟练掌握学科基本方法、基本技巧，把握学科和时间的纵横联系，优化知识结构，构建良好的专业学科知识体系，提高专业理论素养。专家建议大学生对所学专业知识要精深、广博，除了要掌握宽厚的基础知识和精深的专业知识外，还要拓宽专业知识面，掌握或了解与本专业相关、相近的若干专业知识和技能。因此，大学生知识多、学历高不一定能力强，大学生切不可以学习成绩作为评价能力高低的唯一尺度。

（二）培养职业需要的实践能力

大学生在学习知识的同时，要积极投身到社会实践和技术创新的过程中，找差距，发现自己的不足；在实践中寻找优点，发现自己的优势；在实践中提升智慧，发掘潜能，尝试创新，寻找在社会发展中最合适的位置，努力拓展事业发展空间，成就人生价值。因此，作为大学生，尤其是高职院校学生，要注重实训和实践，积极主动参加各种实训活动，将理论知识与实践运用相结合，在实践中不断提高技能。

（三）了解职业意义，渗透职业意识

从某种意义上，大学只是职业探索中的一个重要发展阶段。学生根据人生追求、社会需要、职业要求、职业兴趣和能力特长选择适合的专业，学习专业知识，培养专业素质与技能，探索职业意义，从而规划自己未来的职业发展。

案例导读

4年后十大热门职业排行榜

1. 同声传译

同声传译员被称为"21世纪第一大紧缺人才"。随着中国对外经济交流的增多和奥运会带来的"会务商机"的涌现，需要越来越多的同声传译员。"同传的薪金可不是按照年薪和月薪来算的，是按照小时和分钟来算的，现在的价码是每小时4 000~8 000元。"相关人士告诉记者。"4年之后入驻中国和北京的外国大公司越来越多，这一行肯定更吃香，一年挣个三四十万元应该很轻松的。"中华英才网的相关人士表示。据预测，年收入30万~40万元。

2. 3G工程师

据计世资讯发布的相关研究报告称，估计国内3G人才缺口将达到50万人以上。目前3G人才比较少，尤其是复合型人才奇缺，预计4年之后3G工程师的基本年薪会在15万~20万元。"从目前的一些趋势来看，在无线增值服务行业里的一些精通2.5G技术的人才年薪都在10万元左右，3G到来之后这些人才的收入应该会更高。"空中网的相关人士表示。据预测，基本年薪15万~20万元。

3. 网络媒体人才

目前类似于在新浪和搜狐的网络编辑的月薪都在5 000元左右，中等职位的收入在8 000~10 000元。"相信4年之后整个网络媒体的广告收入越来越多的时候，从业人员会有一个更好的回报。"新浪网的一位编辑对自己所从事的行业颇有信心。据预测，年收入应在10万~12万元。

4. 物流师

物流人才的需求量为600余万人。相关统计显示，目前物流从业人员当中拥有大学学历以上的仅占21%。许多物流部门的管理人员是"半路出家"，很少受过专业的培训。据预测，年收入应在10万元左右。

5. 系统集成工程师

一名刚刚毕业，毫无经验的大学生应聘系统集成工程师之后的薪金是年薪8万元，这是记者从智联招聘网获得的消息。用户对系统集成服务的要求不断提高，从最初的网络建设到

基于行业的应用，再到对业务流程和资源策略的咨询服务。未来系统集成工程师应该是一路走高的职业。据招聘网站人士预测，系统集成工程师在未来的年薪会在10万~20万元。

6. 环境工程师

相关资料显示，目前我国环保产业的从业人员仅有13万余人，其中技术人员8万余人。按照国际通行的惯例计算，我国在环境工程师方面的缺口是42万人左右。记者从相关途径获悉，随着国内房地产行业的发展，国内园林设计师、景观设计师的月薪都在七八千元。据预测，年收入应在8万~10万元。

7. 精算师

我国被世界保险界认可的精算师不足10人，"准精算师"40多人，在当今的国内人才市场上，精算师可谓凤毛麟角。随着国际保险巨头在中国开拓市场以及国内企业的需要，精算师是几年后保险业最炙手可热的人才，目前在国外的平均年薪达10万美元，国内目前月薪也在1万元以上。4年以后，随着人们对于保险认识的加强，保险行业的兴起必然会需要更多精算师。据预测，年收入在12万~15万元。

8. 报关员

报关员年挣10万元很轻松，"入世"以来，我国的对外贸易的迅速增长使得对报关员的需求增加。据中华英才网、智联招聘网显示的资料，报关员目前的收入每月为5 000~8 000元，目前在贸易发达的珠三角地区报关员月薪都在七八千元。未来几年内，就业市场对报关员的需求将有数十倍的增长。报关员的工资涨幅一般在年10%~20%，到那时一年挣个10万元几乎不是问题。据预测，年收入应在12万~15万元。

9. 中西医师/医药销售

"医学院校毕业的学生有三条路可以走，一是进入医院，急救医生、产科医生、妇科医生、眼科医生、儿科医生及牙医和理疗医师都将十分'吃香'；二是进入医药生产流通企业；三是继续深造。"中华英才网校园部总监孙卓表示，这个行业的特点是越老越值钱，目前的医药行业月薪水平在3 000~5 000元，相信4年之后会有一个更好的薪金水平。据预测，年收入至少应在6万元。

10. 注册会计师

根据中国经济高速发展的需要，至少急需35万名注册会计师，而目前实际具备从业资格的只有8万人左右，其中被国际认可的不足15%。每年包括德勤、毕博在内的四大会计师事务所都会在高校招收毕业生，专业涵盖统计、法律、数学等。而进入四大会计师事务所的应届毕业生月薪大都在五六千元，再加上每年丰厚的奖金，据预测，年收入将在10万元左右。

实训项目一：社会职业情况调查

一、实训概述

通过对社会职业人群的访谈，增强对社会职业的认识，加深对社会职业的理解。

二、实训内容

【项目内容】

进行一次社会职业调查，调查 5 名社会就业对象，了解社会不同职业的工作内容、职业技能要求、职业优势、劣势分析及使用发展前景。

【训练步骤】

（1）课后个人调查采访。

（2）完成如表 3-2 所示的社会职业情况调查表。

表 3-2　社会职业情况调查表

调查对象	职业名称	收入水平/月	职业技能	职业优势	职业劣势	职业发展
调查对象 1（工龄）						
调查对象 2（工龄）						
调查对象 3（工龄）						
调查对象 4（工龄）						
调查对象 5（工龄）						

三、实训结果

调查结束后，完成一份 500~800 字的调查体会。

实训项目二、学业规划表

一、实训概述

【目的及要求】

通过规划专业学习目标，促进自身专业发展、突出专业技能、形成自我特色，实现顺利就业。

二、实训内容

【项目内容】

学生立足专业发展，在明确大学学习基本目标的基础上，结合自身实际和个性，制订学业规划。

【训练步骤】

（1）明确大学学习基本目标。

（2）自我盘点，认识和了解自己。

（3）制订学业规划表（完成表 3–3）。

表 3–3　大学生学业规划表

姓名		性别		出生年月		政治面貌	
班级				籍贯		城镇□　农村□	
个人简历							
自我剖析（性格、爱好、特长、缺点等）							
自我发展规划（总目标及实现目标的做法等）				学年度具体目标			
				第一学年			
				第二学年			
				第三学年			
本人签名： 年　　月　　日				第四学年			
指导意见							
						班主任签名： 年　　月　　日	

第四章

职业生涯目标的设定

> 心灵咖啡

　　比塞尔是西撒哈拉沙漠中的一颗明珠，每年有数以万计的旅游者来到这儿。可是在肯·莱文发现它之前，这里还是一个封闭而落后的地方。这里的人没有一个走出过沙漠，据说不是他们不愿意离开这块贫瘠的土地，而是尝试过很多次都没有走出去。

　　肯·莱文当然不相信这种说法。他用手语向这里的人问原因，结果每个人的回答都一样：从这儿无论向哪个方向走，最后都还是转回出发的地方。为了证实这种说法，他做了一次试验，从比塞尔村向北走，结果三天半就走了出来。

　　比塞尔人为什么走不出来呢？肯·莱文非常纳闷，最后他只得雇一个比塞尔人，让他带路，看看到底是为什么？他们带了半个月的水，牵了两头骆驼，肯·莱文收起指南针，只挂一根木棍跟在后面。十天过去了，他们走了大约八百英里①的路程，第十一天的早晨，他们果然又回到了比塞尔。这一次肯·莱文终于明白了，比塞尔人之所以走不出大漠，是因为他们根本就不认识北斗星。

　　在一望无际的沙漠里，一个人如果凭着感觉往前走，他会走出许多大小不一的圆圈，最后的足迹十有八九是一把卷尺的形状。比塞尔村处在浩瀚的沙漠中间，方圆上千千米没有任何参照物，若不认识北斗星又没有指南针，想走出沙漠，确实是不可能的。

　　与肯·莱文一起合作的人叫阿吉特尔。在肯·莱文离开比塞尔时，他告诉这位年轻人，你只要白天休息，夜晚朝着北面那颗星走，就能走出沙漠。阿吉特尔照着去做，三天之后果然来到了大漠的边缘。阿吉特尔因此成为比塞尔的开拓者，他的铜像被竖在小城的中央。铜像的底座上刻着一行字：新生活是从选定方向开始的。

　　这个故事说明：当一个人树立了要想真正达到成功目标的时候，他首先需要去确定一个发展的目标，目标是事业成功的基本前提，没有目标，事业的成功也就无从谈起。俗话说："志不立，天下无可成之事。"立志向是人生的起点，反映着一个人的理想、胸怀、情趣和价值观，影响着一个人的奋斗目标及成就的大小。

第一节　职业生涯目标设定的影响因素

　　职业生涯目标是指个人在选定的职业领域内未来时点上所要达到的具体目标。职业生涯目标的设定简明地说就是明确自己想成为一个什么样的人，选择在行政管理上达到某一级别，担任某一职务，还是从事某一专业工作，达到某一个职称，成为某一领域的专家等。无数的事例证明：凡成功者都有明确的职业目标，没有明确职业目标的人，很难成功。

　　对每个人而言，职业生涯将贯穿人的一生，个人或处于职业准备阶段，或处于职业选择

---

① 1 英里 = 1 609.344 米。

阶段，或处于职业工作阶段，或处于职业结束阶段。在这不同的阶段，每个人的职业生涯因受各种不同因素的影响而发生各种截然不同的结果。

一、影响职业生涯目标的因素

影响大学生职业生涯目标设定的因素有个人素质、心理等主观因素，也有社会环境、机遇等客观方面的因素，对于某些学生来说，他们所喜欢的职业或许正好需要一些他们并不具备的能力；对于某些学生来说，他们所受的教育和所学专业并非自己的兴趣和爱好所在，某些学生则被自身的健康状况束缚了职业选择等，大学生进行职业生涯规划规划时，需要仔细考虑影响自己职业生涯的每一个因素。

（一）身心状况

所谓身心状况也就是个人的身体和心理状况与职业对其要求的特点是否适应的问题，身心健康对职业选择特别重要，几乎所有的职业都需要健康的身心。职业适应也与身心有着很大的内在联系，有的职业要求视力、身高、体重；有的职业要求反应敏捷；有的职业要求耐心、细心；有的职业要求不断创新；有的职业需要按照程序不断重复操作等。

（二）接受教育的层次

教育程度是事业成功不可缺少的条件，是影响职业生涯的一个重要因素。教育是赋予一个人才能、塑造人格、促进个人发展的活动。获得不同教育程度的人，在个人职业选择或被选择时，具有不同的能量和作用，一般的情况是，接受过较高水平教育的人，在就业以后会有较大的发展，在职业不如意时，再次进行职业选择的能力和竞争力也较强。人们所接受教育的专业、学科门类及层次，对职业生涯起着决定性作用，人们在选择职业、转换职业时往往与所获得的学历层次、所学的专业有一定的联系。在职业生涯规划时，我们可根据自己的学历、学位、职业资格证书、接受职业培训等情况，合理地给自己的职业定位，确立职业的起点、发展历程和发展目标。

（三）家庭负担

这是对家人、对社会及对财务状况所承担的义务。任何年满18周岁的成年人必定会受各种义务的束缚。家境的优劣也是影响职业生涯规划不可忽略的要素。家庭负担重的人，家庭责任促使他就业压力提高，迫切性增强，甚至会改变原来规划好的职业目标。因此，我们在职业生涯规划时，必须考虑家庭负担状况，平衡道德与理想之间的关系。

（四）性别因素

虽然男女平等的观念已普遍被现代社会所接受，但传统的或生理的"性别因素"仍然在职业中起着不可忽视的潜在作用。因此，在规划职业生涯和求职时，女性要做好充分的思想和心理准备，寻找与性别相适宜的、与理想相统一的职业，以便充分发挥性别的特点，使自己走向成功。同时，由于工作性质的不同，有一些工作适宜女性，有一些工作适宜男性，男女具有同等的发展机遇，只要我们努力，每个人都能实现自己的职业理想。

（五）社会环境

社会环境主要是反映社会政治、经济体制、人才市场的管理体制、社会文化习俗、职业的社会评价等。社会环境因素决定了社会对社会职业岗位的数量、结构、层次等，社会环境因素决定了大学生对不同职业岗位的接受、赞誉或贬低的程度，决定了大学生步入职业生涯的基本方式、开始职业生涯后的基本态度以及由此引起的职业生涯的变化。比如，在计划经济体制下，国家对大学生进行统一分配，毕业生和用人单位均无自主权可言；在市场经济条件下，随着高校教育体制改革的不断深入，我国高校普遍建立了在国家方针政策和宏观调控下，学校和各级政府推荐，学生和用人单位双向选择的毕业生就业工作模式。用人单位和大学毕业生都有了选择的自主权。

（六）机遇

机遇是影响职业生涯的偶然因素，但对个人的职业生涯而言，有时又具有决定性的作用。机遇是随机出现的、具有偶然性因素的事物，它包括社会各种职业对一个人展示的随机性的岗位，或者说是一个能够就业和流动的各种职业岗位，包括能够给个人提供发展的职业境遇。机遇本身是客观存在的，但机遇只垂青于那些有准备的人。个人的能动性会导致寻求到新的发展机会，或者自己创造机会。许多事业上成功的人，不是靠家庭、亲友的帮助，也不依赖社会给予的现成机会，而是靠自己的努力奋斗和开拓进取。

在仔细分析了影响自己职业生涯的各种因素后，就可以较好地解决职业生涯规划中"干什么""何处干""怎样干"这三个最基本的问题。

二、了解自我与社会

（一）了解自我

找到一份适合自己的工作是每一位大学生追求的目标之一。在一生的职业生涯中，如果能够从事自己喜欢而又胜任的工作是一件令人感到快慰的事。有些人缺乏对自己深入的分析和训练，在走出本校门后，只因为偶然的因素从事自己并不喜欢的工作，虽然几经转换，仍不能对工作产生兴趣。任何职业的选择都从了解自我开始。要透彻地了解自己的喜好和憎恶、优点和弱势，价值观及其他性格特征。对自己了解越多，选择职业就越容易，个人才能和职业的契合度就越高。对自己的了解主要有以下几个部分：

(1) 喜好和憎恶：我喜欢什么？我讨厌什么？

(2) 优势和弱势：我做好这一工作的优势在哪里？弱势又在哪里？

(3) 价值观：为什么我喜欢这个而不喜欢那个？在职业选择过程中，我最看重的是什么？

(4) 性格特征：我是什么样性格的人？这种性格特征的人适合的职业是什么？

(5) 成长要素：心中理想的我是什么样子的？如何才能实现我的梦想？如何将自己打

造成适合自己理想工作的职业人？

在这一探索过程中，需要采取职业测评及相关训练等有效方法来对各种问题深入思考。对问题思考得越具体，个体成长速度越快。

阅读资料

SWOT 分析法

职业规划千万别忘了那句古老的名言——认识你自己。用《孙子兵法》上的话来说就是"知己知彼"，一个通行的办法，就是SWOT分析法——四维分析法。SWOT分析是一种功能强大的自我评估定位和探测职业机会的分析工具。通过它，会很容易知道自己的个人优点和弱点在哪里，并且会仔细地评估出自己所感兴趣的不同职业道路的机会和威胁所在。其中S（Strengths）代表优势，W（Weaknesses）代表弱势，O（Opportunities）代表机会，T（Threats）代表威胁，其中，S、W是内部因素，O、T是外部因素。

对自己做个SWOT分析，分析优势（Strengths）、劣势（Weaknesses）、机会（Opportunities）和威胁（Threats），找到自己最擅长之处。这些可以通过专门的性格测评来了解。企业的招聘经理们也在通过各种方式评估你的特长，比如，合群、聪慧、稳定、持强、兴奋、有恒、敢为、敏感、怀疑、幻想、世故、忧虑、实践、独立、自律、紧张、适应与焦虑、内向与外向、感情用事与理智客观、慎重与果断、心理健康因素、成就者人格因素、创造力、成长能力等等。

补充阅读

SWOT 分析法案例

姓名：×××

学院专业：××××学院2011级物流

摘要：职业生涯规划对个人的成长非常重要。自己从事哪种职业最适合，如何规划自己的职业，如何在大学这个知识的摇篮为自己未来的职业做出努力，是很多大学生心中的难题。本文通过用SWOT分析法，即分析自身的优势（Strengths）、劣势（Weaknesses）、机会（Opportunities）、威胁（Threats），并根据分析规划最适合自己的职业以及目前自己可以为未来职业应该做出的努力。

关键词：SWOT分析法　职业规划　优势　劣势　机会　威胁

时光飞逝，岁月如梭。转眼间，大学已经走过了一大半，面对未来，自己应该何去何从，心中已有些眉目。通过对自己的优势、劣势、机会以及威胁等各方面的综合分析，找到了最适合自己，也是自己喜欢的职业，那就是成为一名优秀的物流师。为了能够达成自己的目标，我制定了自己年内的发展以及具体的行动计划。

分析法自我分析

（一）优势

1. 良好的口才

由于我自己做过一段时间的商人，面对着形形色色的人，因而练就了很好的口才。上学后，在小学、初中，高中都担任了班干，在大学亦在学院学生会以及在物流班担任学习委员，学生干部的工作使我有更多机会去和老师与同学接触，这些机会也大大地提升了我的口才和胆量。

2. 良好的组织和管理能力

在大学，我担任着学生会生活部的组织工作，负责管理着学院的寝室查寝问题。从这份工作中，我学会了如何较好的组织一项活动的开展，如何管理好一个班级，应该从哪些方面来提升班级的整体水平等各方面的东西，我相信我还是具备一定管理能力的。

（二）劣势

对于成为一名优秀的物流师，我具有很多优势，但是仍存在一些劣势，首先是物流基础不够扎实，主要表现在学习时间太短，物流经验欠缺。其次是在面对大问题时有些胆怯，这会影响自己在物流上不能很好地发挥。再次是有些时候太过于要面子，这样可能会使自己不能够大胆的正视自己的缺点和不足，以便得到很好的改正；最后是不能很好地控制和调整自己的脾气，可能会对顾客和上司发脾气，或者将自己的不良情绪带到工作中去，影响上司与自己的关系，使上司不能很好地相信自己，与自己亲近。

（三）机会

在当今社会，总是会出现这那样或那样的机会，成功只会留给把握机会的人。为了自己能够顺利的成为一名优秀的物流师，我挖掘到了一些对我有用的机会并紧紧地抓住它们：

1. 大学假期实习

在大学的时候，我们还会利用寒暑假一如既往地去帮哥哥打理生意，通过实习我来积累经验。

2. 大学里实习

我会在大学努力锻炼自己的能力，比如班级、学生会中，努力做好干部这个角色，我相信我会在其中积累下宝贵的经验，使我今后职业发展少走弯路。

（四）威胁

世界上，机会与挑战总是并存的，能够抓住机会并巧妙地面对挑战，才有可能成为最后的成功者。

在我的职业发展中，同样存在着诸多的挑战：

（1）物流机制不断完善，物流人才不断增多，各大高校都开设了物流专业，那么2013年的毕业生将充盈人才市场，到我们毕业时仍然面临着严峻的就业压力。

（2）在家庭方面，家人一直希望我成为一名商人，多次思想沟通都无法让他们改变，因而，来自家庭的压力，也是我职业发展的一个潜在挑战。

（二）了解社会

对于社会的了解是大学生走向社会的起点，大学生要成为对社会有用的人，首先就要了解社会需要什么样的人才；大学生希望找到自己理想的职业就要首先了解社会的职业及职位情况；大学生希望站在时代的潮流，就要了解社会政治、经济的发展趋势；大学生希望在事业上取得成功，就需要了解所喜欢工作的特性。对于社会的了解状况与大学生职业选择密切相关。对于社会的了解主要有以下几个部分：

（1）社会政治经济发展现状以及发展趋势。

（2）社会职业发展状况。

（3）社会职业设置状况。

（4）与大学生就业相关的法律及政策规定。

（5）社会对于人才的素质要求。

具体地讲，我们在了解某一项工作状况时可以从以下七个方面入手：

（1）工作的保障性。即该工作是否有保障、有固定的薪金。

（2）工作环境。一是指工作的地理环境，工作地点是否满意；二是指工作中的人际关系是否和谐，工作伙伴是否友善、彼此合作而关系良好。

（3）工作的受尊重程度。工作在社会中的声望、职位是否受内部人员的尊重，受到组织和上司重视，自己也引以为豪。

（4）工作的变化性。工作是否经常面对多变的状况，是否具有挑战性。

（5）工作的自主性。是否有机会尝试以自己的方式工作，并且能够自己做决策而不是事事必须听命于他人。

（6）工作的权力和责任。工作中是否需要督导别人，为别人的成败负起责任。

（7）工作才能的发挥。是否能够发挥所长，工作是否令人有成就感。

对于社会的探索可以采取社会的实践、参加报告会、职业实习等有效方式来实现。

（三）找到自己与社会的结合点

找到自身能力及价值与社会需要的最佳结合点是大学生走向事业成功的根本，也是大学生学习动力的根本来源。这一探索过程可以分为以下几个部分：

（1）兴趣的结合：我喜欢的工作在社会职业中的地位如何？

（2）能力的结合：我的能力能够胜任什么样的工作？

（3）价值观的结合：我的个人价值观和社会主流价值观是否有所冲突？我的个人价值观和我喜欢的职业价值观是否有冲突？

（4）成长因素：我喜欢的职业和我能够胜任的职业是否一致？如何做到二者的统一？如何使我的价值观与工作价值观相统一？

对于自身与社会的结合的探索是大学生成长、成才、成功的关键，只有做到这一点，才能使大学生为自己的事业成功量身打造合格的职业人。这一探索过程需要大学生与社会保持密切的接触，积极参加各种成长训练，快速提升自己。

阅读资料

著名的"打工女皇"吴士宏的经历就是一个很有力的证明。吴士宏原先不过是一个中专毕业的小护士，但是她有很强的事业心，积极进取，善于规划自己的职业道路，一步一步地走向成功。从一个护士，到 IBM 的小文秘，再到 IBM 的销售总监，再到微软的中国区总经理，而后又毅然跳出微软进入 TCL 任副总裁。——吴士宏的成功有力地验证了职业生涯规划对事业发展的重要作用。

职业生涯规划目标的设定应该是全方位的，应使个人事务、职业生涯和家庭均衡发展，相互促进。主要考虑以下几个方面：

（一）职业生涯

它包括有自豪感和成就感的职业；有趣、喜爱的工作内容，满意的工作内容；很强的责任心，良好的个人发展；良好的同事关系等。

（二）社会尊重和社会权利

它包括自由，成为命运的主宰；与他人建立关系；自身价值得到承认、受尊重；慷慨帮助别人，有良好的声誉等。

（三）感情生活和家庭生活

它包括有好朋友；爱、爱恋、遇到生命中的伴侣；生活在稳定的亲情中；有可爱的孩子；协调职业生活与家庭生活的要求；家庭幸福等。

（四）物质成功

它包括有足够的收入，花费不必苦心计算，成为一定物质财富的所有者，如汽车、住房，有满意的物质生活条件等。

（五）个人事务

它包括继续接受教育，不断学习；具有个人生活规划；保留思考时间；掌握生活常识和技能；旅游；继续锻炼，保证有空闲时间休息和娱乐；欣赏音乐、美术作品和文学作品；发展个人爱好等。

三、职业生涯目标的设定应遵循的原则

（一）实事求是原则

实事求是就是说要根据实际情况，不夸大，不缩小，如实反映客观事物的本来面貌，制订自己的职业生涯规划设计。在进行职业性方向、职业能力、职业素质、职业前景的分析和预测时，要如实客观地准确认识自我，正确评价自我，确切定位，对环境的影响则不仅要看到有利的，也要看到不利的因素，思考问题要全面，有主见，不随大流，不想当然。

（二）切实可行性原则

切实可行就是说设计要以自身情况为依据，以社会客观为准绳，所设计的步骤、所确定的流程，所采取的方法要有可操作性，通过职业生涯规划设计的实施，确实能够达到预期的职业生涯目标。因此这就要求我们：首先，个人职业生涯目标要同自己的能力、兴趣、素质、知识基础和设计的职业工作相符合。其次，个人的职业目标和职业生涯道路的确定，要考虑客观条件的制约，在一个论资历的单位里，刚毕业的大学生就不宜把担当重要的领导工作职务确定为自己的职业目标。

（三）循序渐进原则

循序渐进就是说要按照一定的步骤和计划逐渐进行和开展。首先，作为计划本身而言，它是对未来事物的一种展望，我们不指望一蹴而就地实现理想中的某个目标。其次，大学生职业生涯规划设计，它有诸多方案、方法和方式，每一个方案的实现，都是下一个方案实现的前提和基础。最后，计划所设定的理想的职业工作，它的获得，必须是以一定的素质、能力和知识作为基础的，而这些因素的具备也是一个循序渐进的过程——也就需要大学生在大学期间和毕业之后，不断地自我分析和评估，同时对照社会对人才的要求，发现差距，并努力缩小差距，不断进步。

（四）因人而异的原则

在职业生涯规划中，要根据大学生个人差异，诸如性格特质差异、职业兴趣差异、专业差异、个人综合素质和能力的差异，还有环境差异，比如，市场对人才的需求、就业政策方针等具体情况来设计自己的职业生涯，以便充分体现计划的个性化、针对性和差异性。

（五）一致性原则

个人职业计划目标要与企业目标协调一致，大学生是借助于企业而实现自己的职业目标的，其职业计划必须在为企业目标奋斗的过程中实现。离开企业的目标，便没有个人的职业发展，甚至难以在企业中立足。所以，大学生在制订自己的计划时，要考虑自己计划目标与将从事的企业目标协调一致。

（六）发展性原则

它主要是指大学生在制订和采取职业生涯的具体实施措施时，要充分考虑变化与发展性因素，如目标或措施是否能依据环境及组织、个体的发展性因素而做调整？因此，要从促进自身综合素质与能力的发展角度出发，把生涯设计与生涯发展和自己全面协调发展结合起来，使自己在职业生涯规划设计的实施中受益。

有人研究认为：从事自己感兴趣的职业则能发挥一个人全部才能80%～90%，而且长时间保持高效率而不感到疲劳；反之，若对从事的工作不感兴趣，则只能发挥个人全部才能的20%～30%。历史上最伟大的球王贝利曾说："我热爱足球，足球是我的生命！"执迷不悟的爱恋是推动贝利踢球的原动力，在一种与生俱来的兴趣引导下，贝利步入绿茵场，成为万众瞩目的英雄。所以在设计自己的职业生涯时，要考虑自己的特长，珍惜自己的兴趣，择己所爱，选择自己所喜欢的职业。任何职业都要求从业者掌握一定的技能，具备一定的能力条件，职业不同对技能的要求也不一样。如果让一名卡车司机驾驶一架民航飞机，后果将难以想象，所以在进行职业选择时要择己所长，要根据社会需要，结合自己所学专业、学习成绩和特长来事实求是的选择职业，从而有利于发挥自己的优势。职业是个人谋生的手段，其目的在于追求个人幸福。所以择业时，要考虑个人、家庭和社会的预期收益，要以利益最大化原则权衡利弊，择己所利。明智的选择是在由收入、社会地位、成就感和工作付出等变量组成的函数中找出一个最大值。这就是选择职业生涯中的收益最大化原则。社会的需求不断演化，旧的需求不断消失，新的需求不断产生。所以在设计自己的职业生涯时，一定要分析社会需求，择世所需。如在择业时要进行换位思考，由思考"我想要干什么？"转为思考"社会需要什么？"，而且思考时目光要长远，能够准确预测未来行业或职业发展方向，再做出选择。

第二节 职业生涯目标设定

 心灵咖啡

  1984年，在东京国际马拉松邀请赛中，名不见经传的日本选手山田本一，出人意料地夺得了世界冠军。两年后，山田本一代表日本参加比赛又获得了冠军，人们都觉得很奇怪。10年后，这个谜终于被解开了。山田本一在他的自传中这么说："每次比赛之前，我都要乘车把比赛的线路仔细地看一遍，并把沿途比较醒目的标志画下来，比如，第一个标志是银行，第二个标志是一棵大树，第三个标志是一座红房子，这样一直到赛程的终点。开始后，我就奋力地向第一个目标冲去，等到达后又以同样的速度向第二个目标冲去。整个赛程，就被我分解成这么几个小目标后就轻松地跑完了。起初，我并不懂这样做的道理，我把我的目标锁定在赛程的终点线上，结果我跑到十几千米时就疲惫不堪了，当时我被前面那段遥远的路给吓倒了。"

  的确，马拉松全程是一个很大的目标，本来就是很不容易实现的。可是山田本一把这个大的目标分解成为一个一个小的目标以后，在实现大目标的道路上先实现一个一个的小目标，最终实现了自己的大目标。

  实现一个远大宏伟的目标很少能够一气呵成，必须分解成若干易于达到的阶段性目标。职业目标分解是根据观念、知识、能力差距，将职业生涯长期的远大目标分解为有时间规定的长、中、短期分目标，直至将目标分解为某个确定日期可以采取的具体步骤。

> 一个人的职业规划是一个长期的过程，所以应有一个整体的职业生涯规划，但整个人生职业规划是一个笼统的概念，很难具体地实施。比如，你制订一个人生职业生涯规划时，要成为一个掌握上亿资产公司的总经理。为了达到这个目标，你就要把这个规划分为几个中等的规划，如什么时候成为一个部门主管，什么时间成为一个部门的经理；然后再把这些规划进一步细分，把它分解为直接可操作的具体计划，如为了达到总经理的要求，攻读MBA工商管理硕士学位，丰富管理理论知识，从事不同的职业，丰富各个业务流程等。这样我们就可以把整个人生职业生涯规划划分为几个长期的规划，长期的规划再分成几个中期的规划，中期规划再分为几个短期的规划，循序渐进地实现它。

职业生涯目标的设定是职业生涯规划的关键点。一个人事业的成败，很大程度上取决于有无正确、适当的目标。目标的设定，是在继职业选择、职业生涯路线选择后，对人生目标做出的抉择。

一、职业生涯目标设定的原则、方法

（一）职业生涯目标设定的"黄金准则"——SMART原则

SMART原则一 S（Specific）——明确性、个体化

目标必须是具体的，不可以是抽象模糊的。职业规划必须明确、清晰、具体、具有可行性。当谈论具体目标的时候，不要只是单一地说"我要找份好工作""我要成功的晋升"之类的话，这只是愿景，不是具体的规划，所以没有办法去具体执行。而"我的目标是成为××公司的超级销售员""我要在今年把工资提升到5 000元"——这才能称之为目标。当我们开始职业规划时，应该更加注重细节的具体化，只有细节问题处理好了，这样才不会只有大方向，却没有脚踏实地的前进步伐。

SMART原则二 M（Measurable）——可量化

可量化指的是可衡量、可测量、有一定的评定标准，尤其针对结果而言。目标应该是明确的，而不是模糊的。应该有一组明确的数据，作为衡量是否达成目标的依据，绝不能有"大概""差不多""快了"之类的模糊修辞语。面对职业规划，我们不需要任何自我欺骗和任何借口，因为数据、数字、事实会说明一切。比如说，你做的是销售工作，整天忙得不得了，到了月底一合计却没有多少销售额，这就不行了。你说你很努力，但是数据告诉我们，你并没有比其他人更努力。用数据说话，做到了就是做到了，没做到就是没做到，是做销售员都要知道的一个道理。

SMART原则三 A（Attainable）——可达成性

可达成性很容易理解，就是目标必须是可以达到、实现的。职业规划设定的目标要高，具有挑战性，但是，一定要是可达成的。关于"Attainable"，有的书翻译为"可行"，有的解释为"可接受"。其实无论翻译为什么，都是在强调"我们职业规划中所设定的目标一定是能够通过我们最大的努力行动实现的"。我们鼓励大家设定一个较高的职业目标，但不是鼓励设定一个虚无的、无法实现的。有的朋友也许会说"只要我想得到，就一定做得到"，其实这句话的前提就是"你的目标是可达成的"。

比如，你刚参加销售工作，还没等熟悉完业务流程，就整天鼓吹"我这个月要完成几十万元的销售额"，你要知道，老销售员一个月还没有做到的，这样的狂妄自大往往容易引来职肠同事的疏远，盲目自大不等于自信！但是反过来，你第一个月设定我的销售额要达到5万元，第二个月达到8万元，这样就可以实现自己预定的目标。当然，这里的可实现预定目标会随着能力水平的进步而不断增加，但是无论什么目标，都要根据自己的现实水平和能力来合理设定，这样，你会获得成就感，别人也会觉得你这个新同事稳重，愿意和你组成团队合作！

SMART 原则四 R（Relevant）——相关性

目标的相关性是指实现此目标与其他目标的关联情况。如果实现了这个目标，但对其他的目标完全不相关，或者相关度很低，那这个目标即使被达到了，意义也不是很大。

因为毕竟工作目标的设定，是要和岗位职责相关联的，不能跑题。比如，一个前台，你让她学点英语以便接电话的时候用得上，这时候提升英语水平和前台接电话的服务质量有关联，即学英语这一目标与提高前台工作水准这一目标直接相关。若你让她去学习 6 sigma，就比较跑题了，因为前台学习 6 sigma 这一目标与提高前台工作水准这一目标相关度很低。

SMART 原则五 T（Time-based）——时限性

目标特性的时限性就是指目标是有时间限制的。例如，我将在 2013 年 9 月 31 日完成某事，9 月 31 日就是一个确定的时间限制。比如，学生想考英语四级。你平时问他，有没有在学呀？他说一直在学，然后到即将毕业时他还未通过，这就不行，必须给目标设定一个合理的完成期限。

（二）职业目标设定的"ABC 法"

A. 可行的（Achievable）：意思是说就你的能力和特点而言，实现这个目标是现实的、可能的。如果你的外语一般、专业课成绩中等，你选择考北京大学热门专业，这个目标很难说是可行的。

B. 可信的（Believable）：是指你真的相信自己能完成这个目标，对自己的能力非常有信心，相信自己能够在设定的时间之内完成。成功者常会通过设定目标来激励自己，他们设定的目标虽然困难，但他们相信通过自己的努力和克服困难，他们是可以完成自己所设定的目标的。

C. 可控的（Controllable）：主要是指你对一些可能会最终影响到你实现目标的因素的控制能力。因此，你用什么方式来表达自己的目标非常重要。如果你说"我的目标是在 IBM 公司获得一份工作"，那么，你这种表达目标的方式就违反了可控性的原则，因为这种表述方法忽略了被拒绝的可能性。而"我的目标是在下周三之前向 IBM 公司申请一个职位"就是一个可以被接受的目标，因为你能控制相关的因素。依靠他人的帮助来实现自己的某一目标是有风险的，因为可能会忽略目标设立的"可控"原则。如果你的目标关系到他人，那么你就有必要邀请他们参加你的计划，以争取他们的合作。

二、设定职业生涯目标

（一）职业生涯目标具体设定

职业生涯目标的确定包括短期目标、中期目标、长期目标与人生目标的确定，它们分别与短期规划、中期规划、长期规划和人生规划（具体见表4-1）相对应。一般来说，我们首先要根据个人的专业、性格、气质和价值观以及社会的发展趋势确定自己的人生目标和长期目标，然后再把人生目标和长期目标进行分化，根据个人的经历和所处的组织环境制订相应的中期目标和短期目标。

表4-1 职业生涯规划分类表

类型	定义及任务
短期规划	2年内的规划，主要是确定近期目标，规划近期完成的任务，如对专业知识的学习，2年内掌握哪些业务知识等
中期规划	一般为2~5年内的目标与任务，如规划到不同业务部门做经理，规划从大型公司部门经理到小公司做总经理等
长期规划	5~10年内的规划，主要设定较长远的目标，如规划30岁时成为一家中型公司的部门经理，规划40岁时成为一家大型公司副总经理等
人生规划	整个职业生涯的规划，时间长至40年左右，设定整个人生的发展目标，如规划成为一个有数亿元资产的公司董事等

职业生涯规划关键就是将美好愿望转化为坚定的职业方向和可实现的目标。哈佛大学曾做过关于人生目标对人生影响的跟踪调查，历时25年。25年以后，3%有长期目标的学生不曾改变，不懈努力，几乎都成了社会成功人士，不乏创业者、行业领袖、社会精英；10%有清晰短期目标的学生大都生活在社会上层，短期目标不断达成，成为各行业不可或缺的人士，如律师、高级主管等；60%目标模糊的学生几乎都生活在社会的最底层，生活大都不如意，常失业，靠救济生活，常常抱怨他人和社会。由此可见明确的职业生涯目标的价值所在。

职业生涯目标的选择与确定可参见表4-2所示。

表4-2 职业生涯目标特征表

目标周期	特征
短期目标	未必由自己的价值观决定；目标切合实际，有可操作性；有明确具体的完成时间；现实眼光；朝向长期目标；接受现实

续表

目标周期	特　征
中期目标	结合自己志愿和企业环境制定；符合自己的价值观且愿意公之于众；目标切合实际且有所创新；能用明确的语言定量说明；有比较明确的时间且可以适当调整；对目标实现可能性做过评估；全局眼光；与长期目标一致；改变有可能改变的事情
长期目标	它是自己认真选择的，和社会发展需求相结合；非常符合自己的价值观，为自己的选择感到骄傲；具有挑战性；能有明确的语言定性说明；在一定时间范围内实现既可；立志改造环境；长期眼光；目标如一；坚持不懈；创造美好未来

（二）制订行动方案

在确定以上各种类型的职业生涯目标后，就要制订相应的行动方案来实现它们，把目标转化成具体的方案和措施。这一过程中比较重要的行动方案有职业生涯发展路线的选择，职业的选择和相应的教育与培训计划的制订。比如，为达到理想的职业生涯目标，在校期间，在学习方面必须打好专业知识基础，全面提高自己的专业素质，同时又必须扩大自己的知识视野，完善自己的知识结构，做到厚基础、宽口径。又比如，如果认为自己的社会实践能力不强，就可以有意识地参加学校组织的各种社会实践活动，如教学实习、生产实习、毕业实习、志愿者服务、参观访问、三下乡活动、社会调查等，如果决定往行政管理方面发展，就得积极担任学生干部，在服务同学的同时，锻炼自己的策划、管理、协调等能力，不管制订了怎样的职业生涯路线，都必须指出一点的是，策略要具体、明确，以便定期检查落实情况。

（三）评估

俗话说："计划赶不上变化。"影响大学生职业生涯规划设计的因素很多，有的变化因素是可以预测的，有的则是无法预测的。对于外界环境而言，事物是处于不断发展变化中的，在遵循一定规律的前提下，社会环境也好，企业环境也好，都会因受到方方面面因素的影响而发生变化，尤其是在高科技发展日新月异的背景下，整个社会的发展呈突飞猛进的态势，这也就决定了大学生的职业生涯规划设计也要不断地进行新的评估与修正，当然不等于说规划设计可以随意更改，而是在大方向不变的情况下，根据形势的变化，结合自身的情况，对自身建设方面的某些内容、方案措施和步骤的科学调整，以至完善。比如，某些职业岗位，对人才的要求发生了变化，大学生就应该根据这些变化的要求有针对性地进行自身建设。在此状况下，要使职业生涯规划行之有效，就须不断地对职业生涯规划进行评估与修订。修订的内容包括：职业的重新选择；职业生涯路线的选择；人生目标的修正和实施措施与计划的变更等。

1. 职业生涯评估方法的内容

任何人的职业生涯规划都必定是自己设计、自己评估的，他人无法代劳。只有通过对日常工作、学习进行定量和定性的评估，才能促使自己努力奋斗，实现理想。把评估的结果作为职业生涯规划修正的依据。

（1）设定评估计划及其执行实施进展情况的时间表，并确保对照执行。

在职业生涯不同阶段，对职业规划评估的频率不一。一些生涯的关键阶段需多次进行评估，一些关键点则需要进行针对性评估。例如，报关与国际货运专业某同学在他的规划中，有大学三年级考取报关员职业资格证书的计划。报关员职业资格证书是个人专业技术水平的体现，根据报关员职位的任职要求，证书对毕业求职起相当大的作用。尽管考证在整个计划中所占的时间较少，但是它是一个关键点，应随时掌握其执行情况，以促使目标的实现。

（2）对目标和计划进行量化、检验和评估。

例如，计划某月参加英语四级考试，就记英语单词一项而言，在一段时间内每天要记50个，一天下来，到底记住了多少？临睡前要进行检验。

但计划中许多项是不可以"数"的。为了使自己更好地对计划执行情况进行检验，就需要把它们变成"可数"。例如，在计划中毕业后入职初始阶段，要求自己在一定时间内熟悉工作环境、跟同事建立良好关系这一项。要对其进行验收，首先要知道自己想要达到的目标程度，然后根据自己现在所达到的程度对其进行比较分析，测量出达到目的比率。这也是计划实施的量化评估。

（3）制作评估验收工具。

评估验收工具可以是日记簿，也可自制《目标管理与自我激励工作手册》，记下目标、任务、验收条件和激励方法，定时将计划实施的验收结果填写上。

2. 评估时间

根据目标和任务的大小，完成时间的跨度，目标任务的轻重等各种因素，设定评估的时间，或按周、月，或按季、学期、年等。如学习成绩可每学期为一个评估时间；社会实践、实习可按月或一个假期作为一个评估时间等，依此类推。

3. 评估标准

评估标准应根据不同的阶段、不同的目标而标准各异。

例如，成长阶段或职业生涯准备期，其评估标准则根据学习成绩、专业知识掌握能力、证书、获奖情况等；职业生涯探索阶段，则根据工作态度、工作适应性、专业知识、工作绩效、责任感、协调合作、发展潜力、品德言行、出勤及奖惩等，评估是否"人职匹配"；职业生涯建立阶段，如果目标是进入领导岗位，则评估标准根据领导能力、策划能力、工作绩效、责任感、协调沟通、授权指导、品德言行、成本意识、出勤及奖惩等。

4. 评估方法

（1）设计职业生涯评价表。

职业生涯评价是判断一个人的职业生涯成功与否的重在指标，并且与社会、企业、家庭密切相关，因而职业生涯评价应由社会、企业、家庭、个人多方不同的标准来衡量。只有得到来自多方面的认同和肯定前提下，个人的职业生涯才算成功。因此，职业生涯的管理、评估与考核的过程要关注多方面给予的评价。表4-3所示的职业生涯评估表可供参考。

表 4-3 职业生涯评价表

评价类别	评价者	评价内容	评价标准
自我评价	本人	自己的才能是否充分施展 对自己在企业发展、社会进步中所作的贡献是否满意 对自己的职称、职务、工资待遇等方面的变化是否满意	根据个人的价值
家庭评价	父母、配偶、子女等	是否能够理解和肯定 是否能够给予支持和帮助	根据家庭文化
企业评价	上级、平级、下级	是否有下级、平级同事的赞赏 是否有上级的肯定和表彰 是否有职称、职务的晋升或相同职务职责权力范围的扩大 是否有工资待遇的提高	根据企业文化及其总体经营结果
社会评价	社会舆论、社会组织	是否有社会舆论的支持和好评 是否有社会组织的承认和奖励	根据社会文明程度、社会历史进程

（2）每日把评估、检验、考核的结果记入日记，并作为评估的依据。

（3）填写《目标管理与自我激励工作手册》作为定期考查的根据。

（4）把每天的日记结合《目标管理与自我激励工作手册》进行评估。

（5）通过评估改进学习、工作效率和生活安排，修正职业生涯规划。

5. 评估原则

（1）评估要有预见性。

评估，不仅仅是对过去的评估，更重要的是对未来内外环境的评估和预测。做不到这一点，其后所作的职业生涯规划的修正很可能是徒劳无功。

（2）评估要有准确性。

评估是为了对不足进行改进，对错误进行修正。倘若评估不准确，后果将不堪设想：或因此而误导人生、步入歧途，最终走向失败；或因此而遭遇险阻、多走弯路，延误了成功的时机。

6. 评估结果处理

（1）如果达到目标，自我激励。

自我激励措施如下：

为了使自己能够一直保持有较高的学习和工作热情，更好地完成目标管理，从而达到实现目标的效果。在结合外部的各种激励措施之外，采用有效的自我激励措施，会使激励达到最高效用，如图4-1所示。

（2）如果达不到目标，进行详细分析，改进方法和提高效率，修正目标。

经过对职业生涯的管理、评估与修正，使职业生涯规划更具科学性、合理性、可操作性。也正因为通过对职业生涯的管理、评估与修正，使自己随时把握自己职业生涯的正确方

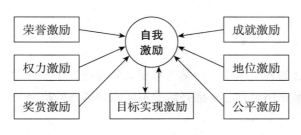

图 4-1 自我激励机制

向,从而把握自己的命运。

一切为了职业生涯发展

很多人在考虑跳槽,动机不同,结果也不相同。跳槽究竟是为了什么,怎样才能使跳槽真正成为走向事业成功的手段呢?个人在选择职业或考虑跳槽的时候,最重要的要明白跳槽不是因为现阶段的工资、待遇、人际关系、老板的做事风格、组织氛围等,而是为了职业生涯的发展。

所谓职业生涯就是综合考虑自己的能力、特长、爱好、经历及不足,对各方面进行分析权衡,结合时代特点,根据自己的职业倾向,做出个人的远景规划、职业定位、阶段目标、路径设计、评估与行动等一系列计划与行动过程。职业生涯贯穿了个人一生的大部分时间,跳槽是为了使自己的职业生涯获得较大发展的手段之一,通过跳槽给自己重新发展的契机或提供更大发展平台。

素质拓展训练:

1. 怎样理解职业生涯规划的切实可行原则?
2. 请分析自身的优势与不足,试着写"我是谁?"。
3. 科学评估影响自己职业生涯发展的因素,并提出有效对策。

 # 实训项目 1:运用 SWOT 法分析自己职业选择的可行性

一、实训概述

【目的及要求】

SWOT 分析是一种功能强大的自我评估定位和探测职业机会的分析工具。本项目的练习目的,在于通过 SWOT 法,分析自己职业选择的可行性,以确立自己的职业目标。

二、实训内容

【项目背景】

通过SWOT分析法的各项训练,让学生对相关问题进行深入思考,使其知道自己的优点和弱点在哪里,仔细地评估出自己所感兴趣的不同职业道路的机会和威胁所在。

【训练步骤】

(1) 熟悉SWOT分析法——四维分析法。

(2) 完成下列SWOT分析法表格内容。

	优势因素(S)	劣势因素(W)
内部环境因素		
	机会因素(O)	威胁因素(T)
外部环境因素		

(3) 结论:

(4) 我的最终职业目标:

实训项目2：大学生涯规划目标分解训练

一、实训概述

【目的及要求】

大学阶段的学习至关重要，通过本项目的训练，让学生针对学业、生活成长、社会活动等方面做出合理的规划并付诸行动。帮助学生顺利地完成大学期间的各阶段任务，找到自己喜欢而且能够胜任的工作。

二、实训内容

【项目背景】

通过大学生涯规划目标分解训练，让学生分阶段在学业、生活成长、社会活动等方面做出合理的规划并付诸行动，帮助学生顺利地完成大学期间的各阶段任务，完成由中学生到职业人的成功过渡。

【训练步骤】

认真完成下列表格内容并照计划积极行动（以高职高专为例）。

大学生涯规划目标分解表（学业规划、生活成长规划、社会活动规划）

大学生涯规划目标分解	大一目标	学业规划目标	
		生活成长规划目标	
		社会活动规划目标	
	大二目标	学业规划目标	
		生活成长规划目标	
		社会活动规划目标	
	大三目标	学业规划目标	
		生活成长规划目标	
		社会活动规划目标	
大学生涯规划目标组合	学业目标	专业学习目标	
		与职业相关的学习目标	
	生活成长目标	体魄健康	
		心理健康	
		学会理财	
		学会管理	
		正确交友	

105

续表

大学生涯规划成功标准	社会活动目标	积累社会经验	
		提高专业实践技能	
	学习生涯成功标准	学习成绩	
		专业应用能力	
	生活成长成功标准	身心健康状况	
		人际沟通能力	
		时间管理能力	
	社会实践成功标准	组织能力	
		适应能力	
		实践能力	
找出差距			
缩小差距的方案			

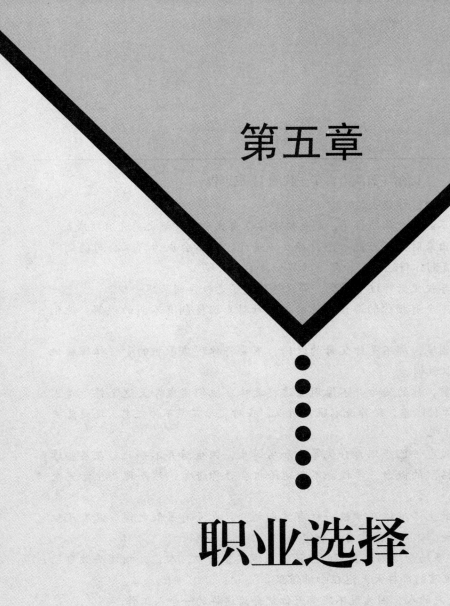

第五章

职业选择

心灵咖啡

比尔·盖茨给青年一代的 11 点忠告

（1）生活是不公平的，你要去适应它。

（2）这个世界并不会在意你的自尊，而是要求你在自我感觉良好之前先有所成就。

（3）刚从学校走出来时你不可能一个月挣 6 万美元，更不会成为哪家公司的副总裁，还有一部汽车，直到你将这些都挣到手的那一天才会实现。

（4）如果你认为学校里老师过于严厉，那么等你有了老板再回头想一想。

（5）卖汉堡包并不会有损你的尊严。你的祖父母对卖汉堡包有不同的理解，他们称之为"机遇"。

（6）如果你陷入困境，那不是你父母的过错，不要将你理应承担的责任转嫁给他人，而要学着从中吸取教训。

（7）在你出生之前，你的父母并不像现在这样乏味。他们变成今天这个样子是因为这些年来一直在为你付账单，给你洗衣服。所以，在对父母喋喋不休之前，还是先去打扫一下你自己的屋子吧。

（8）你所在的学校也许已经不再分优等生和劣等生，但生活并不如此。在某些学校已经没有了"不及格"的概念，学校会不断地给机会让你进步，然而现实生活完全不是这样。

（9）走出学校后的生活不像在学校一样有学期之分，也没有暑假之说。没有几位老板乐于帮你发现自我，你必须依靠自己去完成。

（10）电视中的许多场景绝不是真实的生活。在现实生活中，人们必须埋头做自己的工作，而非像电视里演的那样天天泡在咖啡馆里。

（11）善待你所厌恶的人，因为说不定哪天你就会为这样的一个人工作。

第一节 职业选择概述

职业选择是指导大学生在职场中如何找到自己的最佳位置、发挥最大潜能的基本方法与技术。大学生只有把握职业选择的准则，掌握职业选择的策略，注意职业选择中的问题，才能更好地做好职业生涯规划设计。

一、职业选择的概念

职业选择是指在自身价值观的指导下，依照自己的职业期望和兴趣，凭借自身能力挑选职业的过程。在这个过程中，主体受到需求动机、自身评价的指导，也会受到社会需求、就业形势的影响，是一种从主客观多方面进行综合考虑后做出价值判断的过程。

职业选择是迈向职场的第一步，是职业规划付诸实施的第一次，因而具有重要的意义。早在20世纪初，美国的职业指导理论就开始进行职业选择的分析。经过一个世纪的发展，逐渐形成了较为成熟的几种理论流派。其中被广泛应用和接纳的是人职和谐理念。其基本思想是：个体差异是普遍存在的，每一个个体都有自己的个性特征，而每一种职业由于其工作性质、环境、条件、方式的不同，对工作者的能力、知识、技能、性格、气质、心理素质等也会有不同的要求；进行职业决策时，就要根据一个人的个性特征来选择与之相对应的职业种类，即进行人职匹配。如果匹配得好，则个人的特征与职业环境协调一致，工作效率和职业成功的可能性就大为提高；反之则工作效率和职业成功的可能性就很低。因此，对于组织和个体来说，进行恰当的人职匹配具有非常重要的意义。进行人职匹配的前提之一是必须对人的个体特性有充分的了解和掌握，而人才测评是了解个体特征的最有效方法。所以人职匹配理论是现代人才测评的理论基础。

人职和谐是一种理念，它主张人应该去发现并从事自己喜欢、擅长，又有相对优势的职业，使自己生命能量的积聚和消耗最大限度地满足由低到高的各种需要，提高个人和社会的生存质量。人职和谐是在对自己、对职业、对社会发展正确、客观认识的基础之上建立起来的，不能清醒地认识自己、认识职业，就无法实现人职和谐。人职和谐的代表性理论是特性与因素理论以及个性职业类型匹配理论。

二、职业选择的准则

大学毕业生满怀憧憬，希望在较短的时间就能找到适合自己、服务社会的理想工作。在设计职业生涯或选择职业时必须遵循下述准则。

1. 从客观现实出发

首先，将个人的职业意愿、自身素质与能力结合起来，加以充分的考虑，估计一下自己能否胜任某项职业的要求，认真评价个人职业意愿的可能性，即进行准确的自我评价和定位。其次，对职业岗位空缺与需求做出客观分析。

2. 职业理想服从社会需求

有些学生过分注重个性发展的需求而忽略了国家的需要，这也就使得我国西部和边远地区人才匮乏。有些学生以实现自我价值为动力，而轻视国家需要，暴露出大学生缺乏应有的社会责任感，只考虑个人利益而忽略国家的利益，这必会导致个人与社会的矛盾，使个人与社会脱离。因此，大学生应该首先考虑到社会需要这个大前提，将实现自身价值与服从社会需要相结合，才会有更大的发展空间和更多的取得事业成功的机会。

3. 扬长避短，发挥优势

在选择职业时，要清楚地知道自己的长处是什么，短处是什么。一般来讲，当职业与个人的理想、爱好、个性特点、专业特长越接近时，个人的主观能动性就越容易激发出来。因此,在选择职业时如果充分考虑到自己的专长、综合素质等因素,走上工作岗位后,才有可能热爱自己的工作,才能把工作当做一件愉快的事情去做,才能卓有成效地开创未来。

4. 明确目标,及时调整

职业选择绝不是一蹴而就的事,社会的不断发展变化导致个体社会角色的调整是不可避免的。因此,职业生涯的发展是一个长期的、可变的过程,大学生们需要定期衡量自己发展的实际结果与预期目标之间的差距,并辨别差距产生的原因究竟是来自于目标制定的不科学还是实践上的不足。与此同时,还要放宽眼界,了解目标职业的发展近况及未来,及时调整自己的生涯规划设计。很多人都是经过了相当一段时间的尝试和寻找,才了解自己到底适合哪个领域、哪个层面的工作,这段时间可能要长达几年甚至十几年。但是,只要坚持不懈地进行自我分析以及对职业目标的评估,就会纠正目标中的偏差,增强实现目标的信心,最终走向成功。

案例导读

职业生涯规划的重要性

许同学信心十足的把自己的中英文简历递给一家外资企业。该企业负责人在看了许同学的简历后不停地点头。接着提了几个常见的问题,许同学都有准备地一一回答出来,企业负责人再次点头称道。就在许同学满以为有望签约的时候,该负责人突然提出了一个问题:"如果你加入了我们的企业,能描述一下五年后的你是什么样子吗?"许同学稍稍思考了下,回答说:"我想,我工作会很尽责、很勤奋。"企业负责人马上指出:"五年后的你难道只是尽责、勤奋?"当即,这位负责人把简历还给了许同学言,并让他回去再仔细想一想这个问题。

这个简单的问题其实并不是考核求职者的能力,而是在考察他有没有对职业生涯进行过规划。连什么样的用人单位适合自己都不清楚,自己会在什么领域上有所作为也不了解,要么就听父母的意见,要么就"随大流",哪里人多,就往哪里钻。这类人往往碌碌无为一辈子,企业当然不欢迎这样的人了。

美国一位环保专家说过:"世界上没有垃圾,只有放错了地方的资源"。同样的道理:世界上没有庸才,只有放错了位置的人才。

第二节 职业选择理论和策略

一、职业选择的理论

(一) 特性与因素理论

1909年,弗兰克·帕森斯(F. Parsons)在其出版的《选择一个职业》一书中提出了职业设计的三要素模式：其一，清楚地了解自己，包括性格、能力、兴趣、自身局限和其他特质；其二，了解各种职业必备的条件及所需的知识，在不同工作岗位上所占有的优势；其三，上述两者的平衡。特性与因素理论的核心是人与职业的匹配，其理论前提是：每个人都有一系列独特的特性，并且可以客观而有效地进行测量；为了取得成功，不同职业需要配备不同特性的人员；选择职业是可行的，而且人职匹配是可能的；个人特性与工作要求之间配合得越紧密，职业成功的可能性越大。

特性与因素匹配理论产生近百年来经久不衰。其中，三要素模式被认为是职业设计的至理名言，并得到不断地发展和完善。根据此理论，职业选择可以分成三个步骤：第一步是评价求职者的生理和心理特点（特性）。通过心理测试及其他测评手段，获得有关求职者的身体状况、能力倾向、兴趣爱好、气质与性格等方面的个人资料，并通过会谈、调查等方法获得有关求职者的家庭背景、学业成绩、工作经历等情况，并对这些资料进行评价。第二步是分析各种职业对人的要求（因素），并向求职者提供有关的职业信息，包括：①职业的性质、工资待遇、工作条件以及晋升的可能性；②求职的最低条件，如学历要求、所需的专业训练、身体要求、年龄、各种能力以及其他心理特点的要求；③为准备就业而设置的教育课程计划以及提供这种训练的教育机构、学习年限、入学资格和费用等；④就业机会。第三步是人职匹配。指导人员可以在了解求职者的特性和职业的各项指标的基础上，帮助求职者进行比较分析，以便选择一种适合其个人特点又有可能得到并能在职业上取得成功的职业。

特性与因素理论强调个人所具有的特性与职业所需要的素质与技能（因素）之间的协调和匹配。为了对个体的特性进行深入详细的了解与掌握，特性与因素理论十分重视人才测评的作用。可以说，特性与因素理论强调进行职业指导是以对人的特性的测评为基本前提。它首先提出了在职业决策中进行人职匹配的思想。因此这一理论奠定了人才测评理论的理论基础，推动了人才测评在职业选拔与指导中的运用和发展。

（二）人格与职业类型匹配理论

1959年，美国咨询心理学家霍兰德（John L. Holland）首次从个体特质的角度提出职业选择理论，引起强烈反响。经过50年的发展，已经成为影响最大的理论。根据霍兰德的人格类型理论，在职业决策中最理想的是个体能够找到与其人格类型重合的职业环境。一个人在与其人格类型相一致的环境中工作，容易得到乐趣和内在满足，最有可能充分发挥自己的才能。因此在职业选拔与职业指导中，首先就要通过一定的测评手段与方法来确定个体的人格类型，然后寻找到与之相匹配的职业种类。为了确定个体的人格类型，就需要大量运用人才测评的手段与方法，霍兰德本人也编制了一套职业适应性测验（The Sel-Directed Search，SDS）来配合其理论的应用。

在人格和职业的关系方面，霍兰德提出了一系列假设：①在现实的文化中，可以将人格分为六种类型，包括实际型、研究型、艺术型、社会型、企业型与传统型。每一特定类型人格的人，会对相应的职业类型中的工作或学习感兴趣；②环境也可区分为上述六种类型；③

人们寻求能充分施展其能力与价值观的职业环境；④个人的行为取决于个体的人格和所处的环境特征之间的相互作用。在上述理论假设的基础上，霍兰德提出了人格类型与职业类型模式。不同人格类型的人需要不同的生活或工作环境，例如"实际型"的人需要实际型的环境或职业，因为这种环境或职业才能给予其所需要的机会与奖励，这种情况即被称为"和谐"。人格类型与环境不和谐，则该环境或职业无法提供个人的能力与兴趣所需的机会与奖励。霍兰德在其所著的《职业决策》一书中描述了六种人格类型的相应职业。

二、职业选择的策略

（一）合理地进行自我评价与定位

职业选择不只是单纯找一个单位了事，选择职业的过程本身就是一个发现自己、认识自己的过程。大学毕业生在整个就业过程开始之前，对自己的大学生活做一个总结，认清自己的优点、缺点、长处、短处是很有必要的。大学生活是自身与环境相互作用的结果，就业活动对大多数毕业生来说都是第一回，因为缺少经验，可能不时地被周围的环境所左右而忘掉自己的特性和初衷，所以在就业活动中，一定要经常注意不要忘记自己是什么人、能干什么、想干什么。

（二）全面理解职业内涵

世上职业千千万，到底哪种是最适合自己的，很多大学生只是对于某种职业有个一知半解或感性的认识，就贸然做出了选择，等到真正投身其中的时候，才发现与想象相去甚远，悔之晚矣。因此，在做选择前必须先选择出几种准备或期望从事的工作，从工作内容、工作方式、工作角色和工作要求四个方面，看看自己对想干的工作能理解多少，如果有许多内容自己都不甚了解，那就应该回过头去对工作内容进行深入的探究，免得将来走弯路。

（三）志愿单位的具体化

在对工作有了全面理解之后，就可以进行志愿单位的排序，主要考虑条件包括地理条件、单位性质、单位规模、行业、收入、提升机会、专业对口度、工作环境、福利、调动工作的可能性、稳定性等。列出实际的志愿单位之后，针对以上所列出的一些内容进行适合度的衡量。看看这几个单位对自己的适合程度如何，比如，对单位的了解、对从事岗位的了解、现实的可行性如何等。

戈建华的职业选择

戈建华，现任河北华煜化工集团公司总经理，该企业由他创办，年主营收入超过5亿元，生产的产品市场紧俏，国内、国际市场需求很大。主导产品 DSD 酸、ANSD 酸有 80% 为出口。已连续十年成为当地第一利税大户，为当地的经济发展作出了突出贡献。戈建华从 20 世纪 70 年代末中学毕业后就立志想成为一名优秀的企业家。抱着这样的梦想，戈建华开始了自己的职业生涯设计。他为自己规划的职业生涯蓝图是：到一所著名大学去读企业管理专业，毕业后进入企业工作，经过若干年的打拼，进入企业高层或创办属于自己的企业。他将自己的职业生涯初步设计好了以后，便去征求他的父亲和老师的意见。他们都具有很高的相关知识水平和丰富的实践经验。其父亲是具有丰富管理经验的基层商业的领导者，热心公益事业。他希望将来儿子能以产业报国，并为家乡百姓造福，帮助乡亲消除贫困。戈建华的老师是著名的教育专家，某重点中学的高级教师。在经过其父亲和老师的分析后，他们认为，要想真正成为一名优秀的企业家，进入大学应主修理工类的专业，因为无论是管理企业还是创办企业，更需要技术作为基础。而主修工科，不仅可以把基础知识学扎实，而且还可以培养出严谨求实的工作态度，训练逻辑思维能力。如美国原福特公司总裁，后任克莱斯勒汽车公司总裁的艾柯卡，微软公司的总裁比尔·盖茨等。这些世界著名的企业家，都是学工科出身的。他们建议在大学主修工科专业的同时，在时间、精力能及的情况下，尽量选修企业管理方面的课程。除了企业管理课程之外，市场学、财务管理学、人力资源组织与管理等课程都是很重要的。这样可以使知识结构达到完整和优化。遵照父亲和老师的建议，戈建华考入天津大学化学系化学工程专业学习。

在大学期间，戈建华付出了比其他同学更多的劳动，在学习工科专业知识的同时，他大量地涉猎了企业管理、经济、法律、人文等方面的知识，并参加了大量的社会实践，使自己各方面的素质都得到了培养和锻炼，大学毕业以后，他已具备了发展成为企业家的基本素质。

戈建华在毕业之后，没有立即进入企业工作，而是进入省城一家科研机构从事科研工作。戈建华在科研机构工作期间很有成就，发明了很多专利。按法律规定，职务发明专利属研究院所有，发明者无权转让或自己使用。此时，戈建华选择了辞职，他回到了家乡创办了自己的公司，并将其发明创造向应用方向发展，为自己的公司研制出拳头产品——DSD 酸、ANSD 酸。公司发展顺利，且越做越大。这时，戈建华感觉到自己的管理知识和水平难以适应当前需要，需要"充电"进修。于是，他在职攻读某著名大学 MBA 学位，为自己的职业生涯再次打基础。终于，戈建华的职业生涯与公司同步发展，他最终成为当地一位小有名气的优秀企业家。

第三节　择业心理问题

大学毕业生经过几年的拼搏，开始进入择业阶段。他们虽然从学校里学到一些基础知识和专业技能，但对整个社会的了解还不多或不够全面。在这决定自己命运的关键时刻，很多人不知究竟"路在何方"，心里难免忐忑不安。因此，不同程度地出现浮躁、焦虑和恐惧等心理障碍，必须运用科学的方法，及时地消除心理障碍，以便择业顺利进行。

一、择业浮躁心理调适

择业浮躁心理一般是指大学生在择业过程中出现轻浮、急躁的心态和行为。具体表现为择业期间坐立不安、东奔西跑、乱投简历、盲目签约、草率毁约等。

（一）引起择业浮躁心理问题的原因

1. 心理发展不成熟、不稳定

大学毕业生年龄一般都在22岁左右。处在这个时期的青年，接受新鲜事物快，思想容易产生幻想，处理问题好冲动，自我意识比较强烈。虽然他们的生理发育已经成熟，但相当一部分大学生心理发展还不成熟、不稳定。生理状况与心理因素有明显的不同步性，再加上他们的知识结构不完善，每个人的生活体验又有千差万别等因素，其个性心理特征就会有较大的差异，在择业过程中就表现出浮躁、彷徨和不安等心理活动，感到寻找工作无从下手、无从做起，既想尽快步入社会，又不知归宿何处。

2. 期望过高的心理

大学生在毕业时都希望能找到一份施展自己才华和实现自己人生抱负的工作，这是人之常情，也是完全可以理解的。但是从目前情况来看，绝大多数毕业生普遍希望到大城市、大机关、大公司、大企业及重点院所等大单位去工作。根据媒体在全国范围内所作的大规模抽样调查显示：75%的毕业生想留在大城市工作，72.8%的毕业生希望在沿海地区工作，政府机关、外资企业、金融机构等是许多大学毕业生最理想的单位。这一切都说明，大学毕业生普遍对择业的期望值过高，对社会的需求不了解，结果往往造成大城市、大公司、大机关不愿要，小城市、小公司、小机关人已招满，好马难吃"回头草"的尴尬局面。

3. 自命不凡的心态

一些大学毕业生因自己的学习成绩优秀、政治条件好、学校牌子响、专业需求旺盛、求职门路广、家庭条件优越；或因自己的能力强，在同学中有一定的竞争实力；或因自己的相貌出众、能说会道，等等，产生了一种自命不凡的优越感。这种姿态过高的心理，表现在求职时，往往狂妄自大，不屑一顾，伤害他人的自尊心，过高地估计自己，眼睛一味地往上看，这家单位瞧不上，那家单位也不遂心，结果使自己丧失许多就业的机会。而用人单位对这种缺乏自知之明、自视清高、对自己的缺陷和困难估计不足的大学毕业生是最有戒心的，认为心情浮躁、盲目自信的心态是缺少社会经验、心理素质不成熟的表现，必然导致走上岗位后办事浮躁，不会有崇高的敬业精神，不能胜任本职工作。

（二）平息择业浮躁心理问题的方法

解决大学毕业生择业过程中的种种浮躁心理问题需要高校、社会、家庭、个人多方面努力。

1. 高校要认真做好毕业生就业指导

针对大学毕业生择业过程中存在的浮躁心理，高校就业指导工作要做好信息指导、思想指导、技术指导。信息指导是就业指导的基础。通过信息指导，让大学毕业生尽可能多地掌握用人单位需求信息，以便主动投身到择业过程中，避免盲目性。

思想指导是要帮助大学毕业生树立正确的就业观。要教育毕业生从个人实际出发，主动适应社会需要，正确认识和处理好眼前和长远利益、理想和现实、挑战和机遇、挫折和成功、个人和社会的关系等。只有克服浮躁的情绪，正确把握自己，顺应时代潮流，转变择业观念，才能实现自己的就业目标。

技术指导是就业指导课的基本内容之一。大学毕业生择业浮躁心理在一定程度上由于缺乏恰当的择业技术。面临就业选择的大学毕业生，普遍存在思想准备不足，有浮躁感，不清楚有关的政策规定，不了解自己有哪些权利和义务。至于具体的应聘程序、资料的整理和使用、面对用人单位如何介绍自己、如何了解对方，以及应有的礼仪和言谈举止，都需要学校进行必要的指导。这样，才可避免由于介绍不着边际、材料不得要领、礼貌不周、言语不当、衣冠不整、手续不全等技术原因而造成择业失败。

2. 大学生要树立高尚的职业理想

倘若说，中小学时代是一个人的择业理想的萌芽阶段。那么，大学时代则是一个人职业理想茁壮成长的时期。大学毕业生在走向社会的时候，职业理想通常已经形成，这对今后的职业生涯有着长远的重大影响。

职业理想是指大学生对未来职业的一种强烈追求和向往，是对未来职业的规划和构想。这是决定大学生选择职业类型的决定性因素，求职择业的一切心理行为都以此为基本出发点。高尚的职业理想应当是个人志向与国家利益、社会需要结合起来，走出个人的小天地。1835 年，马克思在特利尔中学毕业时写的一篇关于职业理想的文章《青年在选择职业时的考虑》，就提出了一些针对今天的大学生求职择业仍有深刻启迪的看法。他在谈到职业选择时指出："如果我们的生活条件容许我们选择任何一样职业，那么我们就可以选择一种使我们获得最高尊严的职业，一种建立在我们深信其正确的思想上的职业，一种能给我们提供最广阔的场所来为人类工作，并使我们自己不断接近共同目标，即臻于完美境界的职业，而对这个共同目标来说，任何职业只不过是一种手段。"

在马克思看来，"我们的使命绝不是求得一个最足以炫耀的职业，我们应该遵循的主要方针是人类的幸福和我们自身的完善。"马克思最初的、高尚的职业理想，为他日后所从事的为解放全人类的革命事业奠定了坚实的基础。事实上，由于对职业理想的坚定信念和深刻理解，马克思一生对所从事的事业义无反顾，能努力克服事业中的重重困难，坚定地实践了自己青年时代对未来将从事的职业构想。

3. 合理确定职业期望，寻找最佳定位

选择职业，就是选择未来。每个大学毕业生，如果正确地选择了职业，那么就是为未来的成功奠定了良好的基础。首先，需要对所处的社会环境进行比较全面的了解和认识，弄清当前大学毕业生面临的就业形势。其次，要根据自己的专业确定就业目标。离开自己的专业，是无法找到合适的职业岗位的，因为你一时还没有其他专业的知识和技能。最后，要有从基层做起的心理准备。这就是说不要把就业期望定得太高，先就业，有了基本经济来源，再图发展。

此外，社会、家庭尤其是父母也要打破传统就业观念，不要给年轻的大学生太多压力，引导他们树立正确的人生观和职业理想，帮助其克服择业浮躁心理问题。

二、择业焦虑心理问题调适

择业焦虑心理问题是指大学生在择业过程中因担忧而产生的一种紧张不安、焦躁不宁、忧虑烦躁且不确定的感受。心理学研究表明，适度的焦虑能使个体产生压力，这种压力可增强大学毕业生的进取心，使他们产生求胜的心理和行动。但是，如果心理上过度焦虑，心情过度紧张、情绪不稳定，无法冷静、理智地面对事物，就会严重影响个人主观能动性的发挥，给择业带来不必要的困难，甚至造成择业失败。

（一）引起择业焦虑心理问题的因素

引起大学毕业生择业焦虑心理问题的因素很多，包括社会、家庭、学校和个人等方面。但主要的还是社会环境因素和个人性格因素。社会环境因素是引起择业焦虑的主要外在动因，其中社会的就业环境和社会用人制度对大学生择业心理影响尤为突出。

1. 社会就业环境影响

由于我国经济正处在社会主义市场经济的建立和完善时期，经济发展过程中会产生许多矛盾，集中表现为社会生产力水平低下，产业结构不合理，大部分企业属于劳动密集型企业，经济增长主要依靠劳动力和生产资料的大量投入，产品的科技含量低，高科技企业缺乏，对高层次、高技术人才的需求量不足。虽然从理论上讲，我国经济每增加一个百分点可以提供80万~100万个的就业岗位，按今后几年我国经济保持7%~8%的增长速度计算，由于经济增长而带来的就业岗位每年至少在640万个以上。但是经济增长对大学毕业生就业的拉动作用，远不如人们想象的那么大，在所提供的新增就业岗位中，低层次人才的需求量大，真正适合大学毕业生就业的工作岗位的增加幅度小于毕业生人数的增加，这就造成了大量的文化程度较低而且廉价的农民工、下岗职工占据了许多就业岗位，从而出现了大学生"就业难"的现象。

2. 社会用人制度影响

在用人制度方面对大学毕业生择业影响较大的因素主要有以下几点：一是用人单位普遍存在的人才高消费现象。我国目前就业供大于求的现象比较突出，给用人单位在选人、用人时提供了更大的选择空间和自由度，用人标准逐年提高，出现了人才的盲目消费、超前消费现象。一些单位甚至以为招聘高学历、高职称人员能够给单位装门面，甚至打出"欢迎研究生，考虑本科生，不招专科生"的旗号。"重学历轻技术""重牌子轻能力"的传统观念，使得单位在选人时，只重视学生所在学校的知名度，轻视技艺型人才的现象普遍存在，致使许多大学毕业生在就业时遭受不公正的待遇。二是主要行业、部门的职业准入制度尚未形成，企业用人缺乏职业资格标准和对劳动者不同学历实行不同报酬的基本规定，致使一些企业用工无标准。尽管国家对许多行业实行就业准入制度，但是这一制度在执行过程中，缺少必要的和强有力的监督，没有相应的保障措施。用人单位片面强调用人自主权，存在着用人上的随意性，为降低生产成本，追求利润最大化而大量雇用廉价劳动力，使大量的非专业技术人员进入相关行业，造成大学生尤其是高职院校毕业生不能按培养目标就业。因而在择业过程中，更容易产生焦虑心理。

3. 依赖心理

在求职择业中又具体表现为两种倾向：一种是依赖大多数人的从众心理，自己缺乏独立的见解，不是从自己的实际情况出发做出切合实际的选择，而是人云亦云，见别人都往大城市、大机关、大公司里挤，自己也跟着凑热闹；另一种是依赖政策、依赖他人的倾向，而不是主动选择、积极竞争，而是觉得反正国家要"兜底"，反正有优生优分的政策，坐等学校给自己推荐单位。但又担心今后找不到工作或找到的工作不理想，焦虑感就会随之而来。

（二）消除择业焦虑心理问题的方法

解决大学毕业生择业焦虑问题应从多方面入手。除了要在宏观方面，加快经济发展、增加就业岗位、营造宽松的就业环境外，重要的是要加强对毕业生的就业指导和心理调节，引导他们适应环境，以一种积极的心态去面对择业竞争，消除择业焦虑。

1. 转换角色，适应社会需要

求职择业不同于学习期间的社会实践，它是要找到一个适合自己的工作岗位，并能在这个岗位上充分发挥自己的作用。毕业生在求职前必须从宏观上了解国家的有关政策，了解正在实施的改革措施及存在的问题；在微观上要了解自己专业就业的基本情况和改革趋势，以及劳动人事管理办法和动态、用人数量和标准，同时还应尽可能地了解有关政策和法规。了解的目的是为了接纳、为了适应。

经过数年专业学习的大学生毕业时，社会人才需求的数量和模式与当年入学时所做的预测可能已发生了很大的变化。许多同学对专业和行业的认识和情感也发生了很大变化。一些专业由热变冷了，由"短线"变成了"长线"；一些专业在不断地调整和改造中，却依然跟不上形势的变化和需求。种种现象使大学毕业生在求职择业时感到焦虑、无奈和迷茫。要想有所作为，走出无奈，毕业生只有走出象牙塔，正确认识自己的求职地位，不要把学校、社会、家庭、亲友所给予的尊重、爱护、关心当成社会给予的最终认可，而要转换角色，投入社会，了解社会，积极主动地适应社会需求，接受社会选择。

2. 客观评价自己，树立良好心态

"尺有所短，寸有所长"。每个人都有自己的优点和长处，也都有自己的缺点和短处，所以每个毕业生对自己和自身能力都应有客观和正确的认识。一是要明白自己能干什么和不能干什么，这就是所谓"知人者智，自知者明"。二是避免从众、攀比心理。学成就业、服务社会、实现自身价值，是每一位大学毕业生美好的愿望。但是有些毕业生在择业过程中，不是从自身的特点、自身的能力、自身的优势和社会的需要出发,而是与同学盲目攀比,好像不到一个比别人更好的单位就不能实现自身的价值。到头来,为了求得一时的心理平衡,却不利于自身价值的实现和长远发展。三是克服依赖心理。有些毕业生在择业过程中缺乏自信,把希望寄托在拉关系、走后门上,有的甚至由家长出面与用人单位洽谈,殊不知这样做的结果恰恰让用人单位对毕业生产生缺乏开拓能力、独立生活和工作能力差的印象。

3. 扎根基层,实现人生理想

大学生准备求职择业,还必须面向基层,做好艰苦创业的思想准备。基层有大学生成长成才的广阔天地,可以说大学生建功立业的机会在基层第一线。现在很多大学毕业生有一种片面的择业观,在心理上畏惧下基层,认为下基层就没面子、没前途。诚然,基层单位的条件相对较差,但从另一方面来看,人才比较匮乏,大学生往往被委以重任,甚至独当一面,有很多的机会施展才华,这些地方不但是当今国家最需要人才的地方,也是大学生最容易展现特长、做出成绩的地方。据一些高校近年来毕业生成才情况的追踪调查报告显示,工作出色、成绩显著的大学毕业生大多出自基层,大多是从基层艰苦奋斗成长起来的。"宝剑锋从磨砺出,梅花香自苦寒来。"没有艰苦的锻炼,没有工作经验和能力的逐渐积累,又哪里能够做出前所未有的成就和担当重要的责任呢?

三、择业恐惧心理问题调适

所谓择业恐惧,是指大学生在择业过程中因职业选择压力而产生的一种情绪体验。它根源于理想和现实、希望与失望、目标与挫折发生冲突而导致的心理落差,常伴有焦虑郁闷、烦躁不安、自卑、自我否定等特征,表现在有的大学毕业生面对用人单位严格的录用程序时感到胆战心惊,有的因自己是女生而怕求职困难,有的因自己的学习成绩不佳而烦恼,有的因自己的能力较弱而紧张恐惧,甚至害怕进入人才市场、害怕应聘失败,等等。

(一)引起择业恐惧心理问题的因素

引起择业恐惧的因素,主要有以下几种。

1. 传统观念的影响

首先,社会习俗的影响。有的大学毕业生把社会上的某些传统观念作为自己选择职业的依据;有的同学虽然对一些社会习俗有自己的独立见解,很不赞同,但迫于社会舆论的压力,在择业时求稳、求近、求享受,缺乏艰苦创业的准备,出现争进大机关、大公司、大城市,而不愿到基层、到生产第一线的倾向。其次,家庭朋友的影响。部分青年学生程度不同地存在"苦读十年,光宗耀祖"的观念,他们选择职业时,首先是征求父母的意见,想到的是对家庭有没有利,有没有面子,离家远不远,而事业发展则是第二位。一旦不能如愿,便感到压力重重,逐步形成恐惧心理。

2. 缺乏自信和勇气

有的同学大学几年顺利走过来了,也具备了一定的实力和优势,面对激烈的竞争,却觉得自己这也不行，那也不行。缺乏自信和竞争勇气，走进就业市场心理发怵，参加招聘面试更是忐忑不安。如果自己所学的专业在社会上竞争力不强，未必能在人才市场的竞争中占优势，更容易对自己的能力缺乏自信。上述心理会使大学生求职时畏首畏尾，给用人单位留下无能的印象，导致求职失败。一旦中途受挫，更缺乏心理上的承受能力，总觉得自己确实不行。在激烈竞争的人才市场中，这种心理障碍是走向成功的"大敌"，必须认真加以克服。

3．自卑心理的影响

一些性格比较内向、不善言辞的学生，一些学习成绩平平且受过处分的学生，还有一些学历层次较低的学生或女大学生，在面对就业市场时，自卑心理较为突出。自卑心理的形成，一方面是受到社会和用人单位的影响，另一方面也说明大学毕业生不敢正视现实，对自己的长处估计不够，缺乏竞争的勇气。心理负担过重使一些大学生缺乏临场应试经验和现场应变控制能力，以至于在求职过程中过于怯懦；有的怀疑就业制度不健全，还有的想当然地认为，就业时的"关系"在竞争中有"四两拨千斤"的作用，不愿去公平竞争；更有不少人容易在"大学生择业难"的阴影下产生恐惧心理和示弱心态："我能竞争得过别人吗？""要是碰钉子多丢人！""万一失败了怎么办？"这种自己给自己设置的心理障碍，往往使大学毕业生缺乏竞争的勇气和获胜的信心。

（二）消除择业恐惧心理的方法

为了提高大学生的心理健康水平，保证求职择业的顺利进行，不仅应当积极排除择业期间可能会出现的以上种种心理恐惧障碍，而且还应及早进行心理锻炼和思想教育，促使大学毕业生形成正确、健康的择业心态。消除择业恐惧的方法多种多样，以下几种也许有效。

1．正视现实

现实是客观的，既有利于自己的一面，也有不利于自己的一面。应该看到我国目前的生产力发展水平还比较落后，社会为大学毕业生提供的工作岗位不可能使人人满意。供需形势也很不平衡，边远地区、艰苦行业、基层和第一线急需人才。另外我国毕业生就业市场还不规范，不公平竞争在一定程度上依然存在。这些都是客观现实，大学毕业生应该正视现实，一切从实际出发，既不要心存幻想，也不能逃避现实。

正视现实必须做到：一是正确评价自己，多找自己的长处，利用自己的优势以长补短，增强自信，可以有效克服自卑感。二是树立成功信心。即相信自己的能力，相信自己能够胜任工作，要经常对自己进行积极的心理暗示，比如说，"别人能干好，我一定也能干好""我一定能干得更好"等。三是扬长避短。要明确自身特点，发挥自己的优势，尽量避开自己的不足，就有可能使你在择业竞争中占据主动。四是要有打动用人单位的热情。要使用人单位感觉到："我是热爱生活、热爱事业的，只要给我一次机会，我会尽心尽力干好本职工作，你们不会因为选择我而感到失望的。"

2．要敢于竞争

"双向选择"就业制度，使大学生能够根据国家赋予自己的权利，结合自己的专业、爱好、性格、特长、愿望等挑选工作岗位。大学毕业生应该珍惜这个机遇，敢于竞争，不怕挫折，努力实现自己的抱负和人生理想。首先，要有竞争意识。大学毕业生应该有青年人的朝气和锐气，要敢想、敢说、敢干，有敢为天下先的精神和气概，不能事事唯唯诺诺、胆小怕事。其次，从实际出发，充分考虑自己的专业、性格、气质、爱好等，扬长避短，发挥自己特长。再次，要靠真才实学，而不能靠纸上谈兵，更不能互相拆台或互相嫉妒，竞争应该是在互学、互勉、共同进步中进行。最后，要不怕挫折，就是要有充分思想准备，尤其是做好遭受挫折或暂时失败的思想准备。在择业竞争中，挫折和失败在所难免。遇到挫折，要认真分析失败的原因，是主观努力不够，还是客观条件不具备。认真分析，才能心中有数，才会成为竞争中的强者。

3. 合理宣泄情绪

大学生面临毕业时，经常会因这样或那样的事情影响个人情绪稳定，容易产生情绪低落或脾气暴躁的现象。如果能够选择适当的地点或时间，进行合理地宣泄，该哭的时候就哭，该笑的时候就笑，既不超越社会规范，又不违背人之常理，别人是很容易理解的；反之，如果违反道德规范或校纪校规，出现砸毁门窗、折断桌椅或是拿他人出气、酗酒闹事等，则害人害己，甚至自毁一生。美国神经病专家奥尔顿研究认为，学生智力正常，视听器官没有出毛病，可能是大脑左右半球功能联系障碍。暂时的心理障碍更应该通过合理的宣泄得到疏通。

总之，大学毕业生应以积极的心态、平稳的心境、出众的心智、旺盛的心力、顽强的心志、平衡的心绪和乐观的心情投入择业。只有努力克服择业过程中产生的浮躁、焦虑、恐惧等心理障碍，才会找到自己理想的职业岗位。

信心不足，缺乏主动

毕业生小刘学习成绩和其他方面条件都不错，但由于专业冷门等原因，找过几家单位都碰了壁，结果产生了自卑感。在后来的择业过程中表现越来越差，只能被动地问人家："学某某专业的要不要"，其他什么话都不敢讲，最终未能落实就业单位。

一名学生学习成绩不错，所学专业也是目前社会上需要的。但他在"2选"招聘会上与用人单位洽谈时，由于缺乏自信心，缺乏勇气，表现出十分胆怯的样子，甚至连走路都变了形。该学生表现出来的这种强烈的畏惧心理，使用人单位感觉该学生缺乏竞争意识，自卑心理太重，其结果被许多用人单位婉言谢绝。

某校的一位学文秘专业的毕业生，当初应聘的职务是总经理助理，可老总让她跑业务，和一些高中生、中专生一起天天在外面奔波，看客户脸色，还说是让她锻炼。一次她到一家公司去联系业务，灰头垢面的，正好碰上她的大学同学，一副白领的得意模样，让她觉得脸面丢尽，真想找一个地缝钻进去。此后，她觉得干这份差事没面子见人，就辞职不干了。之后，只得天天在外找工作，可一直没有找到合适的。

从这三个案例可以看出：良好心理素质不仅可以使大学生在择业期间保持良好的心态，

适时调整自己的行为，促进顺利就业，而且可以使大学生在择业后顺利适应职业及环境，尽情发挥自己的才能。拿破仑说："一个人能否成功，关键在于他的心态，成功人士与失败者的差别在于成功人士有积极的心态。"可见，健康的求职心理，是打开就业成功之门必不可少的钥匙。

第四节　女大学生择业时要发挥自身优势

对于女大学生来说，由于一些用人单位存在着性别偏见，这就给她们就业带来了很大的心理压力。作为女大学生，既要树立自信、自尊、自立的品质，又要充分认识自身的特点，清楚自己的长处和弱点，在求职择业过程中扬长避短，发挥自身的优势。

一、女大学生的自然优势

虽然女大学生在生理、心理、性格上与男生有着一定的区别，但在某些方面具有较大的自然优势，具体现为：女生普遍具有温柔、贤惠、细腻的性格；感知能力较强，形象记忆较好，想象力较为丰富；尤其在语言能力上比男生更具有优势，女性一般学习或掌握语言较快，语言表达较流畅；外语、阅读、精巧手工制作等方面也比男生略高一筹。

二、女大学生的职业能力优势

女大学生具有以下几个方面的职业能力优势：一是语言能力优势。在文字编辑、整理、翻译、播音员以及教育、接待洽谈工作等职业竞争中，更能发挥其特长。二是形象思维能力优势。女大学生在形象思维能力以及思考问题的细致、周全上具有优势，因而适合于形象设计方面的工作，如服装设计，其作品往往让人感到和谐、典雅、优美。三是文学创作、文艺表演和人际交往方面能力优势。女性普遍具有温顺、和蔼、容易与人相处、感情丰富且善于体谅别人的特点，在社交场合或工作协作中表现出较强的人际交往能力，适合从事行政管理、文秘、公关、推销等工作。尤其是受过高等教育的女大学生，个人修养好，能广泛听取各方面的意见，善于与他人合作共事。因此，更适合从事机关和企事业单位的管理工作。四是韧性优势。在相对单调乏味的条件下仍能孜孜不倦地长期工作，在担任财务，计算机操作，勘测设计以及资产、资料整理，图书情报、档案管理等工作中能很好地发挥自己的优势。

三、女大学生消除择业心理问题的基本方法

1. 心理上

在心理上要有自信心，要相信自己和男生一样有实力，要敢于竞争，克服胆小、自卑、

怯懦等不良的心理状态。

2. 行为上

在行为上要保持热情端庄的仪表，切忌羞涩、扭捏，但也不能过于泼辣、随便、无所顾忌。

3. **发挥优势，把握机遇**

女大学生要想使自己在择业竞争中保持良好的竞技状态，要善于发现、发挥自己的优势，展示自己的才华，把握机会，选择适合自己的行业和岗位。

实训项目：职业选择

一、实训概述

【目的及要求】

大学生如何根据自身兴趣、能力、性格特点选择适合于自己，值得一生从事的职业是本项目实训的目标。本项目力图通过训练使学生学会在择业过程中平衡外部条件和自身特点之间的关系，做到合理期望和最佳定位。

二、实训内容

【项目背景】

通过本章的学习及训练，使学生掌握职业选择的方法和思路，明白职业选择所涵盖的要素及其作用。

【训练步骤】

阅读以下资料，分析后面问题。

简易心理测验量表

1. 在大庭广众面前不好意思。
2. 对人一见如故。
3. 愿意一个人独处。
4. 好表现自己。
5. 与陌生人难打交道。
6. 开会时喜欢坐在被人注意的地方。
7. 遇有不快事情，能抑制感情，不露声色。
8. 在众人面前能爽快地回答问题。
9. 不喜欢社交活动。
10. 愿意经常和朋友在一起。
11. 自己的想法不轻易告诉别人。
12. 只要认为是好东西立即就买。

13. 爱刨根问底。
14. 容易接受别人的意见。
15. 凡事很有主见。
16. 喜欢高谈阔论。
17. 会议休息时宁肯一个人独坐也不愿同别人聊天。
18. 决定问题爽快。
19. 遇到难题非弄懂不可。
20. 常常不等别人把话讲完，就觉得自己已经懂了。
21. 不善于和人辩论。
22. 遇有挫折不易丧气。
23. 时常因为自己的无能而沮丧。
24. 碰到高兴事极易喜形于色。
25. 常常对自己面临的选择犹豫不决。
26. 不太注意别人的事情。
27. 好把自己同别人比较。
28. 好憧憬未来。
29. 容易羡慕别人的成绩。
30. 相信自己不比别人差。
31. 注意别人对自己的看法。
32. 不太注意外表。
33. 发现异常现象容易想入非非。
34. 即使有亏心事也很快被遗忘。
35. 总是把家里收拾得干干净净。
36. 自己放的东西常常不知在哪里。
37. 做事很细心。
38. 对于别人的请求乐于帮助。
39. 十分注意自己的信用。
40. 热情来得快，消退得也快。
41. 信奉"不干则已，干则必成"。
42. 做事情更注意速度而不注意质量。
43. 一本书可以反反复复看几遍。
44. 不习惯长时间看书。
45. 办事大多有计划。
46. 兴趣广泛而多变。
47. 学习时不易受外界干扰。
48. 开会时喜欢同人交头接耳。

49. 作业大多整洁、干净。
50. 答应别人的事情经常会忘记。
51. 一旦对人有看法不易改变。
52. 容易和人交朋友。
53. 不喜欢体育活动。
54. 对电视中的球赛节目尤有兴趣。
55. 买东西前总要比较估量一番。
56. 不惧怕从来没做过的事情。
57. 遇有不愉快的事情可以生气很长时间。
58. 自己做错了事，容易承认和改正。
59. 常常担心自己会遭遇失败。
60. 容易原谅别人。

计分：

上述测题，可以用"是""似是而非""非"三种方式来用答。

凡单数题（1，3，5，7，…），"是"为0分；"似是而非"为1分；"非"为2分。

凡双数题（2，4，6，8，…），"是"为2分；"似是而非"为1分；"非"为0分。

分析：

累计得分在90分以上，是典型外倾性格；71~90分，是稍外倾型性格；51~70分，是外倾、内倾混合型性格；31~50分，是稍内倾性格；30分以下，是典型内倾性格。

第六章

职业生涯决策

心灵咖啡

> 我从法学系转入计算机系，找到自己真正的兴趣、爱好，并不是一件很容易的事，有时还要经过很多反复和波折，不过，一旦发现了兴趣所在，每个人都可以在激情的推动下走向成功。
>
> 拿我自己来说，我读高一的时候一心想做个数学家，刚进入大学时又打算当一名出色的政治家，可直到大二时我才逐渐发现，自己无法全身心地喜爱数学和政治，学习成绩也只在中游徘徊。与此同时，我接触并喜欢上了计算机，每天疯狂地编程，很快引起了老师和同学的注意。
>
> 终于，在大二的一天，我做了一个重大的决定：放弃此前一年多在全美前三名的哥伦比亚大学法律系已经修成的学分，转入哥伦比亚大学默默无闻的计算机系。我告诉自己，人生只有一次，不应浪费在没有乐趣、没有成就感的领域。当时也有朋友对我说，做一个没有激情的工作将会付出更大的代价。
>
> 那一天，我心花怒放、精神振奋，我对自己承诺，大学后三年的每一门功课都要拿A。如果不是那天的决定，今天的我就不会在计算机领域取得这样的成就；如果不是那天的决定，今天的我很可能只是美国某个小镇上一名既不成功又不快乐的律师。
>
> 【资料来源：李开复.《做最好的自己》[M].人民出版社，2006.】

决策就是对你认为重大的事情所做的决定。生涯决策是指对生涯事件的选择和决定的过程。做决定是人成长过程中的重要环节，一些重要决定甚至可能成为一生的里程碑。在职业中有很多时间都需要做出有利于生涯发展的决定，求职者在职业选择、职业转换、职业与家庭等方面出现矛盾的时候往往会带来困惑，很难做出正确的决定。而一个正确的决定通常会带来积极的结果，相反则可能带来糟糕的结果。

第一节 职业生涯决策概述

一、职业决策模型理论

从20世纪60年代开始，人们对如何做出职业决策的过程和行为进行研究，希望在各种不同的因素作用下，能够进行理性的选择和决策。由此产生的理论主要由三种模型组成：描述型模型、诊断型模型、描述诊断混合型模型。

（一）描述型模型

由泰特曼（Tiedeman）和奥哈拉（O. Harn）分别提出，基本内容是，职业生涯决策是一个完整的过程，由一系列不断递进阶段组成，第一阶段是参与阶段，完成探索—定型—抉择—正式等工作，即了解和收集信息，确定几种可选择方案，并选择其中一种，再进一步给予检验；第二阶段是履行和调整阶段，完成定向—变动—调整等几项工作，即初步接受并履行所作的选择，努力完成工作任务并希望得到发展，然后在这一过程中，取得个人选择和环境要求之间的平衡。

（二）诊断型模型

奇兰特（Gelatt）等人认为，应该运用科学方法进行职业生涯决策。在强调主体价值观、期望值和客观可能的重要性的同时，以理性的方式进行决策，经过循环往复，以一定的标准计算出收益和投入成本之比，最大值者即是最优方案。

（三）描述诊断混合型模型

综合以上两种模型的特征，提出谨慎的决策者具有以下七个方面的特征。
（1）对各种选择方案进行广泛而全面的考虑。
（2）审查各种方案的价值和目标。
（3）认真权衡各种选择方案的正反两方面结果。
（4）获得相关信息。
（5）吸收所有得到的新信息。
（6）决策之前对选择方案进行反复审视。
（7）为实施方案准备条件。

二、职业生涯决策类型

人们在职业生涯过程中，经常会作出决策，这些决策将影响我们今后的职业发展，下面列出十种职业发展决策类型，对照一下自己，看看自己是什么类型。

1. 宿命型
一切都由命运掌握，跟随社会的发展即可，走到哪里就到哪里了，事情会自然而然地发生，让外部环境决定吧。

2. 直觉型
从内心深处感觉是这样的，就这样决定了，跟着自己的感觉走，相信自己的直觉。

3. 挣扎型
在众多选择中我该怎么办呀，这社会太复杂，无法选择，在各种选拔中不能自拔或前怕狼后怕虎，既想实现远大的理想，又不敢面对现实的无奈。

4. 麻木型
不愿作出选择，每天都在一种无职业意识的状态中度过，对外部世界的变化失去敏感，不愿为自己的职业发展多动脑子。

5. 冲动型
不经过策划和准备，直接就冲了出来，很少对未来进行思考和分析，按自己的第一个想法从事。

6. 拖延型

事情总会解决的，现在不用关心，不用谋划，"船到桥头自然直，车到山前必有路"，到时自然会有解决的办法，不愿对自己承诺，也不会承诺。

7. 顺从型

依附于组织或其他人，你说怎么办就怎么办，我是革命一块砖，你说向那里搬就往那里搬吧，让组织或其他人为自己做决定，按照别人的思路发展自己。

8. 控制型

认真分析自己和外部职业社会，综合考虑各方面因素，果断自信地决定自己的职业定位与职业方向，敢于自我承诺、自我挑战，有计划、有策略、有控制地发展自己的职业生涯，合理动态地管理自己的职业发展。

9. 紊乱型

该类型的人也认真分析过自己和外部职业社会，但职业方向在发展过程中，不断变化和调整，没有真正确定过到底要做什么，一会东儿一会西儿，自己把自己搞迷糊了。

10. 利益型

一切以金钱利益为核心，不管是就业还是创业，只要收入回报，不管适合还是不适合，不管感兴趣还是不感兴趣，什么社会价值，什么工作价值，都是次要的，主要是从中能得到什么好处。

三、影响职业生涯决策的因素

不是每个人都能成功地做好职业生涯规划决策，做出个人决策的过程对某些人而言很困难，尤其是在一些特殊的情境下。这当中会有阻碍因素，不利于我们做出规划。这样造成的影响导致我们职业选择不顺利，或是造成生涯发展困境长久无法突破。

什么因素会干扰我们做出有效的决策呢？下面列举的是最常见的三方面问题。对这些问题的意识和觉察，能帮助你采取必要的步骤而逐渐接近决策的成功。

（一）个人因素

1. 个人状态

要做出有效的决策，我们就必须保证我们在决策中身体、情绪和精神状况都处在巅峰状态。就像我们正在进行田径比赛，我们就需要处在巅峰状态并且做好准备，这样我们才能发挥出最高水平，从而使比赛的获胜机会最大。而疲惫不堪，或者紧张焦虑，或者无法集中精力于决策事件本身，都不能保证得到好的表现。这些道理听起来非常浅显，但生涯咨询师们发现，那些在生涯决策中感觉很困难的人，通常都没有处于"良好的决策状态"下。他们通常缺乏"生活管理技能"，使他们没有做出有效决策的基础。

2. 特质表现不佳

对于个性积极有主见者，在生涯发展路上较容易为自己铺一条适当的路。但有些人个性过于被动且缺乏主见或没有规划的习惯，抱着"船到桥头自然直"的态度，这些特质长久下来极不利于自己的生涯探索，属于"特质表现不佳"的一群。应加以真切地面对调整，才有机会改变职业状态。

3. 意志薄弱

个人生涯选择受到父母、他人影响的情形相当明显，因而往往忽略真正适合自己的选择，或者虽有少数能立定志向的人却往往因为不能持之以恒而放弃，或者失去毅力而放弃想要发展的方向。这时该去想一想：我的理想是什么？我的生涯目标是否投射了他人的期待？真正适合我发展的方向在哪里？哪些因素影响着我做适当的决定？我应该坚持哪些部分？然后朝自己掌握的方向去努力。

4. 生涯发展困扰高

许多人会因为他人的互动状况不佳或异性交往问题而明显影响其个人状态，从而无法全心投入事业。恶性循环的结果可能使个人越加无法达到自己理想的职业成就，这是属于"生涯发展困扰高"的一群。这群人极需回到根源处寻找困扰的来源或调整个习惯，才不至于错过适当的规划职业时机。

5. 行动犹豫

许多人虽然有着自己的想法与目标，但可能因为担心、害怕或缺乏信心等而迟迟无法展开实际的职业行动。像这类只规划却不能起而行之的人，就属于"行动犹豫"的一群。这时若能先建立信心或利用一些策略进行自我督促便可改善。

阅读资料

自我激励，增强信心的小笔记本法

在每天工作结束时，花5分钟时间做笔记，写下两件让自己感到快乐与满意的事，并写出自己哪些优点有助于这些事的达成。持续三星期，并把记录汇集到一张表格上。你将会发现，在这21天里你取得了很多成绩，发现了自己以前从来不以为意的优点和能力。通过这种自我激励，建立起自己的自尊心、自信心。

6. 学习状况不佳

在职业生涯中，学习是最重要的一件事。如果人所在的学习环境不满意，或学习心态不适当，则可能无法有好的学习态度，连带地使自己在为未来发展的准备上受到负面的影响，而成为"学习状况不佳"的一群。这时需要去觉察这现象背后的原因，从而在认知与行动上有所调整，才能自然地投入到学习中去，提高职业能力。

7. 信息探索不足

对目前社会或工作环境的信息太过缺乏，或不清楚信息取得渠道的人，属于"信息探索不足"的一群。应强化信息的收集与了解，因为有丰富的职业和个人信息才能有效率地做生涯规划。

8. 方向选择未定

有些人受阻于未来发展的方向模糊,而无法明确地规划,也无法为将来做出预期努力,这是"方向选择未定"的一群。这时应先多花时间去探索自己的职业兴趣、能力、社会现况等,找出方向才不会做错选择。

9. 专业选择不当

若个人所学的领域能与未来生涯有所契合,那么将更有助于进入专业领域的生涯发展中,然而许多人读大学或受培训时,常因某些因素而进入非原先所期待的科系就读,是属于"科系选择不当"的一群。这一群应先给自己一些时间沉淀,再通过其他方法(如做职业兴趣测验、与师长讨论、重新规划等),寻找合宜系所,考虑转系、转学、修辅系、双学位等的可能性。

(二) 家庭因素

无论你是年轻人还是老人,家庭成员以及与重要他人的关系,都会干扰有效决策的生成(当然,他们有时候也会很有帮助,但我们这里只关注出现问题的领域)。对于年轻人而言,问题可能来自家长;对于稍年长一些的,问题可能来自配偶、情侣或孩子。研究家庭系统和生涯决策的学者们已经观察到,那些与家庭其他成员高度融和或密切相连的人,往往在决策中很难保持自己情绪和心理上的独立。例如,如果一个人不能区分出"你(如某个重要他人)认为我应该选择什么专业"和"我认为我应该选择什么专业",并且"我"不能把这两方面完全放开,那么,"我"就有问题了。家庭成员之间无法就义务、经济、责任、内疚感、价值观等达成共识,就会使个体决策出现问题。

(三) 社会因素

从宏观上看,社会的、经济的、历史的和文化的力量都能够干扰个人有效决策的制定。同一社区的居民都面临国家经济衰退、性别或种族歧视等问题,年龄歧视也可能损害就业选择,从而使你的决策变得更复杂。

总而言之,这三方面的因素都会使决策变得困难,但它们很可能是许多决策过程中的一部分。有效的生涯决策者应该逐渐发展出一套策略,用以克服干扰决策的个人和社会因素。

第二节 职业生涯决策过程

职业决策对人生非常重要,决不能让别人来做选择。认识职业规划方法并充分使用它,这是每一个从事职业的人的职责。但由于我们的个体差异和个人偏好,很难对职业生涯规划或问题解决建立一个精确的按部就班的程序。

大学生的职业决策的一般过程包括以下几个方面。

一、认识问题，承担责任

当我们对职业前景感到困惑时，应决定采取行动来致力解决这一问题。只有当你意识到问题存在时，才能开始思考和解决诸如职业生涯规划之类的问题。有些学生以为他们只要在大学上上课就万事大吉。这类学生中的很多人可以轻松地完成学业，但是当毕业求职时，却发现自己需要求职，找一份工作，特别是能让自己发挥的工作是如此困难。若能够尽早认识到需要自己来设立职业目标并对此负责任时，就能积极投入到职业生涯规划过程中，并积极地筹划未来。

二、了解自己

分析自己性格特征，包括兴趣、需求、成就、能力和价值观。

兴趣是人们职业选择的重要依据。正如人们在日常生活中喜欢参加自己感兴趣的活动一样，具有一定兴趣类型的个人更倾向于寻找与此有关的职业，特别是在外界环境限制较小时，人们都会选择自己感兴趣的职业。因此，对个人的兴趣类型有了正确的评估后，就有可能预测或帮助人们进行职业选择。兴趣影响一个人的工作满意度和稳定性，一般来说，从事自己不感兴趣的职业很难让人感到满意，并会导致工作的不稳定。

三、制定职业生涯目标

一个人要获得事业的成功，应当按照人生成功的规律来制定行动的目标。也就是说，一个未来的成功者，必定是一个目标意识很强的人。所谓"目标意识"，就是指头脑中始终有清楚的目的，就像是准确控制的导弹一样，一直"咬"着目标不放，直到击中目标为止。当这个目标实现以后，它又会盯住下一个目标，直到事业的成功。职业生涯目标就是明确自己想成为什么样的人，担任怎样的职业角色。具体来讲是指想在职业生涯中达到怎样的职位，达到怎样的职称，成为专家还是事务性工作者。职业生涯目标可以分为四个层次。第一层是长远目标，是一个人内心永久的向往，如要成为一个什么样的人。第二层次是职业方向目标，如我最终要达到的职位、职称等。第三层次是较长期的目标，即5～10年的目标。第四层次是行动目标，即短期可以实现的目标。目标的制定是由远及近，从最终目标到最近目标来考虑的。而目标的达成则是由近及远的，先实现近期的，后达成远期的。

人生要确立一个什么样的事业目标，这要根据主客观条件和可能来加以设计。每个人的条件不同，所以目标也不可能完全相同，但确定目标的方法是相同的。下面将其基本要点做一介绍。

1. 符合社会与组织需求

职业生涯目标，如同一种"产品"。这种"产品"有市场，才有"生产"的必要。；因此在确定职业生涯目标时，要考虑内外环境的需要，特别是要考虑社会与组织的需要。有需求，才有位置。

2. 适合自身特点

不同的人有不同的特点。将目标建立在个人优势的基础上，就能左右逢源，处于主动有利的地位。我们要选择与自身长处相符或相近的目标。

人的才能，各不相同。目标选择不能偏离自身长处，否则便是自己跟自己过意不去，自己为自己设置前进道路上的障碍。有的人选择目标违背以上原则，单凭自己的爱好（爱好往往并不能与特长画等号），或者盲目追逐世俗的热点，就容易误入歧途。

3. 高低恰到好处

大学生的生涯目标，应追求符合实际的远大目标。在与实际相符合的范围内，自我确定的目标越高，其发展前途也就越大。"志存高远"就是说，当前的行动要立足于现实的大地上，心中要有符合实际的崇高而远大的抱负，定目标要瞄准"大目标"，无论从事什么工作，要出第一流的成果，当第一流的专家，当出色的领导者。既然从事那一种事业，不干则已，干就要干得出色。如此，则前途无量。

当然，目标也不能过高。如果目标过高，则使人悬在幻想的高空，在现实生活中必然一事无成，目标就失去了意义。盲目地过分提高目标中的"勉强度"，也会因好高骛远而招致失败。

4. 幅度不宜过宽

奋斗目标有高有低，专业面有宽有窄。在目标选择中是宽一点好，还是窄一点好呢？一般来说，专业面越窄，所需的力量相对较少。也就是说，用相同的力量对不同的工作对象，专业面越窄的，其作用越大，其成功的机会就越多。所以，职业生涯目标的专业面不要过宽，最好是选一个窄一点的题目，把全部身心力量投放进去，较易取得成功。

例如，某人想成为一名管理专家。此目标确定得太宽，因为管理包括许多领域，一个人的精力有限，要想成为各方面的管理专家，有点不现实。如果你想成为一名企业战略管理或品牌管理的专家，经过若干年的努力，就有可能实现。

5. 长短配合恰当

生涯目标是长期的好呢，还是短期的好？回答是应该长短结合。长期目标为人生指明了方向，可鼓舞斗志，防止短期行为。短期目标是实现长期目标的保证，没有短期目标，也就不会有长期目标。特别是在职业生涯发展过程中，通过短期目标的达成，能体验到达成目标的成就感和乐趣，鼓舞自己为了取得更大的成就，而向更高的目标前进。但是，只有短期目标，看不到远大的理想，也会影响奋斗的激励作用，还会使事业发展摇摆不定，甚至偏离发展方向。

6. 同一时期目标不宜多

就事业目标而论，同一时期目标不宜多，而应集中为一个。目标是追求的对象，你见过同时追逐五只兔子的猎手吗？所谓"一只手抓不起两条鱼"，也是这个道理。有的大学生年轻气盛，自认为高人一等，同时设下几个目标。我们的忠告是，那样的话，可能一个目标也实现不了。这不是说你不能设立多个目标，而是你可以把它们分开设置。具体说，就是一个时期一个目标，拉开时间距离，实现一个目标后，再实现另一个目标。

7. 目标要明确具体

目标就像射击的靶子一样，清清楚楚地摆在那里。干什么，干到什么程度，要有明确具体的要求。比如，从事某一专业，到哪年，学习哪些知识，达到什么程度，都要明确、具体地确定下来。

目标明确不仅指业务发展目标，而且与之相应的其他目标也要明确具体。比如，学习进修目标、思想目标、经济收益目标、身体锻炼目标等，这些目标也要有明确的要求。同时要做到互相配合、共同作用，促进个人的身心、生活和事业的全面发展。

8. 职业生涯目标要与生活目标结合考虑

人生除了事业目标外，还有财富、婚姻、健康等问题。这些问题都直接影响着人生事业的发展和生活质量。所以，财富、婚姻、健康也是人生的重要组成部分，在制定职业生涯目标时应加以考虑。

人生立志创一番事业，物质基础是必要的，没有一定的物质基础，事业也难以得到发展。所以，在制定人生事业目标时，适当地对个人收入问题加以设计是非常必要的。婚姻也是人生中一件大事，处理得好，有助于事业的发展，一生幸福；处理不好，不但影响事业的发展，而且终生痛苦。人人都希望健康、长寿，事业发展也离不开健康。

阅读资料

大学不同时期的职业生涯规划任务

以四年制本科为例，职业生涯规划的实施可以分为四个阶段，即大一试探期、大二定向期、大三拼搏期和大四冲刺期。时期不同导致职业生涯规划确定的目标和主要内容也不同，目标实现的办法与途径也会有所区别，如表6-1所示。

表6-1 大学生职业生涯规划任务表

时期	侧重方向	侧重目标	实施措施
一年级	认识大学；认识自我；进行生涯剖析，制定职业目标	初步了解职业；了解与专业对口的职业；提高人际沟通能力	与学长尤其是大四的学长交流，了解就业相关情况；多参与学校活动
二年级	夯实基础，查漏补缺；进行职业生涯设计	考虑未来走向，是考研、就业还是创业等；以提高自身基础素质为主	对目标细化和调整；参加社团或社会兼职，锻炼各种能力；增强英语、计算机等相关能力，获取相关证书；掌握其他知识
三年级	侧重拓展素质，科技创新，思考专业成才	加强自身综合素质；培养职业目标所需的各项能力；提高求职技能；确定考研还是就业	专业学习中认真思考，大胆提出自己的见解，锻炼独立解决问题的能力；参与社会实践，从事与专业相关及今后想从事的职业；学习写简历与求职信

续表

时期	侧重方向	侧重目标	实施措施
四年级	侧重择业、就业、创业	找工作、考研、出国等	检查此前的职业目标是否合理；了解用人单位信息；参加招聘会，强化求职技巧

四、执行决定

通过求职活动将你的职业决策付诸实施。职业目标确定后，行动变成了关键的环节。没有去努力实现目标的行动，目标就难以实现，也就谈不上成功。这里所指的行动，在职业生涯中是指落实目标的具体措施，主要包括工作、训练、教育等方面。例如，为达到目标，你采取了哪些措施提高工作效率？在业务素质方面，你计划学习哪些知识，掌握了哪些技能？在职业目标的实现上，要有具体的行动计划，这些计划应具体而明确，以便于实行和定期检查。执行决定过程中应注意以下几方面。

1. 选择好职业路径

"条条大路通罗马"，但我们必须选择适合自己的路径。在职业目标确定后，走哪一条路径，要做出正确选择。向管理方向发展，还是向专业方向发展；是先走技术，再转管理……由于职业生涯发展目标不同，所以采取的步骤也不同。

2. 要有坚持不懈的精神

职业目标的实施过程中，可能会遇到种种阻碍因素，导致目标不能顺利实现。这种情况下，许多人感到迷惑甚至灰心丧气，从而放弃进一步的行动。为了保证职业生涯目标的实现，事先对路途中可能遇到的不利因素做一个估计，想好应对策略。这样才不至于束手无策，中途放弃。即使碰到无法预计的困难，也要勇敢面对，想办法克服。

五、定期评估与反馈

我们处在一个快速变化的时代，计划需要因变化而调整。影响职业生涯规划的诸多因素是在不断变化的，有的变化可以预测，有的变化难以预测。在这种情况下，要使职业生涯规划行之有效，就必须对职业生涯规划做定期评估与修订。修订的内容包括职业目标的重新选择，职业生涯路线的选择，实施措施与计划的变更等。职业决策实施一段时间后，就要及时进行反馈，评估自身的职业决策，如果有太多的负面反馈，那就重复以上过程。

第三节 职业生涯决策常见问题探讨

对于每一个在校大学生来说，他们在毕业时面临多种抉择：就业、留学、读研或自己创业，等等，每个人都必须做出自己的选择。如果每个人都能未雨绸缪，有针对性地做好知识与能力的准备，就能使自己在激烈的竞争中占据主动，使自己的职业生涯发展赢在起跑线上。

一、就业还是考研

"就业还是考研？"许多大学生往往在这个问题上犹豫不决。许多应届毕业生之所以选择考研，原因主要有以下两个：首先，目前大学本科毕业生的就业形势不容乐观，考研能够暂缓就业压力、扩大就业门路和增加就业砝码。其次，考研是提高学历和自身能力的一种方式，便于以后有更大的发展空间。

"是直接就业好，还是考研好呢？"对于这个问题，相当一部分大四学生实在是难以选择。如果现在选择就业，单凭一个本科学历含金量实在不是很高，能否成功地敲开意向的用人单位的大门是一个很大的问题；如果现在只做考研的打算和准备，两三年后再就业的形势可能就不同了，将有什么样的变数谁也无法预测。

"考研能规避就业风险吗？"面对越来越严峻的就业形势，相当一部分大学生都考虑用考研的方式来减少和规避就业风险。虽然从2000年起，我国研究生招生规模不断扩大，数量也不断增加，但是如此快速的增长不可能满足更快增长速度的考研队伍，因为我国现有的研究生教育毕竟是高级别的精英教育，不可能成为一种大众化的义务教育。这就意味着必定会有一部分一门心思想通过考研的大学生最终无法考上，从而也可能错过了就业的机会。即使有一部分人通过自己的努力考上了研究生，那么两三年以后他们所学专业的就业形势与现在一样吗？有可能比现在还要严峻，事物总在千变万化，这种变化谁也不可能很准确地预料到。研究生毕业后即使起点高了，但社会经验和实践经验与已经就业数年的同行比起来，必定会显得单薄些，这从某种意义上来说，也不利于就业。

其实，"先就业再考研"也不失为一种两全其美的方法。在有较好就业机会的条件下就先就业，经过几年的职场历练后，通过了解目前的市场所需，市场缺什么样的人才，自己考研就有了一个明确的方向，不至于像无头苍蝇一样到处乱撞，造成人力资源浪费；而且此时自己已经有了一定的经济基础，不用太担心考研而带来的经济压力。

选择考研还是就业，要因人而异，每个人的学习、身体和经济等方面的条件都是不同的，关键是要根据自己的特点来做出适合自己的选择。而考研是否利于就业，至今也没有一个明确的定论。不过有一点需要注意的是，不管你是选择就业还选择考研，都必须摆正自己的心态，认清自己的位置，只有这样才能得到有利于自身特点的结果。

二、考研之路——一条崎岖的道路

近年来，考研持续增温。众多参加考研的同学试图通过考研，摆脱本科学历"大众化"带来的就业压力，从而造成了过去高考"千军万马过独木桥"的惨烈景象又在考研中重现。

（一）考研大学生常见心态

1. 有志于从事科研工作

部分同学确实对科学研究有浓厚兴趣，而本科阶段所学知识尚浅，不读研究生就不能在相关领域"登堂入室"。以法律专业为例,本科阶段大多只是公共课程方面的知识,法律专业知识还相对薄弱,以这样的知识结构和背景去从事法律研究,是不能很好地胜任的,读研后才能真正进入法律知识的理论领域,才能进行一定的研究。

2. 缓解就业压力

相信抱有这种心态的学生在考研大军中为大多数。为了将来能找到一份更好的、令父母和自己满意的工作,不少大学生决定暂时不就业,通过考研来延长自己的学习生涯,寄希望于几年以后就业形势的好转和凭借自己的高学历,在求职竞争中增加砝码,拥有更多的就业资本。

3. 出国留学的跳板

随着就业竞争压力的加剧,留学镀金也成了不少大学生的重要选择。本科毕业出国自费攻读硕士学位需花费大量的金钱,让很多工薪家庭无法承受,而已经在国内获得硕士学位的学生,相对来说,就比较容易申请到国外大学深造的奖学金,从而解决学费、生活费等问题,于是有的大学生便把在国内考研当做留学的跳板。

(二)考研需要具备的条件

考研前,一定要从实际出发,综合自己的优势,认识自己的劣势,充分评估自己勤奋、吃苦等各方面的情况。如果自己确实没有与别人竞争的优势和实力,那就不要错过现有的就业机会。并不是所有的人都适合考研,这需要具备以下条件:

1. 身体素质

俗话说:"身体是革命的本钱",拥有一个健康的体魄是做任何事情的先决条件。考研是一个艰难的过程,需要付出充沛的精力。如果没有良好的身体做保障,就等于说在起跑线上就输了别人一程。

2. 精神素质

考研是一场旷日持久的"战争",需要吃苦耐劳的精神和超出常人的毅力意志。如果不具备一定的精神素质,三天打鱼,两天晒网,那就很难在竞争异常激烈的"研民"队伍中胜出。

3. 经济后盾

考研过程中,涉及的各种复习资料名目繁多,目前图书的价格又普遍偏高,是一笔不能小视的数目;而且即使考上了研究生,其学费也是比较高的。这就要求必须以强大的经济实力做后盾,否则中间任何一个环节出现了问题,都将前功尽弃。这一点对于那些经济尚有困难的学子来说也是一个必须正视的问题。

挫折需要积极应对

心理困境:王同学,曾参加过三次研究生入学考试,目前仍在复习,准备第四次出击

心理咨询师:陕西师范大学心理学专家刘教授

访谈实录

王同学：我参加了三次研究生入学考试，失利了三次。虽然每次的考试成绩都有所提高，但一再失利也很让人焦虑。考了这么长时间，周围参加工作的同学都在赚钱养活自己，而我还在伸手向家里要钱，真不知道自己是否还有必要继续下去。

刘教授：这是典型的由挫折心理引起的考试焦虑。心理学上将挫折界定为一种情绪状态，即当个体从事某种有目的的活动过程时，遇到障碍或干扰，致使个人动机不能实现，个人需求不能满足，从而产生的消极情绪。其中，个人的自我评估和他人对个体的评估是挫折心理形成的重要原因。我想你的问题应该是后者，简单地说就是太在乎别人的看法了。

王同学：没办法。父母对我的期望很高，我却总考不上。每当过年回家，有亲戚问起我考研的事情，父母都会有些难以启齿，我觉得很丢人。

刘教授：你父母对你目前的状况怎么看？一般来说，人们面对挫折时往往采取两种态度，一种是积极进取的理智态度，一种是消极防范的非理智态度。前者会让挫折成为对成功有激励作用的因素，后者则会让人放弃目标，甚至造成伤害。

王同学：我想我是在消极防范。我这么执着地考研，父母表面上从未说什么，但我能感觉到他们对我越来越没信心，想要劝我放弃，但又怕我难过。因此我一直都躲着父母，很少回家，也很少联系他们。

刘教授：其实，对于他人的评价，特别是父母等亲人的评价，如果沟通得好，消极防范是可以转化为积极抗击挫折的因素的。你不妨把真实想法告诉父母，包括你明确的人生规划、长期坚持考研的理由，相信只要你有明确的想法，父母是会支持的。面对挫折，理智的态度有三种：一种是继续努力，克服重重困难，战胜挫折；一种是调整目标或降低要求，变消极因素为积极行为；还有一种是设置新目标代替旧目标。其中最关键的就是明确自己的实际情况，这样才能找到解决问题的方法。真正能够改变现状的人只有你自己。

三、留学——一种高风险的投资

近年来，"海归"虽不再像以前那样风光，更有"海归"变"海待"之说。但很多大学生仍希望自己的文凭含金量更高些，以使自己未来的职业生涯能更精彩，于是许多人便选择了出国留学。

实际上"海归"也分档次，不能一概而论。第一类"海归"是在国内已有工作经验、也有不低的学历背景，然后再出国进修，或者是在国外已有工作经历，真正"镀金回来"的。这些人士很受外资公司、民营和国企、高校青睐，并心甘情愿高薪聘请。第二类是在国外留学，没有专业工作经历的"海归"们。他们对一些发达国家的文化、经营管理和国际惯例比较清楚，但他们通常的想法是由于"投资"比较大，回国后想早点把当初的留学成本收回来，要求不低。第三类是在国外瞎混的人员。这包括一些高考成绩不理想，因为家庭条件较优越的人，自费出国混个洋文凭回来，这种人文凭含金量与实际能力不相符，回国后对职位要求却不低，因而容易成为"海待"。大学毕业生留学属于第二类，如果学有所成回国，能适当降低期望值，从基础做起，发展潜力还是很大的。

留学是一种投资，投资就必然存在风险。所以，决定留学时要做好规划，考虑学成后是回国还是选择移民，并理性地选择国家和专业。出国留学对个人来说是件大事，不管从经济的角度，还是从个人的发展前途考虑，都必须慎重。因此，在出国前，根据个人实际情况，对相关国家的教育情况进行了解、分析和比较，做到"知己知彼"非常重要。有关留学中介的负责人也表示，有意出国留学的人除了在咨询时多看、多听、多比较，对留学国家进行透彻了解以外，对于自身也应该有一个清楚的认识。

自测八题　看你是否适合留学

为了帮助中国学生自我审视是否"被留学"，李冠军列举了一些自测题，如果你对其中1~2个问题的回答是"是"，那么你极有可能存在"被留学"的倾向；如果是3个乃至更多的问题的回答是"是"，那么建议你需重新对留学做一个全面的规划。

题一：你是否在国内形成了良好的自主学习以及独立生活能力？
题二：你是否是自己选择留学并经过了长时间的考虑？
题三：你是否对海外学习状况和生活状态有一个全面的认识？
题四：你是否对自己的兴趣爱好以及未来职业发展有比较清楚的认识？
题五：你是否综合评定了你的学术水平，包括你之前的学习成绩、语言成绩等，而选择了适合自己的海外院校？
题六：你是否对各个国家的留学优势有所了解，并对你选定的留学国家有一个清楚的认识？
题七：你是否在留学费用（包括学习费用和生活费用）上有所准备，在没有全额奖学金的情况下，能够解决留学费用问题？
题八：请再一次自问一下，你是否是以接受更高教育质量，并通过留学达到自己在教育上的提升为留学目的？

第四节　大学生职业生涯决策方法及应用

一、大学生职业决策的考虑要素

在职业生涯发展过程中，我们会面临许多的决策。大学生职业生涯决策就是大学生为实现个人目标，在两个以上的备选方案中选择一个方案来进行分析判断的过程，它包括目标、两个或两个以上的备选方案、分析判断、抉择过程等要素。在具体抉择时考虑的因素可以包括以下六个方面。

（一）Who（人）

在大学生生涯规划过程中，人的因素非常重要，规划者应对自己正确定位、正解评价，在充分考虑相关因素后，再做决定。这时应考虑的问题是：①我是谁？我现在是谁？我将来是谁？②我喜欢什么样的工作？我为什么喜欢这项工作？③我具备什么特质和能力？我可以胜任什么工作？我的专长何在？④我父母对于我的期待是什么样的？

（二）What（事）

在做决定时，应充分考虑自己面对的机会，看到自己的选择范围，不被一时一事所困，用发展的眼光看待生涯抉择。这时应考虑的问题是：①我有哪些选择？②在选择的过程中，我面临的问题是什么？③每一个选择对我会造成什么影响？带来什么样的后果？

（三）When（时）

在职业生涯决策的过程中，还应考虑时间的紧迫性，并制订时间管理计划，限时完成资料的搜集、整理工作。这时应考虑的问题是：①该项选择容许我搜集资料的时候有多长？②我有多少缓冲期？③我预计完成的时间是多久？

（四）Where（地）

在职业生涯决策的过程中，空间的因素通常被人们重点考虑。这往往与人们的生活方式有关。这时应考虑的问题：①在我的生涯目标中，我向往什么样的工作环境与生活空间？②我对于工作地点和居住地点的距离是如何考虑的？我希望越近越好，还是喜欢住得远一些？

（五）Why（为什么）

这一思考在职业生涯决策过程中占有非常重要的地位，探讨自己的价值观与工作的关系，清楚自己做出抉择的理由。这时应考虑的问题是：①我职业生涯困惑的原因是什么？②我为什么偏好 A 而排斥 B？

（六）How（如何）

在职业生涯规划过程中，如何做是达成生涯目标的关键。这时应考虑的问题是：①我如何取舍？在取与舍的过程中我的依据是什么？②做完决定，我如何化概念、技巧、想法为行动？③我如何完成目标？④我如何进行时间管理？

二、大学生职业决策的原则及方法

（一）面化大学生职业决策的原则

职业生涯决策的过程就是选择与放弃的过程，每个决策情景都有两个或两个以上的选择可能，决策者必须自其中选择其一。例如，学生在高考录取时就其高分数而言，可能会有很多所学校和科系可能考虑，但是，学生只能选择一个。对于高考学生而言，这就是生涯抉择。每个决定带来的后果，他都必须承担。在考察生涯抉择结果时我们会发现：每个决定都有其优缺点，个体对于这些优缺点的态度与人格特质的成熟度有关。面对不如意，个体的心理反应有很大不同。在现实生活中，发现自己所选择的科系、未来的出路并不如自己想象中理想，有的人会大失所望，否定所付出的一切；有的人就会及时调整自己，发现现实选择的价值所在，重新树立更加切合实际的目标并积极行动。事实上，在人生的过程中，每一条道路都会有挑战，客观现实不以人的意志为转移，每个人的主观与客观都会发生冲突，是否能够顺利解决冲突完全在于个人的抉择与努力。

大学生职业生涯决策一般遵循以下原则：

1. 个体有利原则

在决策过程中，大学生主要考虑个人的得失平衡，最大限度地实现自身的价值。

2. 群体无害原则

在最大限度地实现自身价值的同时，大学生在生涯决策过程中还应遵循群体无害原则，即在不违反社会规范的前提下最大限度满足个人需要，实现个人价值。

3. 价值统一原则

在职业生涯决策过程中充分考虑自己的核心价值观与抉择各项目工作价值观之间的统一性。这对于一个人能否全身心地投入该项工作起着至关重要的作用，我们很难想象一个人可以全力以赴地从事自己认为毫无价值的工作。

4. 个性化原则

每一个个体的职业决策风格及方式受到该个体生活经验、成长经历及知识结构、认识结构的影响，大学生成长过程的个性化，直接导致了大学生职业决策的过程及结果的个性化。大学生在制定自己的职业生涯决策过程中特别应注意不能有攀比的心态，自己的职业生涯规划的制定、生涯目标的确立应该是适合自己的具体情况的，并且是切实可行的。

5. 目标可操作性原则

在进行职业决策过程中，目标的设定十分重要。一般而言，生涯目标应具有以下特点：

（1）目标明确，有的放矢。即目标要有针对性，它主要解决的问题要有明确性。

（2）目标是具体的。目标可以有具体的衡量标准、有实现目标的准确期限和有关的约束条件。

（3）目标是系统的。全面考虑决策目标在生涯发展中的主次、先后关系，建立起层次结构分明的目标体系。

（4）目标是切实可行的。目标的设立应依据个人的能力、所处环境对于目标实现的助力与阻力状况，避免凭空设想。

（5）目标符合规范。即决策目标实现的设立应符合特定规范。就大学生生涯目标而言，它应遵循社会规范、道德规范、法律规范等。职业决策的结果一定是可操作性的，应避免为了规划的完满而制定不切合实际的、超出了自己执行能力范围的、不可操作的甚至是"失范"的决策。

（二）大学生职业生涯决策的方法

现代科学技术的发展使大量的管理决策方法出现，如决策树、现值分析、收益矩阵、博弈论、边际分析、风险分析、优选理论和人工智能等，大学生生涯规划方法可以根据需要将这些决策方法运用到自己的生涯抉择中。在此，介绍几种常用的生涯抉择方法。

1. 头脑风暴法（Brain Storm）

头脑风暴法也被称作专家决策法，是指依靠一定数量的专家的创造性思维来对决策对象未来的发展趋势及其状况作出集体的判断。头脑风暴法分为直接头脑风暴法又和质疑头脑风暴法两种。

（1）直接头脑风暴法。它又称为畅谈会议法或智力激励法。它由美国著名工程学奥斯本于1939年首创。最早被用于广告的创作，后来发展为人们自由发表意见的一种会议形式。在会议上，成员可以无拘无束、自由奔放地思考问题，畅所欲言地发表自己的意见或看法，不需有任何顾虑。

这种方法实质是专家集体智能结构效能的发挥。会上成员通过相互启发和信息交流，产生思想共振，以致引发更多创造性设想。其原则是：第一，在会上，对别人提出的意见不许反驳或下结论；第二，欢迎和鼓励个人独立思考、广开言路、集思广益；第三，会上所提建议或意见越多越好，不必害怕彼此之间相互矛盾；第四，寻求意见的改进与联合，可以补充、发展和完善相同的意见，从而使某一方案更加完备。

（2）质疑头脑风暴法。它也是一种集体产生设想的方法。与直接头脑风暴法所不同的是，该方法需要召开两个会议，第一个会议完全遵从直接头脑风暴法的原则进行，第二个会议则是对第一个会议提出的已经系统化的设想进行质疑。

2. 决策树法

它是一种对决策问题的图形的表达，对多阶段的决策问题十分见效，它指明了未来的决策点和可能发生的偶然事件，并用记号表明各种不确定事件可能发生的概率，它把可行方案、所冒风险及可能的结果直观地表达出来，使决策者准确及时地做出选择。

3. 多品质效用决策模型

该决策模型应用在那些有几种选择、每一选择都使用量化标准进行评估的各种决策问题上，它为确定相关标准，收集有关信息，按一定目的对信息进行组织，在同一方式下为所有选择进行评价提供了工具。它的基本步骤如下：

（1）确定和列出相关标准和约束。

（2）确定和列出相关品质。

（3）确定每一品质的各级效用。

（4）确定各标准相对的重要性或权重比例。

（5）确定各品质的权重比例。

（6）确定约束和划去不能接受的选择。

（7）对可选择的项目做计算，定出最佳全局效用。

（8）考虑有无遗漏的标准，以及大分值的选择有无不利结果，然后最终做出抉择。

事实上，大学生生涯规划过程中，以上三种决策方法是被综合运用的，目前最常用的是在三种决策方法基础上的生涯平衡单法。运用生涯平衡单法进行决策的步骤如下：

（1）对各种被选方案的优缺点进行充分的讨论。

（2）在此基础上列出选择时的考虑因素，按照优缺点列出得失分数（1～10分）。

(3) 合计每个方案的优点总分（正分）和缺点总分（负分），两分相加得出得失差数。
(4) 按照自己对于各项的重视程度，给出权重比例（加权范围1~5倍）。
(5) 每一项原始分数乘以权重分数得出各项平衡分数。
(6) 将每一方案权重后的各项分数相加得出分数差数。
(7) 根据平衡单中各备选方案的得分情况做出选择。

在使用生涯平衡单法进行决策时，各项目的原始分数应根据决策者自己的想法而定；加权分数直接反映决策者对各项目的重视程度，在给出加权分数之前应进行充分的讨论；当最后分数出现后，选择结果和决策者内心深处有冲突时，应停下来重新考虑各项原始分数和权重比例，进一步对各项进行讨论，找出冲突的根本所在，使决策结果更加适合决策者的状况。

（三）职业生涯决策方法的运用

以上我们讨论了几种职业决策的方法，在大学生职业生涯规划过程中，经常会遇到选择的问题，很多学生在选择与放弃的过程中产生迷茫。

我们可以通过赵刚的职业生涯决策平衡单来直观地理解职业在大学生生涯规划中的作用。

赵刚是大学本科四年级学生，面临毕业，他有三种生涯方案可以选择，即报考公务员、在国内上研究生、出国深造。赵刚性格外向、活泼、能力强、自主性高，对于前途的思考，他心里很矛盾，既希望工作稳定，又希望工作具有挑战性。在与生涯规划老师讨论后，他列出了各个方案的优缺点（见表6-2）：

表6-2　劳动者类型与职业类型对应表

考虑方向	公务员考试	国内深造	国外深造
优点	1. 满意的工作收入 2. 铁饭碗 3. 不用再拼命读书、参加考试、写论文 4. 一劳永逸	1. 能及时了解国内相关产业发展状况，有利于将来的工作 2. 师长、朋友等人际关系的持续 3. 取得较高文凭 4. 工作后升迁较容易 5. 费用可以承担	1. 圆出国留学之梦 2. 增长见识，生活阅历丰富 3. 旅游 4. 英语能力的提高 5. 独立生活的能力 6. 工作后升迁较容易 7. 激发潜力
缺点	1. 工作较少变换，容易产生厌倦 2. 升迁困难 3. 转业困难，不想自己做一辈子公务员 4. 不符合自己个性	1. 学习压力大 2. 没有收入	1. 学习压力大 2. 语言、文化不适应 3. 费用较高 4. 挑战性高 5. 没有收入
其他	父母支持	女朋友的期望	1. 自己一直想到国外走走 2. 父母可以在经济上助一臂之力，但不是很富有

在表6-2中，赵刚根据自己的情况对三个方案的优缺点进行了充分分析，考虑到了自己和他人在物质与精神两个方面的得失，在此基础上，列出了自己的职业生涯决策平衡单及其考虑项目（见表6-3和表6-4）。

表6-3 赵刚的职业生涯决策平衡单（原始分数）

考虑项目 （加权范围1~5倍）	第一方案 （公务员考试）		第二方案 （国内深造）		第三个方案 （出国深造）	
	得（+）	失（-）	得（+）	失（-）	得（+）	失（-）
1. 适合自己的能力		-4	5		6	
2. 适合自己的兴趣				-3	4	8
3. 符合自己的价值观	5		3		7	
4. 满足自己的自尊心				-2	3	7
5. 较高的社会地位				-5	3	6
6. 带给家人声望	2		1		2	
7. 符合自己的理想生活形态	3		5			-3
8. 优厚的经济待遇	7			-1		-8
9. 足够的社会资源	2		8			-1
10. 适合自己的目前处境	5		2		1	
11. 择偶以建立家庭	7		5			-5
12. 有利于将来的发展		-6	5		8	
合计	31	-19	44	-1	45	-17
总分	12		43		28	

注意事项：
（1）每一项目的得失根据优点（得分）、缺点（失分）来回答，记分范围为1~10分。
（2）总计分数为合计每个方案的优点分（正）和缺点分（负），正负相加算出客观的得失差数。
（3）在给出分数线时，一定是出于自己的想法。
（4）每个方案的重要性体现在所给出的分数的不同上。

表6-4 赵刚的职业生涯决策平衡单考虑项目

考虑项目 （加权范围1~5倍）	第一方案 （公务员考试）		第二方案 （国内深造）		第三个方案 （出国深造）	
	得（+）	失（-）	得（+）	失（-）	得（+）	失（-）
1. 符合自己的能力（*5）		-20	25		30	
2. 适合自己的兴趣（*2）				-6	8	16

续表

考虑项目 （加权范围1~5倍）	第一方案 （公务员考试）		第二方案 （国内深造）		第三个方案 （出国深造）	
	得(+)	失(-)	得(+)	失(-)	得(+)	失(-)
3. 符合自己的价值观（*4）	20		12		28	
4. 满足自己的自尊心（*2）		-4	6		14	
5. 较高的社会地位（*3）		-15	9		18	
6. 给家人声望（*2）	4		2		4	
7. 符合自己理想的生活形态（*5）	15		25			-15
8. 优厚的经济待遇（*2）	21			-3		-24
9. 足够的社会资源（*2）	4		16			-2
10. 适合自己的目前处境（*5）	25		10		5	
11. 择偶以建立家庭（*5）	28		20			-20
12. 有利于将来的发展（*3）		-15	15		24	
合计	117	-60	148	-3	139	-61
总分	57		145		78	
排序	3		1		2	

注意事项：
(1) 每一项目的重要性因人、因事、因时、因地而不同。加权分数应根据项目的重要性与迫切性来确定，给出正整数。
(2) 将原始分数乘上加权系数，最后把得失分数差计算出来得出总分。
(3) 依据总分为各个方案排序。

在运用生涯平衡单进行职业生涯决策时，考虑项目可以根据自己的实际情况选择，将很多问题具体化。一般来说，考虑项目可以从自我、自己与环境、外在三个部分入手。

第一部分：自我部分。包括：自己的能力；自己的兴趣；自己的价值观；自己的心理需求（自尊、自我实现）；社会声望、社会地位；生活方式；自己的健康。

第二部分：自己与环境部分。包括：家人支持；社会地位；经济收入；社会资源；适合目前处境；择偶以建立家庭；与家人相处时间。

第三部分：外在部分。包括：工作环境（包括地理环境、办公环境、人际环境）；工作发展前景；工作内容有变化。

每一项目的得分一般为1~10分，权重分数一般为1~5分。

第五节 职业生涯成功

一、职业生涯成功概述

职业生涯成功是个人职业生涯追求目标的实现。职业生涯成功的含义因人而异，具有很强的相对性，对于同样的人在不同的人生阶段也有着不同的含义。每个人都可以，也应该对自己的职业生涯成功进行明确界定，包括成功意味着什么，成功时发生的事和一定要拥有的东西、成功的时间、成功的范围、成功与健康、被承认的方式、想拥有的权势和社会的地位等。对有些人来讲，成功可能是一个抽象的、不能量化的概念，如觉得愉快，在和谐的气氛中工作，有工作完成后的成就感和满足感。在职业生涯中，有的人追求职务晋升，有的人追求工作内容的丰富化。对于年轻员工来说，职业生涯的成功"易应在其工作上建立满足感与成就感，而不是一味地追求快速晋升；在工作设计上，设法扩大其工作内容，使工作更具挑战性"。

职业生涯的成功能使人产生自我实现感，从而促进个人素质的提高和潜能的发挥。职业生涯成功与否，个人、家庭、企业、社会判定的标准都存在一定的差距。从现实来看，职业生涯成功的标准与方向具有明显的多样性。

目前大家共识以下五种不同的职业生涯成功方向：

（1）进取型——使其达到集团和系统的最高地位。

（2）安全型——追求认可、工作安全、尊敬和成为"圈内人"。

（3）自由型——在工作过程中得到最大的控制而不是被控制。

（4）攀登型——得到刺激、挑战、冒险和"擦边"的机会。

（5）平衡型——在工作、家庭关系和自我发展之间取得有意义的平衡，以使工作不至于变得太耗精力或太乏味。

职业生涯成功的标准也具有多样性。国外一些学者在对多种公司的经理和人事专家进行调查后，根据他们的自我意识，系统地阐述了以下四种职业生涯成功的标准。

（1）一些人将成功定义为一种螺旋型的东西且不断上升和自我完善（攀登型）。

（2）一些扎实的人需要长期的稳定和相应不变的工作认可（安全型）。

（3）还有一些是暂时的——他们视成功为经历的多样性（自由型）。

（4）直线型的人视成功为升入企业或职业较高阶层（进取型）。

学者们假设这些职业生涯观念来自于个人的思维习惯、动机和决策类型，并成为指导人们长期职业生涯选择的根据。职业生涯成功与家庭生活之间也有着非常密切的关系。个人与家庭发展遵循着并行发展的逻辑关系，职业生涯的每阶段都与家庭因素息息相关，或协调或冲突。职业生涯与家庭责任之间的平衡，对于年轻雇员特别是女性雇员尤为重要。每个人在社会生命周期中都扮演着多种社会角色，"但我们作为子女、父母的角色是不可逆的。我们能放弃一项职业，却不能放弃这些角色。相反，我们要设法完成这些角色。"因此，家庭成员的意见对雇员的工作成效有重大影响。

二、职业生涯成功评价体系

要对职业生涯成功进行全面的评价，必须综合考虑个人、家庭、企业、社会等各方面的因素。有人认为职业生涯成功意味着个人才能的发挥以及为人类社会作出贡献，并认为职业生涯成功的标准可分为"自我认为""社会承认"和"历史判定"。对于企业管理人员来说，按照其人际关系范围，可以将其职业生涯成功标准分为自我评价、家庭评价、企业评价和社会评价四类评价体系，如表6-5所示。如果一个人能在这四类体系中都得到肯定的评价，则其职业生涯必定是成功的。

表6-5 职业生涯成功评价体系

评价方式	评价者	评价内容	评价标准
自我评价	本人	（1）自己的才能是否充分施展； （2）对自己在企业发展、社会进步中所做的贡献是否满意； （3）对自己的职称、职务、工资待遇等方面的变化是否满意； （4）对处理职业生涯发展与其他人生活动的关系的结果是否满意	根据个人的价值观念及个人的知识、水平、能力
家庭评价	父母、配偶、子女等家庭成员	（1）是否能够理解和肯定； （2）是否能够给予支持和帮助	根据家庭文化
企业评价	上级 平级 下级	（1）是否有下级、平级同事的赞赏； （2）是否有上级的肯定和表彰； （3）是否有职称、职务的晋升或相同职务责权利范围的扩大； （4）是否有工资待遇的提高	根据企业文化及其总体经营结果
社会评价	社会舆论 社会组织	（1）是否有社会舆论的支持和好评； （2）是否有社会组织的承认和奖励	根据社会文明程度、社会历史进程

职业生涯成功的方向和标准具有多样性，企业应根据员工的具体情况制定个性化的职业生涯开发与管理战略，这是对雇员人格价值的尊重；同时，企业也应根据自身的特点制定职业生涯开发与管理工作的战略目标和措施。通过两者之间的平衡，找到企业发展和个人发展之间的最佳结合点，促进企业和雇员的共同发展。

很多人认为只要找到自己感兴趣、擅长的工作，再加上必要的努力，工作就可以做好。可事实上，仅有努力是不够的，职业成功与许多因素有关，需要综合考虑，这其中包括找到适合自己飞翔的"职业天空"。积极自助者，天恒助之，我们相信，每个人内心中都有支持他走向成功的强大动力，激励他不断修正目标、完善自我，找到属于自己的天空。

案例导读

小张是某重点大学英语系本科二年级的学生，虽然经过高考她过关斩将以优秀的成绩考上了这所全国著名学府，但是她自己的学习及事业兴趣和英语无关。所以，自入大学以来，对英语专业的学习只是为了考试过关而不被退学，自己感觉很痛苦，想主动退学，遭到了家长、中学老师、朋友、同学的一致反对。

经过一段时间艰苦的探索，小张发现自己真正喜欢的专业是调香，自己的职业理想是将来做一名为社会带来美的享受的调香师，开一家香料跨国公司。在明确自己的职业方向后，小张对国内外大学进行了调研，发现国内高校中只有上海有一家高等教育职业教育学院有调香专业，而且是专科；在法国有些高校开设了调香专业的本科教学，但是，入学条件非常严格，学生在入学前必须具备辨别五百种香料的能力。

这时的小张陷入痛苦的两难选择之中：到上海去学习自己所喜欢的专业，就要放弃在名牌大学接受教育的机会，那么，自己十几年的辛苦就会付之东流，这也是很多人反对自己退学的原因所在；但是，如果选择继续在现在的学校学习，就要放弃自己所喜欢的专业，更重要的是由于自己不喜欢英语，学习成了负担，自己每天都感觉到是在浪费生命。如何能够做到两全其美，做出一个对小张损失最小的选择，成了小张最迫切的问题。在最痛苦的时候，小张找到了学校的职业生涯规划老师。

在耐心听取小张的陈述之后，老师就一些问题和小张进行了深入的讨论，最终，小张制定了自己的成长计划：不退学，找到学习英语的价值，培养对英语学习的兴趣，在原来的学校将英语专业学好，同时选修法语为今后进入法国的学校学习调香做准备；与上海的学校取得联系，自学调香过程，参加实践课程的学习；到自己现在所在城市的香精香料厂经营部门义务工作，做好五百种香味辨别能力的准备；学习人际交往技术；学习管理及营销技术；在必要时及时和有关人员进行专题讨论。

小张不喜欢英语，却被著名大学英语系录取，这恰恰是我们目前高考录取过程中学生职业生涯规划自然发生法的体现，这种情况在高校学生中并不少见。很多学生在升入高校后，苦苦寻求自己喜欢的职业方向和专业，有些学生只好在自己不喜欢的专业方向上痛苦挣扎，有些学生甚至于自暴自弃，将时间浪费在游戏、娱乐上。好在小张是个有心人，她在痛苦地学习英语的同时，积极地进行自我职业兴趣的探索，一方面了解自己的职业偏好，另一方面寻求达成自己理想目标的道路，这在高校本科二年级大学生中难能可贵。

小张的探索使自己明确了自己真正喜欢的事业，但是，理想的东西（调香）看起来和现实（英语）相差太远，所以小张产生了退学的念头。生涯规划的作用就是帮助学生在对自我及成长环境进行认真探索后明确自己的职业发展方向，制订切实可行的成长计划，积极行动，顺利达到自己理想的目标。小张的成长计划找到了由英语专业通往调香师的道路，该计划的落实需要小张付出比其他同学更多的努力。

素质拓展训练：
1. 影响职业生涯规划的因素有哪些？
2. 运用平衡单法对自己的职业生涯进行决策。

实训项目：职业生涯决策

一、实训概述

【目的及要求】

大学生从哪些方面来考量、把握自己的职业选择以及掌握什么模型来较为科学地评估自己的决策，是本实训项目的目的和要求。

二、实训内容

【项目背景】

在高校中有相当一部分学生对自己的职业决策缺乏科学的认知体系，通过本章的学习及训练，使学生能够有效地提高职业决策的科学性，避免盲目和盲从。

【训练步骤】

将本章中表"6-2 劳动者类型与职业类型对应表""6-3 职业生涯决策平衡表""6-4 职业生涯决策平衡单"中的方案改为"收入较高但自己不甚喜欢的工作""收入较低但自己比较喜欢的工作""继续深造"，这三种方案，其他各项不变；自制表格进行分析，最后做一小结。注："喜欢的工作"或"不喜欢的工作"最好是特定的，具体是什么工作，由学生或读者本人确定。

第七章

职业的适应与转换

心灵咖啡

寄语刚参加工作的年轻大学生

刚走上工作岗位的大学生缺少工作经验,要想进步快、出成绩就应做到:

学勤快。上级交代的任何事情都要尽力去做,不要偷懒;没有交代的事只要对单位有利,也要主动去做。例如,主动接听电话,"跑跑腿",打扫卫生,招呼客人,不要摆架子。

多请教。遇到不懂的问题要向别人多请教,不要不懂装懂或放在一边不管。不要随便请假或尽可能不请假,否则会引起领导的反感。

肯吃苦。单位一般都会将很单调的工作交给新手做,让其锻炼锻炼。因此新人必须能任劳任怨,不管工作多单调,都要努力去做好,不要认为自己大材小用。

善相处。刚到一个新单位,"人和"最重要,只要能与同事和睦相处,任何困难都可找人帮忙,不至于孤立无援。

忌冲动。新人遇到问题容易感情冲动,爱单刀直入,态度生硬,处事简单,易得罪人。因此,处理任何事情要三思而行。

莫顶撞。要跟上司建立良好的关系,凡事要克制,学会婉转拒绝,切勿随意顶撞。

少开口。所谓"祸从口出",不懂的事情不要随意发表意见,以免贻笑大方。

多学习。有机会和时间应多接受各种训练,以提高自己的工作能力。

守纪律。不迟到早退,服装仪容整洁,上班时间不聊天,不做私事。

职业适应是指高校毕业生在就业之初,为了能够很快进入角色,迅速完成向职业工作者角色的转变。职业适应也是大学生实现自身社会化的第一步。职业转换就是在职业生活中,由一种职业工作者向另一种职业工作者的转变,是职业角色的变更过程。

第一节 职业的适应

人们对职业的适应与不适应,主要是一个人的职业素质是否能够达到职业对人的要求,也是适应力的问题。职业对人来说都有适应力的一般要求和特殊要求,不同职业对人的不同要求就是对人的适应力的特殊要求,也就是对其素质优势的特殊要求。如果缺乏素质优势的基础,即使职业岗位给人提供的条件再好,也无济于事。

面对一个新的环境、新的岗位,求职者要有一个适应新环境、新岗位的过程。有的人能够很快适应,将自己融入新的工作环境,工作起来"如鱼得水";而有的人很长时间内仍显得与新的环境"格格不入",这就体现了适应能力的差别。就大学毕业生来讲,能够在短时间内熟悉新的环境,适应新的岗位,对个人的成才是非常重要的。

一、自我身心的适应

1. 观念适应

面对当今社会瞬息万变、日益复杂的情况，职业对人们思想品德素质的要求显得日益突出，随着社会经济的高速发展，整个社会的职业体系发生了很大变化。许多旧的职业开始在内涵上产生新的变化，甚至走向消亡，同时又有许多新的职业产生，甚至成为热门职业。这就要求人们首先要转变陈旧观念，形成适应于新社会职业体系的新思想观念。随着整个社会经济和文化的发展，社会生活日趋民主化、法制化。这就要求人们在具有强烈的职业道德感和责任感的同时，也具有比过去更强烈的法制意识和法制观。

2. 生理适应

社会职业的发展要求人们不断提高自身的生理素质。随着社会职业的发展，整个社会出现体力劳动脑力化的趋势。从表面来看，这种脑力化趋势似乎对人的生理素质要求开始下降。事实上，由于生理素质是一切活动的基础和保证，因此越是趋向脑力化，越应重视提高人们的生理素质。

3. 心理适应

社会职业的发展要求就业者提高自身的职业心理健康水平。社会职业的迅速变迁使得人们面临更大的工作压力，竞争加剧，工作和生活节奏加快，从而更可能引发精神上的疲劳、紧张、焦虑等不良情绪，影响心理健康，降低工作效率，给工作带来消极影响。因此，为适应当代社会职业的发展，人们必须增强自己的意志力、自控力、认识及心理调适能力，从而加强其对职业和社会的适应性。

二、岗位环境的适应

（一）岗位环境

岗位环境包括自然环境和人际关系环境。

自然环境是指工作单位所处的地区和地理位置、气候、交通状况以及周边单位等。刚参加工作的新员工有必要在较短的时间里熟悉自然环境。特别是应聘到完全陌生的地区工作，不知乘几路车、穿什么衣服、到哪里消费等，可能因为不会乘车而迟到或走冤枉路；可能因为着装不合时宜而影响身体或工作。当遇到这些麻烦时，往往就会产生不安全感，甚至影响工作情绪。

人际关系环境是指机构内部风气，涉及与上司、同级以及下属的关系。

工作单位是一个小型社会，它时时刻刻都在传达信息，告诉人们它对员工的要求以及规矩和限制。有些规定很具体，比如说，已经在工作描述和人事手册上形成的文字。还有些规矩是以微妙隐晦的形式表达出来的，如员工的穿着和谈吐风格、谈论话题、非官方领导结构等。这些微妙的线索一起构成了机构内部的风气，它也是维持工作环境稳定的纽带。熟悉这些，可以从中学到如何以合适的举止言行来满足需要和实现目标。

（二）适应岗位环境

1. 要尽快实现由学生到职业者的转换

开始做第一份工作时，不管事先做了多么仔细的考察或工作的选择有多么实际，都要面临接受现实、适应工作的挑战。工作与家庭生活或大学生活都不大相同，要留意与环境的关系、个人的形象、与他人交往的方式，另外还有上级在一旁的督促和评价。这种全新的体验常常会带来焦虑。最大的适应问题是从学校学习时的学生身份向工作的职业者身份的转型。从考试、做实验、实习到独立承担一份工作要跨越一大级台阶。在工作中要纠正错误，克服困难，自己鼓励自己。他人给予的责备或安慰已不再像学校里那么多了。

2. 学会接受工作现实

在工作中，失败的一个重要原因往往是不愿意接受工作现实，而是按自己的想象行事。适应新的工作环境需要时间和努力。可能一时不了解为什么这家公司要以这样一种方法来做事，那是因为现实生活中的工作方式与书本上讲的不一样。只有认真体味和仔细观察，逐渐适应环境，才能为成功地工作奠定基础。

3. 学会与管理者进行有效交流

刚参加工作都要碰到的一个问题是如何与管理者进行有效地交流。如果管理者不善于与人打交道，或对你存在偏见，甚至无能的话，麻烦就大了。不幸的是，这种问题仍需要员工设法来解决，因为员工是受聘于管理者的，除了服从管理者外，还要及时弄明白上司到底想干什么，当完全理解了他的意图时，要么积极地贯彻，要么采用符合自己身份的方式向他提出合理建议。

4. 学会与同事合作相处

同在一个单位，或者在一个办公室或小组，搞好同事间的关系是非常重要的。关系融洽，心情就舒畅，这不但有利于做好工作，也有利于自己的身心健康。在工作中有八种言行会影响同事关系：即该做的杂务不做；有好事儿不通报；有事不肯向同事求助；常和一人"咬耳朵"；总是说私事；神经过于敏感；拒绝参加同事自发组织的"小聚"；领导面前献殷勤。处理好人际关系要切忌上述八种言行，还要学会宽容。要想和同事相处愉快，对和他人要保持宽容之心，与他们和气地打交道。在合作时，要给予别人指导或自己接受指导，分享观点和奖励，这就需要耐心、友好、宽容、审慎和机智。具备了这些品质，才会赢得友谊和支持。

要学会与他人有效交流的方法，掌握在不同的层次上与人交流的技能。

第一个层次交流的技能包含：读、写、说。几乎所有的工作都需要口头交流，同时有许多东西要求阅读，如信件、报告、会议记录、备忘录等。另外，大多数机构要求职业者能够清晰明确地表达看法，并且思路有条理、词汇和语法正确，易于理解、老练成熟，说服力强。写出的东西要清晰而富有逻辑性，正确使用标点符号。要想交到朋友，和同事打成一片，还需要有非正式的交流技巧，如袒露心声，提出异议，使用得体的幽默和保守秘密。

第二个层次的技能是自我表达——告诉别人自己相信什么，立场是什么，需要的是什么。这便构成了有别于他人的"个性"，这也正是吸引别人的地方。还要让别人知道自己的价值观、无法容忍的事以及内心的感受。这种坦荡、透明的个性会得到同事和朋友的尊重与信任。

5. 学会化解和解决矛盾的方法

在同一环境中工作的人也许会有不少相同之处，但人们的工作方式、思维方式往往差别很大。当人们面临压力、责任不明确或个人需要得不到满足时，这种差别会导致矛盾的产生。采用正确的方法化解矛盾有益于改善工作环境中的人际关系。首先，不要让差异扩大，避免将几件事情混在一起做，问题一旦发生立刻着手处理。其次，直接与对方打交道，别另外拉进第三者。最后，避免通过责备对方把事情复杂化。要就事论事，不涉及其他。

（三）注意社会适应能力的培养

参加工作就进入了社会，为了适应社会，就必须学会进行社会活动所必要的各种知识和能力。

1. 职业技能

职业技能是从事某专业工作所需要的各种知识和能力，包括工作技能、对环境适应的能力等。工作技能的培养，应该从学校开始做起。一是要充分利用机会深入实际锻炼自己，如社会调查、学校集体组织的各项实践活动；二是要虚心向有经验的人学习；三是在实践中培养分析问题、解决问题的能力。通过以上三个方面实践锻炼，找到自己的不足之处，抓紧在校期间进行弥补。

2. 人际交往能力

人际交往技能是社会基本技能之一。人际交往能力的培养最主要的是要处理好以下几个方面的问题：

（1）虚心求教，克服嫉妒心理。

（2）培养待人宽宏大度的品质。在人际交往中要求大同存小异，待人宽厚，能谅解他人的难处，原谅他人的缺点。

（3）增强自信心，克服"社交恐惧症"。

大学生毕业后，经济活动、语言交谈，都少不了接触各方面的人，如不能谈吐自然，恰当交往，将影响个人的人际关系。所以，恰如其分与人交往的能力是每个大学生都应努力具备的。

3. 生活技能

生活技能是指生活自理的能力、独立解决生活中困难的能力。生活技能的高低直接影响一个人的成就大小。年轻的大学生应该在培养生活技能的过程中显示立世、立身、立业的本领。

三、尽快进入角色

一个人在自己的职业生涯中要经历不同的角色：学生、职业申请人、学徒或受训人、职员、顾问、主办人和退休人员等。每一种角色都有中心任务、主要活动以及特定心态。

由职业申请人转为学徒，只需要短短的时间，而再转为正式职员的时间不确定。不管时间长短，进入新角色的标志是一样的，要有自信心，在感情上对单位要有归属感，作为独立的个体作出贡献，找到和形成被人承认的专业领域的个人职业定位，与高级管理人员之间建立咨询关系。具体地说，所谓进入角色就是进入工作状态，能够承担和胜任本职工作。

1. 要珍惜岗位，树立敬业思想

当今社会是竞争的社会，行业之间、人员之间必须遵循市场经济规律，优胜劣汰、适者生存，所以要十分珍惜上岗的机会，要干一行爱一行。千万记住不敬业就会再失业。要努力工作，谦虚为怀。少攀比，不计较个人小利益。

2. 遵守岗位责任制

理解、贯彻指令，服从安排，无论到哪个企业，哪家公司，哪个机关、事业单位，都要时刻记住这一点，对岗位责任制就要服从并完成任务。分外的事，要在完成自己任务的基础上再去考虑。另外，上岗之初要给上下级一个好印象，也就是要"踢好头三脚"。要眼勤、手勤、腿勤，坚持做到"多想、多问、多做、少说"。

3. 提高工作效率

（1）要制订一天的工作计划。根据任务的轻重缓急，制订计划，必要时可随时修订计划。

（2）完成一项工作之后再开始另一项工作。不要两次拿起同一份文件——时间就是这样溜走的。

（3）定期清理所有的资料，无用的随时扔掉。

（4）每天下班前整理自己的办公桌。

（5）所有文件要分门别类地放好，不要把时间花在找东西上。

（6）建立个人信息系统。日历、地址簿、电子邮件信箱、效率手册等都会帮助提高工作效率。

（7）对上级和同事之间的工作问询要立即响应，拖拉不是好习惯。

（8）下班前再想一想，是否完成了当天的工作，还有哪些遗漏。

4. 追求卓越，适应新的工作环境

（1）与其因懈怠而生活在再次失去工作的恐惧中，不如努力工作去赢得同仁的认可。

（2）不断对自己的工作进行反省。一个从来不自我批评的人，一定经常遭到他人的批评。

（3）工作必须专注。对所有事情都感兴趣的人一定什么事也做不好。

（4）工作要有魄力，世界上没有什么不可能的事，昨天的梦想也许就是今天的希望，更可能在明天成为现实。

四、坚持终身学习

（一）人的终身学习是21世纪的生存概念

国际21世纪教育委员会向联合国教科文组织提交的《教育——财富蕴藏其中》报告中指出，教育的四大支柱才是学习的真正内涵——学会认知、学会做事、学会共同生活、学会生存。当然这是学习含义的最广义理解。具体落实到学校操作层面上，学习一般是指个体经验的获得，及由此而影响到个体行为变化的过程，包括学习兴趣、意志、情感的培养与学习能力的生成，形成个体的学习知识、心理、能力、品质、习惯等学习素质。学习素质的含义可以理解为个体在学习过程中掌握的学习规律、学习方法、学习能力、学习心理，具备的学习品质与习惯等因素的综合表现。

据科学预测，未来每十年就要发生一次职业革命，每次革命都要淘汰一批人，但同样造就一批新人。要成为新人，就必须迎接学习挑战，获取技能，方能在激烈的人才竞争中不被淘汰。

（二）必须树立终身学习的思想

21世纪的到来，大量先进的高新技术被更多、更快地运用到生产实践中，三大产业结构也由劳动密集型、资源密集型逐步向知识密集型、技术密集型转变。大量低效率、重体力岗位将被淘汰，取而代之的高效率、高科技含量的机器设备被运用到生产中，迫使用人单位越来越注重那些能驾驭这些设备的人才。因此，今后的人才需求将势必集中在那些具备高素质、能学习掌握新技术、新知识的可持续发展的高潜能、复合型的人才身上。21世纪是素质决定就业的时代，必须树立终身学习的思想。

市场经济的特征是竞争，优胜劣汰，适者生存。为了能在市场中站稳脚跟，各生产厂家纷纷注重对人才的选拔、运用，以降低成本，提高效率。因此在人员要求上，不但要看技术等级和熟练程度，更注重个人的能力与素质的高低。而在有限的大学学习期间里，掌握的知识、技能也是有限的，如果走上工作岗位不再继续学习，是难以适应社会快速发展的。

（三）如何进行终身学习

首先，要努力精通已有的专业知识和技能。其次，要结合本专业、本岗位学习，掌握岗位必需的有关知识。再次，要不断吸收新知识、新技术，更新旧知识，边工作、边学习、边提高，做到不落伍。最后，要向一专多能方向发展，也就是要努力做通才。只有终身学习，才能终身受益。

王兵同学的失败给我们的启示

王兵大学毕业后在一家药品销售公司工作，他想成为一名出色的业务员。但在经历几次碰壁之后，他认为做销售太难了，就想在学历方面高人一等，于是他发誓要考研，同事们经常见他拿着本外语书在看。

一晃，半年过去了，王兵的业绩依然平平。当同事们取得骄人的成绩时，他总是不以为然："走着瞧吧，没看到我正在努力考研吗？哪有时间来搞业务啊。"后来，王兵没有考上研究生。他又说，领导明知他要考研，还经常派他出去干别的事情，害得他没时间看书。由于他的业务不精，做事又没有主动性，公司最后只好辞退了他。

走上工作岗位的小松

小松今年二十三岁，刚刚大学毕业走上工作岗位。在最初的几个月里，他对周围的一切很不适应。小松说，工作单位与学校大不相同，除去休息日，每天必须按时上班，不敢有丝毫马虎。一到单位就有一堆工作等着要去完成。加之他的业务还不熟练，经常会遇到麻烦和难处，工作和人际关系上充满压力。上大学时大都是同龄人，说话行事都很随便，开开玩笑也无所谓。在这里就不行了，周围的同事大多是中年人，说话、办事都很严肃、认真，就是和他岁数差不多的年轻人也是一本正经的样子。大家说话都很有分寸，他也只能尽量少说为妙，免得说错话得罪人。

第二节 职业的转换

一、职业转换的原因

（一）职业转换的客观原因

1. 传统的劳动关系发生嬗变，使职业转化成为可能

纵观以市场配置为基础的劳动关系、劳动制度，它的嬗变可以概括为以下几个重要特征。

第一，市场经济默认劳动力的个人所有制，进而使劳动者的自主性人格得以确立。市场经济客观上默认劳动能力是个人的天然权力，承认劳动者的劳动力实属个人所有。这是实现市场就业配置劳动力的基本前提。社会尊重每个人自由支配自己劳动的权力，如体现在劳动者自由选择职业；自由地与用人单位洽谈工资、待遇、报酬等问题；自由地选择在何时、何地劳动，这说明市场经济条件下，劳动者真正是一个自由人。

第二，市场经济否定计划经济体制中的"一次分配定终身"的劳动制度，它确立劳动力的供给与用人单位需求的双向选择权利。在劳动力市场上的双向选择：其一是倡导人才流动，包括垂直流动与横向流动，这是合理合法的行为；其二是市场也确立需求方（用工单位）有权对劳动者进行考核、择优录用，这就是企事业单位有自主权。这种双向选择是劳动力市场（包括专业人才市场）优化配置的基本特征之一。

第三，市场经济确认每个劳动者的劳动价值和人力资本的价格，以市场上的供需规律来调节劳动力的配置。市场经济是以高工资、高福利待遇的利益导向来分流劳动力的。传统的计划经济，用行政手段来配置劳动力，这势必忽视和否定劳动力价值。市场确定劳动力价值，一般是确立人力资本价值，如上大学的比上中专的人力资本要高。因为前者的教育投入多于后者，其能力和知识一般也高于后者，因此劳动力价值也高于后者。而作为大学生参加工作，当然比作为中专生参加工作的收入要高些。市场经济把不同人力资本分成不同等级和不同的劳动力价值，它的实现形式也就是不同的工资价格。

第四，市场经济对劳动力的配置还强调了公平竞争性，确立能力至上的原则。在传统计划经济的行政配置下，可以通过"走后门""拉关系"找到好工作、好工种，甚至好的福利待遇。但市场化的配置是强调公平竞争、能力至上，因为在市场经济下用人单位本身就有一种产权约束，谁能给企业（公司）带来效益就录用谁。公平竞争也促使劳动者不断地提升

自己的素质，以适应劳动力市场的挑战。

第五，市场经济下的企业劳动组织是一种契约性机制。在用人制度上实行合同制或职工股份制这两种制度来确认劳动者的权利、义务和责任。市场经济也是合同经济，在企业用工制度上通过职工与企业签订合同来确立双方的法律地位和各自承担的义务和责任。而职工股份制是以财产的分享制来规范、制约职工（劳动者）的义务、责任和权利。无论是合同制还是职工股份制都明确地界定了劳动者的身份、地位、责任、义务和权利，这是市场经济下企业劳动关系有效发展的基本制度。

2. 产业结构调整，使下岗、转岗成为必然

知识经济的快速到来，高科技产业的迅猛发展，在不断创造新的就业机会的同时，迫切要求劳动力素质升级换代。一方面是劳动的知识含量越来越高；另一方面是生产作业方式开始从密集型向分散型，从工厂集体劳动向家庭、分散式劳动转化。处于工业化中期，甚至初期阶段的我国工业及其他产业，大部分开工不足、产品供大于求、出口量下降。这标志着我国产业结构正在迅速地向信息化、知识化产业过渡，有相当大一批人下岗正是这种趋势的必然反映。有人对1 000万下岗者情况分析，绝大多数属于"结构性失业"。这个事实说明，知识经济要的是人的质量而不是数量。产业进步越快，技术淘汰就越快，因技术落后造成失业的可能性就越大。

（二）职业转换的主观原因

1. 从业者个人素质较低导致被迫转岗

个人可能由于知识、能力达不到本职工作要求，被迫转岗。如办公自动化的岗位需要懂计算机的人员；搞市场营销要求员工既会开车又懂营销业务；从事业务洽谈需要懂外语等。在激烈的人才竞争中，如果你没有优势，就有被淘汰出局的可能。

2. 从业者个人的人格缺陷导致被辞退

有的人性格中存在明显的缺陷，处世方法不当，被"炒鱿鱼"或不适应环境而被迫走人；还有的人表现自私自利，刚愎自用，不善于听取不同意见，不能与人共事，缺乏合作意识等。这类缺点会导致上司和同事对你的人品和工作方式产生看法，也会直接影响团队人际关系及合作意识，如不及早纠正，不是被"炒鱿鱼"就是被环境"排挤"出局。

3. 本人专业不对口或能力优势得不到发挥而要求转岗

刚从学校毕业的青年学生，在第一次就业时表现的一般比较盲目，因为对岗位的选择机会太少，往往是急于找到安身之所，很少考虑专业对口，特别是岗位是否适合自己。在经过一段人与岗位的适应与磨合之后，可能会对自己和岗位有新的认识，会发现当前就职的岗位发挥不了自己的专长或优势，甚至职位、待遇也不合乎自己的理想，这时会做出转岗的新选择。

二、职业转换的原则

双向选择、自主择业的就业原则给大学毕业生就业和转岗提供了极大的选择自由度。过

去的一次分配定终身的情况不再有。从业者不仅在第一次就业时可进行多项选择，就是在就业之后也还可以跳槽，进行多次选择。这样宽松的人才流动机制应该是符合市场经济条件下人才流动的规律的。对于要进行职业转换的年轻从业者而言，不仅要看到大的社会环境，还应坚持必要的转换原则。

1. 比较性原则

把当前的就业岗位与待选岗位进行比较。比较的内容主要应该集中在岗位性质、知识能力的要求、工作环境、物质利益等几方面。经过比较，从诸多因素中选出适合自己的因素作为转换岗位的依据。还要把眼前利益和长远利益进行比较。有些岗位暂时显不出太大优势，但很有发展潜力和前途，如那些知识含量高的岗位或部门，在刚开始时可能不如某些商品流通单位的收入高，但高科技产业将来的发展前途肯定是看好的，我们在比较时，就不能只顾眼前利益而舍弃具有潜在优势的单位。

2. 个人愿望与社会客观实际相符合的原则

不论是出于哪一种原因需要转岗时，都必须坚持个人愿望与社会客观实际相符合的原则，即实事求是的原则。如果是单位结构调整等需要转换岗位的，作为个人要承认和面对这个社会客观实际；如果是本人不胜任工作等需要转换岗位的，不要怨天尤人，要直面现实、奋发努力；如果是认为自己的能力、特长没得到发挥，自己的价值未得到实现，而要求转岗的就特别要慎重，要认清自己，看自己是否有转到比目前岗位更好的岗位上去的实力。切勿盲目和主观臆断，如果现实中没有你想要得到的岗位，草率做出转岗决定就会使你陷入两难境地。

3. 主动性原则

改革开放以来，虽然出现了许多人被迫下岗的现象，但也有些人是主动丢掉铁饭碗去闯世界、建功立业的，这就是主动性原则。社会给人们提供了实现自我价值的机会，年轻人要敢于抓住机遇，主动迎接困难与挑战。当目前的岗位保不住时，决不能固守"围城"，而要主动冲出围城，去寻找新的发展机遇；当目前的岗位束缚自己发展时，不能患得患失，要主动给自己松绑，投身更适合自己发展的工作中去；当机会与困难并存时，要抓住机遇，迎难而上。成功是在创业中取得的，许多再就业成功的典型人物的事迹都证明了这一点，许多创业成功者的经验更是证明了这一点。

三、职业转换的准备

（一）职业转换的心理准备

1. 要有适应新岗位的心理准备

我们处在一个由计划经济向市场经济急剧转轨的时期，下岗、转岗是市场经济的必然产物。已走向社会的大学生对自己将要面临的形势要有足够的心理准备。一是要对市场经济条件下人才竞争的激烈性与残酷性有足够的了解与认识。未来的人才市场不仅对人的素质要求很高，而且人才之间竞争激烈，适者生存，劣者淘汰。二是要对市场经济条件给人才流动所创造的自由选择机会充满信心。

2. 要有艰苦创业、不怕失败的心理准备

许多人转岗是为了实现自己的人生价值和理想。当做出这种选择时，就要有艰苦创业、不怕失败的心理准备。很多成功者曾经经历过创业的万般艰辛和他们不屈的意志都告诉我们"天上没有掉下的馅饼"。创业的路上充满荆棘，对于刚进入社会不久的青年学生来说，一无经验，二无资金，要想转换一个自己理想的岗位，唯有脚踏实地，从零做起。

3. 转变观念，突破"围城"

传统就业等级观念，把职业分成三六九等，一些受此影响的人只向往当干部做"白领"、进国企、坐办公室等。这种择业观念犹如"围城"，会把一些人困在其中。在就业形势十分严峻的今天，我们应主动突破这种择业"围城"。俗话说："三百六十行，行行出状元"。职业本身无贵贱之分，无等级之别。著名教育家黄炎培先生曾说过："职业平等，无高下，无贵贱，苟有益于人群，皆是上上品"。由于城乡差别的存在以及城市民俗文化的影响，使一部分城市人和从农村出来读了书的年轻人产生了虚荣心，他们认为城市的门槛要比农村的门槛高，自己的身份要比有些人高，应该从事轻松舒适的职业。这种择业观念把许多等待就业的人困在"围城"之中，造成了一边是职工下岗，另一边是空岗无人的奇特现象。据有关资料统计，160万名外地打工者在上海一年赚走64亿元，而35万名上海下岗人员在抱怨没有工作。这不能不归结为陈旧的就业和择业观念。

4. 要确立职业社会化意识

职业社会化是指人一生都在与各种各样的职业打交道，获得对各种职业的认识，最终选择适合自己的职业，进而在职业中获得成功。个体职业社会化，即个体进行与职业有关的社会化活动，包括学习与职业有关的知识，形成一定的职业意识，以致有效选择和适应职业角色，有效应对失业、下岗后的再适应，乃至适应将来退休的整个历程。

确立职业社会化意识，有助于青年学生正确认识和确立既适合社会又适合自己的职业意识、职业态度、职业需要和职业动机，进而有目的地发展自己的职业能力和个性。

（二）职业转换的能力准备

无论是哪种原因需要转换岗位，要实现成功转换，除了必要的心理准备，还必须有足够的能力准备。过去，人们受"终身职业"观念影响，往往只满足于一技之长，很少注意储备多种技能和知识。于是，一旦失业便束手无策，难以在新产业部门中找到新的就业岗位。

对于大学生而言，职业转换的能力准备，主要是指知识、能力乃至更高的学历的准备。在准备转换或必须转换时，都必须衡量和补充自己的实力。如果需要为自己"充电"，补充知识，切不可盲目。当准备重新选择职业时，不妨做好以下几件事：首先，重新审视自我，评价自我，用一个社会人的眼光为自己定位。其次，研究对未来有哪些选择，又可以给自己做哪些改变；再次，为自己设计一个职业发展规划。最后，把它付诸实践。制订职业发展规划时，应注重五个方面的内容，它们是：确定职业目标；确定成功标准；制订职业发展的通路计划，即在职业生涯过程中由低到高，拾级而上的每一职位的学历、工作经历、技能和知识；明确需要进行的培训和准备；列出大概的时间安排。按照这个职业发展规划去安排自己的近期目标和长远目标，这样，行动会有的放矢，少走弯路，达到事半功倍的效果。事实表

明,越是经济发达地区,人才竞争越激烈,越是竞争激烈的地方,人们就越是主动或自觉地去补充、完善自己的知识和技能。

第三节 职业适应、转换的必备条件

决定求职择业、职业适应、职业转换成功与否有很多因素,其中最重要的因素是求职者的知识与能力。随着时代和社会的进步,人们对人力资源的开发越来越重视,现代企业已经把人力资源开发当做企业的三大部门(财务、销售和人力资源开发)之一。近年来,用人单位在挑选人才时,对应聘者的科学文化水平和知识结构要求越来越高。

一、具备结构合理的理论知识

知识结构是指一个人经过专门学习培训后所拥有的知识体系的构成情况与结合方式。合理的知识结构是担任现代社会职业岗位的必要条件,是人才成长的基础。现代社会的职业岗位,所需要的是知识结构合理,能根据当今社会发展和职业的具体要求将自己所学到的各类知识科学地组合起来,适应社会要求的人才。当今学术界对人才的知识结构主要提出了三种模式。

1. 宝塔型知识结构

这种知识结构形如宝塔,由基本理论基础知识、专业基础知识、专业知识、学科知识和学科前沿知识构成。基本理论、基本知识为宝塔型底部,学科前沿知识为高峰塔顶。这种知识结构的特点是强调基本理论、基础知识的宽厚扎实、专业知识的精深,容易把所具备的知识集中于主攻目标上,有利于迅速接通学科前沿。我国普通本科院校大多是培养这种知识结构的人才。

2. 蛛网型知识结构(复合型人才知识结构)

蛛网型知识结构是以所学的专业知识为中心,与其他专业相近的、有较大相互作用的知识作为网状连接,形如蜘蛛网。这种知识结构,是以自己的专业知识作为一个"中心点",与其他相近、作用较大的知识作为网络的"纽结"相互连接,形成一个适应性强、能够在较大范围内左右驰骋的知识网。这种蜘蛛网型知识结构的特点是知识广度与深度的统一,这种人才知识结构呈复合型状态。随着社会生产力的高速发展,这种知识结构的人才非常受社会用人单位的欢迎,进入中国的外资机构尤其重视此类人才。如北京经济技术开发区的外资机构在招聘人才时,有的就提出了需求各类复合型人才,如学工科的要有六级的英语水平。

3. 幕帘型知识结构

这种知识结构是指一个具体的社会组织对其组织成员在知识结构上有一个总的要求,而作为该组织的个体成员,将依其在组织中所处的层次,在知识结构上存在一些差异。以一个企业为例,企业对其成员的整体知识结构要求是,具有财会、安全、商业、保险、管理等知识。而对企业中处于不同层次的个人来说,要求掌握上述知识的比例是截然不同的,从而组成各自不同的知识结构。这种知识结构强调个体知识结构与组织整体知识结构的有机结合,它对于求职者的启示是，在求职择业的过程中，不但要注意所选职业类型在整体上对求职者知识结构的要求，还要了解所选职业岗位在社会组织中的位置及具体层次，以此来调整自己的知识结构，增强就业后的适应性。

二、现代社会职业岗位的要求

现代社会职业岗位对求职择业者的知识结构、文化素质的要求越来越高，用人单位为适应现代社会发展的需要，为在市场经济的激烈竞争中求得生存和发展，就必须合理配置自身企业的人力资源。因此，就知识结构而言，一方面对知识结构多样性的要求越来越多；另一方面对知识结构的实用性的要求也越来越强。

1. 国家机关、事业单位的工作人员知识结构要求

在国家机关事业单位工作的人员，一般根据不同的职业岗位层次，首先，要求具备不同的知识结构。现阶段，最低职位的文化水平要求是高中以上。随着现代化社会进程加快，对上述人员的文化水平的要求将越来越高。其次，对上述人员还要求有相关的业务知识，主要是与本职岗位有密切关系的业务知识，要掌握有关法律、经济、行政、管理等基础知识。最后，必须具备适应本职岗位需要的各种能力，即理解能力、判断能力、决断能力、创造能力、开发能力、表现能力、协调能力、涉外能力、指导能力、统率能力、调查研究能力及语言文字表达能力等。

2. 工程技术人员知识结构要求

我国现阶段对从事工程技术工作人员的知识标准，主要有：牢固掌握专业基础知识，掌握现代专业知识；有解决复杂技术的能力，对问题判断能够做到完整、客观；有系统的思维和抽象概括能力，能够选择最有效的方法和最新的设备、材料来解决问题；能够提出改进材料和设备的方法；有全面、周密的计划和组织能力；有具体分析困难和解决困难的能力等。

3. 社会科学工作者知识结构要求

作为一个社会科学工作者，应该有一个比较完善的知识结构体系，无论研究什么学科，都应该具有三个层次的知识结构。一是具有本学科的专门知识。其包括本学科的概念、体系、理论体系、研究工具、基础资料以及了解本学科的历史演变，熟悉本学科的现状和它们的发展前景。二是要有相关学科知识。以经济学为例，要包括哲学、政治学、法学、历史学、数学和有关的技术科学，这些都是相关学科。在一个学科中，由于研究的问题不同，相关学科也不一样，如经济学中，研究生产力布局的，一定要掌握经济地理知识，而研究货币政策的就不一定要掌握经济地理知识。三是一般知识不一定要求过多，但是必要的知识应该具备，如语法修辞知识、逻辑学知识等。专业知识是从事科学研究的基础，相关知识是专业知识的必要延伸，一般知识决定一个人的知识面，专业知识不牢固，似懂非懂搞研究工作是不行的；相关知识不够，会限制专业知识的引申和发挥；一般知识太少，难以开阔思路，启迪创造思维。

4. 经营管理人员知识结构要求

从事经营管理的人员，其知识结构应该是：能够深刻领会党和国家的各项方针、政策，

并能适应改革开放的经济形势；具备创新意识和精神；有高度的事业心和责任感；是本行业的生产技术骨干，且有比较宽广的知识面；具有较强的综合能力、果断的指挥能力、较强的控制能力；能及时发现问题，善于捕捉信息、沟通信息；具有良好的决策能力、较强的公关、社交、谈判能力；处理问题灵活机动、随机应变。

5. 自然科学研究人员知识结构要求

对于自然科学研究人员知识结构的要求是：有丰富的基础理论知识和较深的专业知识；有较强的逻辑思维能力和判断能力；善于发现问题，有较强的科研定向能力和创造能力；有较强的表达能力；有较强的计算机应用能力和科技鉴别能力；有较高的外语水平及掌握国内外信息的能力。

6. 军事人才知识结构要求

军事工作是流血的政治职业，相对于其他行业来说，军事人才的结构有其特殊性。首先，要有高度的政治素质，反对侵略，保卫和平，随时准备以生命和鲜血捍卫祖国的领土安全。其次，有高度的组织纪律，必须做到有令必行，有禁必止，保持高度的集中统一，才能完成各项战斗任务。最后，由于现代科学技术的高度发展，很多当代的高科技技术都首先运用到军事上，因此军事人才必须有较高的科学技术知识，才能驾驭高科技军事装备。

7. 财会人员知识结构要求

随着我国社会主义市场经济制度的逐渐建立和完善，社会对财会人员基本素质的要求越来越高。一般既要求他们具备熟练的专业知识，又要有较宽的知识面；熟悉与本职工作有关的政策、规章制度、法律，同时还要有一定的经济学、营销学和采购学等方面的知识；要诚实可靠，不得以权谋私、营私舞弊，并有较强的公关、社交能力。

8. 文艺人才知识结构要求

文艺人才，是指从事文学创作、文艺表演、文艺理论研究等方面的专门人才。这类人才的知识结构要求是：要有良好的道德品质，用马列主义的世界观和文艺观正确地观察社会、反映社会，全心全意为人民大众创作，以优秀的作品鼓舞人民、教育人民、引导人民。同时还必须具备各种专门文艺表演技能，必须掌握广博的社会知识、文艺史、文艺理论，以及较丰富的生活阅历等。

9. 涉外工作人员知识结构要求

涉外工作主要包括对外政治、对外经济、对外科技、对外贸易和对外文化交流与往来。对从事这些工作的人员知识结构的要求是：较高的政治素质、热爱祖国、掌握外交政策、自觉地维护祖国的利益和尊严；严格遵守外事纪律、保守国家和企业的机密；要有广博的知识、熟悉古今中外的政治、经济、文化、风土人情、风俗习惯等；精通对外业务；要有较高的外语水平；熟练掌握从事对外政治、对外经济、对外科技、对外贸易、对外文化交流与往来工作的具体涉外业务；在对外交往中，要有较好的礼仪仪表，熟悉社交礼节等。

10. 公关工作人员知识结构的要求

在社会主义市场经济环境下，公关工作越来越引起人们的重视，而且从事此项工作的人员也越来越多。公关工作人员的知识结构要求是：要以自己的人格魅力征服公众，在公关活动中，要给人们留下真诚、热情、可信的好感；靠自己高尚的人品去赢得社会公众的了解、支持和爱戴。公关人员必须把本单位、本企业的形象放在第一位；要善于学习、分析判断、把握机遇，为领导提供高质量的决策信息；要有广泛的社交能力，干练的办事能力，善于与各种人员打交道；要能写会说，能写就是有较高的文字写作表达能力，会说就是要有较好的口才。

三、适应职业需要的实践能力

走出校门的大学毕业生，虽然有了一定的知识积累，但并不等于有了各类职业岗位所需要的应用能力。知识不能和应用能力完全画等号，所以大学生在完成学习任务的情况下，应培养一些适用社会需要的实际应用能力。在某种意义上说，能力比知识更重要，大学生只有将合理的知识结构和适用社会需要的各种能力统一起来，才能在求职择业中立于不败之地。对于大学生来说，除了具有从事本行业岗位的某些专业能力外，还须具备一些共同的基本能力，概括起来主要有以下5种能力。

1. 决策能力

决策是人类社会活动的一个重要环节，决策涉及各个领域，涉及社会的所有人，大到国家的政治、经济、军事、文化等，小到家庭、个人的打算。从日常生活到改造自然、改造社会都与决策有关。所谓决策能力，就是对未来实现目标的决断和选择的能力。良好的决策能力可以对实现目标和手段做出最佳选择，人们的决策过程是一种活动的思维过程，其中心环节是选择，要对各种方案做出优劣判断、进行取舍。因此平时训练和培养自己的决策能力是十分重要的，培养决策能力要从小事做起，不要事事让别人拿主意，要养成多谋善断的习惯，才能不断地提高自己的决策能力。

2. 创造能力

创造能力是指人们在改造自然和改造社会的活动中所具有的发明创造能力。能力人人皆有，只是水平高低、作用大小不同而已。只有思维敏锐和有创新精神的，能在自然和社会发展中的难题、新问题面前充分地发挥其创造才能、以新颖的创造去解决问题的人，才称得上创造性人才。培养创造能力必须做到：一要有远大的奋斗目标，有理想、有抱负，有强烈的创造欲望，有胜不骄、败不馁的精神；二要有敏锐的创新精神；三要有批判继承和开拓创新精神。任何发明创造都是继承和创新相结合的产物，人们要有效地创新，就要继承和吸取前人的经验和教训。批判继承性和思维独立性的统一，是创造能力必备的思维方法；四要有坚定的意志和顽强的毅力。

3. 社会交际能力

所谓社会交际能力，就是人通过语言和非语言符号与他人传递思想感情与信息的能力。在现代社会，培养良好的社交能力是一个人事业成功的重要条件。在社会上从事各项工作都需要一定的交际能力。通过交往，可以使自己的设想和创造得到实践的检验和认可。积极参加社会活动，是提高交际能力的基本途径。同时还要提高自己的交往技巧，以使别人能准确、完整地接受你的正确思想。许多事业成功者都是借助于良好的人际关系，促使自己事业成功的。

4. 熟练的操作能力

实际操作能力，是专业工作者必须具备的一种实践能力。在一切社会活动中，尤其是教学、科研和生产第一线，没有熟练的操作能力，都是很难胜任的。操作能力包括4个方面：一是迅速性，是提高效率的重要条件；二是准确性；三是协调性；四是灵活性。大学生为了提高自己的操作能力，应该多看、多练。看得多、接触得多，才有可能提高自己动手操作的技巧和能力。

5. 组织管理能力

组织管理能力是指成功地运用管理者的知识和能力影响机构的活动，并达到最佳的工作目标。组织管理水平的高低，已经成为影响一项工作、一个部门、一个单位工作好坏的重要因素。尽管不是每个毕业生走上社会后，都从事组织管理工作，但是每个人将会在工作中不同程度地运用组织管理能力。现代社会表明，组织管理能力不仅是领导干部、管理人员要具备的，其他专业技术人员也应当具备。现代科学技术已经综合化、社会化，科研规模日益扩大，协作趋势日益加强，这就有一个组织协调问题。同时，现代社会的科学技术高度发展，每一项工作完全依靠一个人去完成，是不可能的，都有一个相互协调、相互配合的过程。如果没有一定的组织协调能力，专业技术工作也是不能很好完成的。

四、健康积极的思想和心理

大学生在求职择业、职业适应、职业转换过程中要有积极健康的思想和心理。要树立自信心，自信就是一种"天生我材必有用"的理念。自信与狂妄的区别，就在于是否正确地估量自己，是否正确地认识现实，正确地认识和估量环境及所遇到的困难。如若遇到挫折，要有坚定不移的意志。意志是成功的核心因素，是人们行为的自觉性、果断性、顽强性的体现，只要目标合理就坚持不懈地干下去的一种个性品质特征。

正确认识自己、了解自己，也是求职择业、职业适应、职业转换过程中树立健康积极的思想、心理的基础。每个人在求职择业、职业适应、职业转换过程中都要认真分析自己的能力，研究可能遇到的困难，要寻找或转换到这样一份工作——自己喜欢干，而且能干好的一项工作。隔行如隔山，每个行业都有自己的职业语言。职业语言是一种壁垒，它将不熟悉这行的人拒之门外，也可以使强行闯入者摸不清东南西北。所以知己知彼是迈向成功的钥匙。

在求职择业、职业适应、职业转换过程中，要清醒地认识到，今天的热门专业，明天可能就要饱和了；今天不发达的地区，明天也许将成为我国经济建设的"主战场"。所以要用发展的眼光、长远的眼光来指导自己的求职观。

思考题

1. 什么是职业适应，包括哪几个方面？
2. 岗位环境包括哪两个方面？如何去适应？
3. 简述职业转换的主客观原因。
4. 如何才能做好职业转换的准备？

实训项目：对所选职业适应情况的预判断

一、实训概述

【目的及要求】

在完成职业认知、职业选择、及职业生涯决策后，我们的职业生涯规划呼之欲出。但在此之前还必须从实践的角度预判断对所选职业自身的适应性如何，必须做好一但出现适应不良的情况如何转换的准备。完成以下项目任务，明确对所选职业适应情况的预判断。

本项目要求学生能从自身身心情况及岗位环境出发客观、准确地预测进入职业角色适应、发展情况。如果可能出现失误，能评估自己所具备的职业转化条件及可能性，为自己的职业生涯规划的确定完成最后一项保障。

二、实训内容

【项目背景】

仔细回顾自身身心适应与岗位适应所需注意的各个方面，盘点尽快进入职业角色所需的技巧，做好职业适应与职业提升的准备。重温职业转换的各项原则，用积极健康的心态面对职业选择。

【训练步骤】

1. 设想你进入自己所选择的公司中已满三个月，你能描述一下自己在公司是什么样子吗？如果你要继续在这个公司做下去，你还可以在哪些方面有所提高？有哪些具体的措施？

2. 当发现自己所选择的职业已不能符合自己的设想时，你会选择努力适应还是做职业转换？你做决定时会考虑哪些因素？

第八章

职业生涯规划设计

> **心灵咖啡**
>
> 　　心理学家曾经做过一个这样的实验：组织三组人，让他们分别向着10千米以外的三个村子进发。
> 　　第一组的人既不知道村庄的名字，又不知道路程有多远，只告诉他们跟着向导走就行了。刚走出两三千米，就开始有人叫苦；走到一半的时候，有人几乎愤怒了，他们抱怨为什么要走这么远，何时才能走到头，有人甚至坐在路边不愿走了；越往后走，他们的情绪也就越低落。
> 　　第二组的人知道村庄的名字和路程有多远，但路边没有里程碑，只能凭经验来估计行程的时间和距离。走到一半的时候，大多数人想知道已经走了多远，比较有经验的人说："大概走了一半的路程。"于是，大家又簇拥着继续向前走。当走到全程的3/4的时候，大家情绪开始低落，觉得疲惫不堪，而路程似乎还有很长。当有人说："快到了！""快到了！"大家又振作起来，加快了行进的步伐。
> 　　第三组的人不仅知道村子的名字、路程，而且公路旁每一千米就有一块里程碑。人们边走边看里程碑，每缩短一千米大家便有一小阵的快乐。行进中他们用歌声和笑声来消除疲劳，情绪一直很高涨，所以很快就到达了目的地。

　　心理学家得出了这样的结论：当人们的行动有了明确的目标的时候，并能把自己的行动与目标不断地加以对照，进而清楚地知道自己的行进速度和与目标之间的距离，人们行动的动机就会得到维持和加强，就会自觉地克服一切困难，努力达到目标。

第一节　制订学业计划　提高职业能力

　　大学期间大学生正处于职业生涯的探索期，探索期的规划与行动，将会对未来的职业生涯发展产生深远的影响。每个大学生都应认真制订大学学业计划，为职业生涯奠定坚实基础。

一、大学生学业计划

　　大学生的学业是指学生在高等教育阶段所进行的以学为主的一切活动，是广义的学习，不仅包括科学文化知识的学习，还包括思想、政治、道德、业务、组织管理能力、科研及创新能力等的学习。
　　大学生学业计划，是指大学生对与其职业目标相关的学业所进行的安排和筹划。具体来讲，是指大学生通过自我认知、职业认知、确定职业目标，进而制订学业发展计划。大学生学业计划能有效地帮助大学生明确学习目的，增强自我约束力和自我管理的能力，提高学习的积极性和主动性，引导大学生积极向上和自我完善，并有助于大学生进行自我定位，计划大学期间的学习活动，为今后的就业打下坚实的基础。换言之，大学生学业计划就是解决为什么学、学什么、怎么学、什么时候学等问题，以确保自身顺利完成大学学业，为成功实现就业或开辟事业提高竞争力。

在当前实际中，有不少大学生入学后很盲目，对自身的学业计划缺少设计或计划过于模糊，大学期间没有明确的目标和努力方向，学习缺乏动力，消极被动，成绩多不理想，最终导致求职竞争力不强，求职中屡屡碰壁。

美国哈佛大学曾在30年前对当时在校学生做过一份调查，发现没有做学业规划的人占27%，学业规划模糊的人占60%，有短期学业规划的人占10%，长期学业规划清晰的人仅占3%。30年后经过追踪调查发现第一类人一般生活在最底层，长期在失败的阴影里挣扎，第二类人生活达到温饱，第三类人则进入了白领阶层，只有第四类人为了实现既定目标，几十年如一日，奋力拼搏，最终成为百万富翁或是行业领袖。由此看来，大学生尽早进行科学的学业规划设计十分必要。

二、如何制订大学学业计划

（一）制订学业计划的准备

一份有效可行的学业计划一定是在充分并且正确地认识自身条件与相关环境的基础上制订的。

1. 正确分析自我

制订学业计划，首先要对自己有一个充分的了解，包括兴趣、特长、性格和各方面的能力等。可从个人成长经历和社会实践中予以分析，并结合科学认知的方法和手段，明确自身已经具备的能力和应该培养的能力。

2. 充分认识环境

制订学业计划，还要充分认识相关的环境，评估环境对学业发展的影响。一方面要认识大学阶段学习、生活的特点，认识本专业、本行业的特点及其当前形式与发展趋势；另一方面要分析社会发展的需要。

大学生应将上述几方面的分析相结合，确定自己的学业发展方向。

新学习，新开始

大学生活与中学生活有很多的不同之处，特别是在学习方面有很多变化需要去面对和适应。面对这些你准备好了吗？

学习内容的变化——大学学习内容广、课程多、难度大。

中学阶段，我们学习的课程一般只有十门左右，并且主要是一般性的基础知识。大学开设的课程可以分公共课、基础课、专业基础课、专业课四个层次，每一层次又包括许多门课程。在大学里，我们要学习的课程在40门以上，内容量大，因而学习任务要比中学重得多。大学一、二年级主要学习公共课程和基础课程，大学三年级主要学习专业基础课和部分专业课，大学四年级重点学习专业课和进行毕业设计、毕业论文答辩。大学的课程分为必修课与选修课。必修课是指学生为完成本专业的学习任务、取得本专业的学位证、毕业证书，所必须学习的课程。必修课中有公共课如大学语文、大学英语、高等数学、思想道德修养与法律基础、邓小平理论、毛泽东思想概论等，所有的学生都必须学习；必修课还包含专业基础课和专业课，是根据不同专业的人才培养方案而确定的，是本专业的学生必须学习的。为了提升学生的综合素质，学校还开设人文类选修课程，学生按规定选修人文课程、取得相应学分后，才能毕业。选修课包括专业选修课、公共选修课，前者面向本专业学生，而后者则面向所有专业的学生。

学习方式的变化。

中学学习的主要方式是课堂讲授，授课环节安排得具体而紧凑，作业练习的量大、课堂提问频繁。而在大学里，老师的课堂讲授相对减少，学生的自学时间大量增加。大学的教学计划还会安排大量的教学实验、专业实训、实习、社会调查、毕业设计等教学环节。

学习方法的变化。

在学习方法上，中学时期，老师教学生是"手拉手"领着教，学生学习的自主性、独立性较弱。而大学老师则是引导式的教学，提倡学生自主学习，要学会合理安排自己的学习、合理分配自己的时间，逐渐地从"要我学"向"我要学"转变，不采用题海战术和死记硬背的方法，提倡勤于思考，提倡创造性地学习。

管理方法的变化。

高中每个班都专门配备班主任，学生的学习、生活、课余活动都是由老师、家长全程安排、全程"监管"的，学生很少有自己独立支配的时间。而在大学，班主任的职责更多的是在人生观、价值观方面给学生以指导，介绍专业发展方向，辅导学生规划学业和职业，不再像中学班主任那样全方位的步步紧跟。并且很多班主任是由专业课教师兼任，他们同时还承担有教学和科研工作，客观上也不可能一直跟班管理。这种管理方法的变化，导致很多新生入学后一个极大的不适应，就是从原来一直"被严格管理着"到"突然没人管了"，心理上无所适从，又不懂得自我管理，从而放任自由。因此大学生如何尽快地缩短"适应期"，实现从别人"管着"，到自己"独立、自主"的过渡，实现从接受知识的学习到创造性地学习，从被动管理到自我管理，意义重大。

（二）确定大学学业目标

结合自己的理想、现有的条件和制约因素，确立整个大学期间的学业目标，并将学业计划分解成若干个小目标，制订实现小目标的任务要求、执行方案，最终实现自己的整个学业。没有切实可行的目标作为驱动力，人是很容易对现实妥协的。

大学的学业计划不能只局限于对专业的学习上，而应包含多方面的内容，其中主要包括合理的知识结构、科学的思维方式、较强的实践能力和全面的综合素质。因此，在确定大学学业目标时应把构建合理的知识结构、培养科学的思维方式、锻炼较强的实践能力和提升全面的综合素质等方面内容结合起来。

可以通过以下步骤来确立自己的学业目标：

第一步：明确自己的职业理想，未来的发展方向——从事何种职业？打算成为一个什么样的人？还可进一步考虑毕业之后的几种选择方向，例如：

（1）选择继续深造。部分大学生认为本科、硕士研究生毕业后工作会更好找，工作会更优越，待遇会更好。

（2）选择本专业就业。也有很多大学生对本专业的工作感兴趣，而且认为专升本或考研不容易，竞争激烈，而且越往后就业压力会越大。

（3）选择其他专业就业。有些大学生认为现在自己所学专业前景不是太好，应该跟随时代的步伐，找一个更适合自己的专业就业。可以通过选修课程的学习或自学、储备相关知识，为自己创造机会。

（4）选择自我创业。大学期间，学校与社会为大学生提供了丰富的锻炼机会，如大学生创业大赛、科技活动周，各种大学生创业优惠政策等。不少学生在积极参与的过程中，个人能力得到了充分的锻炼和提升，因而他们自信能开创一片属于自己的天地。

第二步：确立大学阶段的总目标。目标的确立，应综合考虑多方面的因素，比如，专业素质、英语、计算机、身体素质等应达到何种水平？专业能力、社会实践能力及其他多方面能力的提升，社会工作经验的累积以及个人的特长发挥应达到何种程度？人格的完善、学习习惯的培养、人际关系的融洽、自身缺点的修正等应达到什么标准？等等。

大学生应具备什么样的能力？

哈佛大学心理学家霍华德·加纳的研究表明，成功人士所具备的能力一般包括七个方面：逻辑性及数理性能力、语言能力、空间能力、自我内省能力、洞察人性能力、体育能力、音乐能力。结合我国目前实际，很多学者认为，大学生应具备的能力主要有决策能力、组织管理能力、实践操作能力、适应能力、竞争能力、创新能力、社交能力、沟通能力、表达能力和积极心态。

（三）大学学业目标的分解

在制订出学业总目标以后，要对总目标进行自上而下的分解，即制订学习计划。这可以按照以下的思路进行：在校期间总的学习目标——年的学习目标——学期的学习目标——月的学习目标——周的学习目标——日的学习目标，再将目标进一步分解细化为可以采取的具体步骤。从而使自己的学业计划落实到学习生活的每一天，确保学业计划的严格执行。

三、大学学业计划的实施

没有实施的措施，再好的计划最终也只是一纸空谈。实施措施，应包括学习、社会工作、实践等多方面的措施。例如,为达成学习目标,课堂学习采取什么措施?课外学习应包含哪些内容?通过哪些措施来养成哪些学习习惯?怎样提高学习效率?在全面素质培养及能力提升方面,采取哪些措施以培养哪些素质、提升何种能力?在专业实训及实习中,采取哪些做法以掌握何种技能?自己身上还有哪些潜能,可以通过什么方法予以开发?等等。

四、大学学业计划的评估

在实施过程中,应及时地对环境和条件做出评价和估计,对自己的执行情况做出评估。在市场经济条件下,由于现实生活中种种不确定因素的存在,使得学业计划的设计具有一定的弹性。我们应该及时反省和修正自己的学业目标,变更实施措施与计划。做到定期评估:每年、每学期、每月、每日进行检查、评估,进而分析原因和排除障碍,找出改进的方法和措施。

五、激励和惩罚

激励能使人的潜能和积极性激发出来,惩罚可以有效地防止惰性的产生。可以将自己的学业计划告诉老师、家长,当完成计划时得到他们的鼓励,当未能完成计划时得到他们的帮助;也可以告知自己的同学,两人可以互相比拼,互相激励,共同进步。

【例文8-1】

我的大学生学业计划(部分)

目标:优秀的大学毕业生

大学目标清单(见图8-1)。

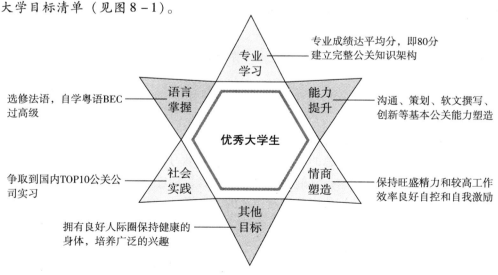

图8-1 大学生生涯目标

其具体的年度计划如表8-1所示（以大三、大四学年为例）。

表8-1 年度计划

项 目	目标重点	计 划
大三上学期	新闻传播 语言水平	备战职业生涯规划大赛和相关比赛，应征新闻记者，系统掌握公关传播方面知识，备战BEC高级，自学粤语
寒假	实习 英语水平	福建鑫辉塑胶有限公司实习，丰富电子商务知识继续备战BEC高级考试
大三下学期	语言水平 组织管理	继续作为新闻记者，参加BEC考试，选学法语，参加以公关策划为方向的较大型比赛，重点学习公关危机管理
暑假	实习	公关公司实习
大四上学期	学习能力 公关知识	继续学习法语，自学掌握中级公关员考试教材，强化国际营销知识，有选择参加校园、网络招聘
寒假	考试准备	准备中级公关员资格考试
大四下学期	就业能力	出色完成毕业论文和答辩，不放弃最后专业学习，参加公关员考试，全面了解企业招聘信息，提升就业能力

其月计划如表8-2所示，周计划如表8-3所示。

表8-2 月计划

时 间	事 件	时 间	事 件
2007年9月	9月10号主持辩论队换届选举并继续任队长，17日为辩论队招新。目标：完善辩论队体制。9月月底应征校新闻记者。目标：积累新闻写作经验，了解媒体传播	2007年10月	10月13日、14日参加广州市体育舞蹈选拔赛。目标：获得进入省赛资格。10月月底策划在全校性"广外杯"辩论赛。目标：在全校掀起辩论风，促进各学院辩论队成立
2007年11月	11月月底策划"广外"第二届体育舞蹈大赛。目标：更多参赛选手，更专业化流程，更大影响力	2007年12月	公关知识积累和英语能力积累
2008年1月	准备各科考试。目标：充分复习，从容应试，专业课平均成绩达80分	附注：	2008年1月19—2月24日放假（2月7日春节），2月25日开学。目标：实习、教授英语、备战托业

注：由于时效性问题，这里只规划了大三上学期的每月计划，大学剩余的月计划我将在每个学期的开头制订妥当。另外，每周的学习和知识积累仍然按表8-3所示的周计划表执行。在每个月可能会出现一段集中时间的小忙，还可能出现其他的突发工作，在繁忙期间，我将制订"日程表"（此表略），将每日需办事情按重要程度罗列，尽量做到学习和校园工作两兼顾、两不误，有侧重。

表 8-3 周计划

项目	星期一	星期二	星期三	星期四	星期五	星期六	星期日
起床时间：7：15　　7：25—8：25　　看英语报纸，复习前天背诵的英语单词							
第一大节	英语笔译	宿舍英语早读	宿舍英语早读	宿舍英语早读	图书馆自习	根据一周情况，适时调整学习策略 关注时事新闻 关注行业动态 进行体育锻炼 观看英语、美语、粤语电影 其他	
第二大节	市场营销调研（全英）	广告学（全英）	旁听政管学院公关课程	机动时间（可选择旁听其他课程）			
第三大节	图书馆自习	中国古典舞基础训练（通选课）			消费者行为学（全英）		
午休时间：13：15—14：15　　13：15分前可选择适当娱乐或自学粤语							
第四大节	营销战略管理（全英）	旁听财务管理（全英）	公共关系学（任选）	参加校内活动讲座时间若无活动，自修	消费者行为学（全英）		
第五大节	图书馆自习	机动	图书馆自习		图书馆自习		
晚19：00—20：00	自主学习和活动	自主学习和活动	练舞	大学城舞队训练时间	自主学习和活动	大学城舞队训练时间	略
回到宿舍，洗漱、休闲时间：22：00—24：00 入睡时间：00：30　睡前30分钟背诵英语单词1单元							

▓ 为学校课程设置时间　　░ 为自主安排时间

自习内容：（1）各科专业课复习和完成课堂作业；（2）英语语法和英语作文水平加强，TOEIC备考；（3）专业相关课外阅读（范围参见读书计划）；（4）自我兴趣阅读

注：表8-3的制定背景为一般情况，它的执行具有弹性，并非一成不变，我将根据实际情况调整，但是若无特殊情况，原则上坚决执行。

大学生涯其他目标执行细目：

拥有良好的人际关系：拥有良好的人际关系，可以使心情愉悦，可以解决很多事情。成功的PR人更是需要有一等一的人际关系！

执行方案：

（1）主动关心舍友，改掉不好的生活习惯，勤收拾桌面、勤打扫宿舍卫生、无特殊情况尽量早睡，不打扰舍友睡眠。

（2）关心班级同学，班级事务积极出谋划策，班级活动积极参加。

（3）在其他社交圈或团队中，当作为被领导者时，要服从领导，积极提出有建设性的建议，做好本分的工作，但不过分强势。当作为领导者时，要多多听听周围的声音，吸收别人正确意见。

培养广泛的兴趣：大学生涯仅剩两年，不能被繁重的学业和各种实践压垮，我要仍然保持广泛的兴趣，这样才能有一个时时有idea、时时心情开朗、时时有战斗力的我！

执行方案：

（1）经常关注时事新闻，访问各类博客，阅读各类电子杂志，了解社会百态。

（2）继续鉴赏了解喜爱的服装设计和室内设计作品，继续设计各类海报和图片作品。

（3）有机会就去旅游，在山水间陶冶和放松自己。

（4）继续进行舞蹈训练，参加专业体育舞蹈大赛，将它发展成一个专长。

（5）有好的讲座就去听，拓宽视野，少走弯路。

（6）有节制地看粤语、英语版的电影、电视剧，偶尔让脑袋彻底地放松一下，给自己一些人生的启发，同时还能锻炼一下听力。

自我建设健康工程：健康是革命的本钱，没有健康，一切都无从谈起！

执行方案：

（1）养成好的生活习惯，早睡早起，特别是早睡（晚上00：30分之前）。

（2）每周至少一次体育活动（校健身房锻炼或打羽毛球、跑步等）。

（3）少吃辛辣、热气食物，少吃油腻食物。每天吃饭八分饱，刚刚好。

（4）保护好视力，不持续长时间盯着电脑屏幕，适时休息。

【专家点评】

以上学业计划选自广东省第四届大学生职业生涯规划大赛总冠军王颖的作品。这份计划目标明确——优秀毕业生；目标分解清晰、全面——包括专业、能力、语言、情商、社会实践以及其他；时间计划合理且易执行——年、月任务具体，周、日时间安排可操作性强；不愧为一份优秀作品。如果我们拿起笔来，根据自身的学业目标制订一份详尽的学业计划并付诸行动，我们在毕业之际一定会立于不败之地。

第二节 职业生涯发展规划设计的撰写

一、大学生职业生涯规划撰写步骤

大学生的职业规划应有别于一般的工人、农民等阶层的职业规划。由于文化程度和其他一些原因，工人、农民等阶层的职业规划可能只是保存在他们的脑海里，埋在心底里，默默地、一步一步地去实现。大学生已经接受了高等教育，有较高文字功底和文学水平，设计并写作出自己的职业规划方案并不是一件难事。精心撰写一份实用而又有效的职业规划方案显得十分必要，日后需要经常拿出来，参照它来进行评估、调整。

撰写大学生职业生涯规划应遵循以下几个步骤：

（一）自我认知与定位

自我认知与定位是个人职业生涯规划的基础，也是能否获得可行的规划方案的前提，可以通过自我评价、他人评价和人才测评来完成。自我评价主要是自己进行冷静的自我审视、自我思考，为自己作出一个比较客观的评价；他人评价主要是通过询问他人对自己的看法、让他人填写调查问卷或座谈等形式获得；网上或书上提供的测评工具进行人才测评是现今比较科学的自我认识方法之一，受到人们的肯定。通过自我认识、他人评价和网上人才测评可以清楚自己的职业兴趣、职业能力、个人特质、职业价值观、胜任工作的能力。以此为依据选择合适的职业和决定职业路线。一篇成功的职业规划方案，必定是人职匹配的。

（二）职业环境分析

每个人的职业生涯都必须依附于组织环境的条件和资源，必然受到一定社会、经济、政治、文化和科技环境的影响。环境提供或决定着每个人职业生涯的发展空间、发展条件、成功机遇和前进的威胁。编制个人职业生涯规划之前必须认真进行环境分析。可以通过访谈、文献搜索、调查等多种形式，对自己的家庭环境、学校环境与自己理想职业相关的社会环境、行业环境、地域环境、企业环境、职业环境进行分析。这一步不可忽略，否则，职业规划方案就没有根基。

（三）确立职业生涯目标

职业生涯发展目标指出了大学生个人未来职业发展的方向，是职业生涯的方针和纲领，因而职业生涯目标的确立是职业生涯规划的核心。职业生涯目标的确立应当建立在自我剖析、环境认知和自我定位的基础上，做到符合自身特点、符合组织和社会需求，注意长期和短期相结合，协调统一职业目标、生活目标、家庭目标等。

大学生应该首先确立一个适合自己的长远目标，树立职业理想。在此基础上，确定大学期间的学业目标，制订大学期间的学习计划。再分解制订学年计划、学期计划，而后再细化为切实可行的短期计划——月、周、日的计划。学年、学期计划和短期计划务必具体、切实可行，应包括实现计划的步骤、方法与时间表等。

（四）制订行动方案

一份有效的职业生涯规划必须有确实可行的行动策略。具体的、可行性较强的行动方案会帮助学生一步步走向成功，进而实现目标。在确定职业生涯目标后，就要制订相应的行动方案来实现它们，把目标转化成具体的方案和措施。

制订行动方案，要考虑的主要问题包括：为达到目标，在专业学习方面要学习哪些知识，掌握哪些技能，提高哪些实际操作能力；在实践方面，应采取哪些措施来提高工作效率，需要累积哪些实践经验；在能力提升方面，通过哪些措施来提高何种能力，等等。这些要点都要有相应的表格进行跟踪，以便定时进行检查和纠偏。

对大学生来说，这一步骤中最重要的是与职业选择相对应的教育和培训计划的制订。对于已经制订的计划，要认真思索并采用途径去实现它，尽自己最大努力做得更好。比如，对某方面的专业知识，是选择系统学习，还是咨询专家，听讲座，再或是参加社会实践，力求寻找出最有效的方案。方案的制订因人而异，因专业和学科而异，因环境而异，必须视具体情况做出具体分析，切不可照搬他人或书本上的方案。

（五）撰写职业生涯规划方案

职业生涯规划方案的撰写要建立在以上工作步骤所形成的基础之上。工作充分、信息充足才可动笔写作，不能急于求成。近年来，经过数以万计的大学生对职业生涯规划设计的实践，经过众多职业指导老师的辛勤探索、无数专家的反复研究，基本归纳出了一个通用型职业生涯规划设计模版，可供参考。但撰写时还应结合自身具体情况有所调整、有所创新。

二、职业生涯规划设计

职业生涯规划设计即是职业生涯规划书的撰写。职业规划书的基本内容包括封面、目录、正文、结束语四大部分。

（一）封面

封面一般由基本信息、职业规划撰写的时间与励志短语等内容组成。

封面示范：

职业生涯规划设计书

姓名：

性别：

年龄：

籍贯：

身份证号码：

学校及学院：

班级及专业：

学号：

联系地址：

邮编：

联系电话：

E-mail：

职业规划书形成时间：　　　年　　　月　　　日

封面设计提示：如果我们设计的职业规划书要与同学交流，封面的个人基本信息要详尽；如果仅作个人收藏，个人信息可简单，但职业规划书形成的时间不能漏，时间的记录对日后的职业生涯管理、评估和修正都有作用。封面还可以插入与主题相关的励志短语（如规划人生 成就未来）和图片，使职业规划书更具内涵和美观。

（二）目录

目录一般包括以下内容：

1. 序言（前言）
2. 自我认知
    2.1 职业生涯规划测评 ....
    2.2 橱窗分析法 ....
    2.3 360°评估 ....
    2.4 自我认知小结 ....
3. 职业认知
    3.1 外部环境分析 ....
    3.2 目标职业分析 ....
    3.3 职业素质测评 ....
    3.4 SWOT 分析 ....
    3.5 职业认知小结 ....
4. 职业生涯规划设计
    4.1 确定目标和路径 ....
    4.2 制订行动计划 ....
    4.3 动态分析调整 ....
    4.4 备选规划方案 ....

（三）正文

按上述目录分别提出以下要求。

1. 序言（前言）

要求：主要抒发个人对职业规划意义的理解。做职业生涯规划设计的前提是对职业生涯规划有深刻的认识。

例如：在就业压力日趋激烈的今天，一个良好的职业规划，无疑能给自己的未来职业发展奠定坚实的基础，能给自己在未来的竞争中增加一份自信。而如今，身为大学生的我们，在这人生发展的重要阶段，不能任时光虚度，而应努力充实自己，为自己的明天储备必要的知识和能力。未来掌握在我们手中，抓住这宝贵时光，为自己的未来之路设定一个前进的方向。不断迈进，相信我的明天一定会很美好。

2. 自我认知

（1）职业生涯规划测评结果。

要求：如果运用网络测评软件进行职业生涯规划测评，在职业规划书上应充分采用测评报告中的图表来体现测评结果，这样会一目了然，较为直观（见图 8-2 和图 8-3）；如运用书本的测评量表进行自我测量，则要求学生自己按指导语进行测量、总结、对照等，最终得出测评结果。

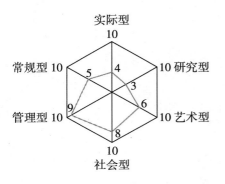

图 8-2 职业兴趣测评结果

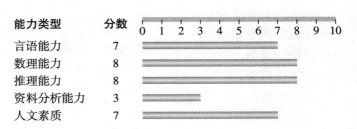

图 8-3 职业能力水平构成图

（2）橱窗分析法。

橱窗1："公开的我"。

橱窗2："隐藏的我"。

橱窗3："潜在的我"。

橱窗4："背脊的我"。

（3）360°评估（见表8-4）。

表 8-4 360°评估表

项　　目	优　　点	缺　　点
自我评价		
家人评价		
老师评价		
亲密朋友评价		
同学评价		
其他社会关系评价		

（4）自我认知小结。

自我认知小结提示：综合自我评价、他人评价和测评结果进行概括性的小结。

例如：

"我是什么样的人？"——我是一个事业心强，注重个性发展的人。

"我喜欢做什么"——我喜欢从事能充分发挥个人能力的项目性质的工作。

"我适合做什么？"——我善于从事与组织、策划、协调相关的工作。

结合上述所有分析：我希望在毕业后从事某项策划工作。

3．职业认知

（1）外部环境分析。

①家庭环境分析。

②学校环境分析。

③社会环境分析。

④目标地域分析。

（2）目标职业分析。

①目标职业名称。

②岗位说明。

③工作内容。

④任职资格。

⑤工作条件。

⑥就业和发展前景。

（3）职业胜任力测评。

提示：运用网络测评软件测量的，可充分采用测评报告中的图表来体现测评结果；运用书本测评量表自我测量的，应按指导语进行测量、总结、对照等，最后得出测评结果。

SWOT分析（见表8-5）。

①我的优势（Strengths）及其使用。

②我的弱势（Weaknesses）及其弥补。

③我的机会（Opportunities）及其利用。

④我面临的威胁（Threats）及其排除。

表8-5　SWOT分析

外部因素 →　　内部因素 ↓	外部机遇：Opportunities	外部挑战：Threats
内部优势：Strengths	优势—机遇：SO	优势—挑战：ST
内部劣势：Weaknesses	劣势—机遇：WO	劣势—挑战：WT

（4）职业认知小结。

4．职业生涯规划设计

（1）确定职业目标和路径。

①近期职业目标。
②中期职业目标。
③长期职业目标。
④职业发展路径。
（2）制订行动计划。
①短期计划。
②中期计划。
③长期计划。
（3）动态反馈调整。
评估、调整我的职业目标、职业路径与行动计划。
（4）备选职业规划方案。
提示：由于社会环境、家庭环境、组织环境、个人成长等变化以及各种不可预测因素的影响，一个人的职业生涯发展往往不是一帆风顺的。为了更好地主动把握人生，适应千变万化的职场，拟定一份备选的职业生涯规划方案是十分必要的。

（四）结束语

要求：对整篇职业生涯规划书进行一个总结，同时体现出自己对未来工作的决心和信心。

例如：通过这次职业生涯规划，我有生以来第一次思考自己是一个什么样的人；第一次思考我适合从事什么样的职业；第一次思考我的未来会是什么样的；第一次思考我的人生该如何规划。

人生有很多的抉择，一次次，当我们面对一个路口，面对一个拐弯，面对社会的筛选时，我们都要正确认识自己，看清自己的优势以及劣势，学会控制自己，做好自己，相信自己。路在心中，由我们掌握；路在脚下，靠我们选择！

三、职业生涯规划设计注意事项

（1）职业没有高低好坏，只有适合与不适合。只要符合自己的兴趣、人职匹配，而且自己能完全胜任的职业就是好职业。职业伴随人生 1/3 的时间，倘若从事自己不感兴趣的工作，将无法坚持下去。

（2）选择具有较高效度和信度的人才素质测评软件进行测评。人才素质测评是了解自我的理论依据之一，对自我的分析仅凭自我认识及他人评价还不够全面，缺乏足够的理论依据。正确的做法是将自我认识、他人评价和人才素质测评结果有机结合，形成较为全面的自我认知，据此设定的目标其信度才较高。

（3）制订的职业目标要具有合理性。要综合自己的兴趣、特长、能力、社会需要等各方面的因素考虑，目标的设定不能脱离现实（见图 8-4）。要认清兴趣与能力，能力与社会需求都是存在一定差异的，我们所要做的是要在这诸多因素中找一个结合点，将自己的经历经验、专业技能、兴趣特长都有机地结合起来,这样的职业目标才会有生命力。

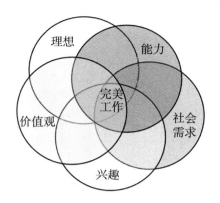

图 8-4 合理制订职业目标

（4）措施要有可行性。针对职业目标制订的措施一定要具有可行性,这是评价职业规划书的一个重要部分。最好制订出长期、中期、短期计划,并拟订详细的执行方案和时间限制。高年级的同学可将重点放在就业五年内的职业规划;低年级的同学可将重点放在大学生涯的规划上,但都应突出为职业发展所做的准备工作。

（5）如果职业规划书要在同学中交流,无论是行文的风格、叙述的方式、文案的设计等,都应体现自己的风格和特色:切忌大量抄袭职业测评报告结果,可多引用测评结果中显示的图表,这样更直观。

（6）职业认知是职业规划中确定职业目标的重要环节。不少大学生仅依赖在互联网上搜寻职业信息,这样的职业认知不够全面。应该增加社会实践、见习和实习,让职业认知更具可行性。

人生规划了,不一定成功;但人生不规划,一定不能成功。只要我们通过科学的职业生涯规划,在人生的航程中,朝着既定的目标,扬起职业之帆,迎风劈浪,定能驶向成功的彼岸。

【例文 8-2】

职业生涯规划设计书

目 录

前言
1. 自我认知
　1.1　基本资料 ··· 1
　1.2　职业生涯规划测评 ·································· 2
　1.3　自我认知 ··· 7
　1.4　360°评估 ··· 9
　1.5　气质分析表 ··· 10

1.6　橱窗分析法 …………………………………………………………… 11
　　1.7　自我认知小结 ………………………………………………………… 12
2. 职业认知
　　2.1　外部环境分析 ………………………………………………………… 13
　　2.2　目标职业分析 ………………………………………………………… 15
　　2.3　人职匹配分析 ………………………………………………………… 16
　　2.4　职业定位及 SWOT 分析 …………………………………………… 17
　　2.5　职业认知小结 ………………………………………………………… 18
3. 职业生涯规划设计
　　3.1　职业定位和目标实施一览表 ………………………………………… 19
　　3.2　制订行动计划 ………………………………………………………… 22
　　3.3　评估调整及备选规划方案 …………………………………………… 37
结束语
附：个人简历
职业测评结果
（备注：目标与本书中介绍的体例不冲突，为写书所需。）

前　言

莎士比亚说："人生就是一部作品，谁有生活理想和实现的计划，谁就有好的情节和结尾，谁便能显得十分精彩和引人注目。"

我们生活在一个浮躁的时代，新旧文化的冲击，加之观念的更新，使我们卷进一股股浮躁的旋流之中。浮躁使我们惊趋新奇，却忽视了对人生真谛的思索；浮躁使我们不能平静地暗访自己的心灵，仔细审视自己的位置、严肃思考我们的未来。如果不知道自己的行为目的何在，不明了自己的人生将走向何处，我们就势必在人生的大道上迷失自己。犹豫不定、疑惑茫然使我们陷入苦闷，但生活不应该是浑浑噩噩的，每个人来到这个世界上都自有独属于他的使命，诚实地思考人生不应该被浮躁的心态淹没。我们——当代青年，应该做诚实思考的一代，规划未来的人生之路，为自己打造锦绣的前程！

有目标，人生才不盲目；有追求，人生才有发展的动力！设计职业生涯，就是我们为了将理想人生转化为现实人生而做的精心准备。这份职业生涯规划将自我认知和职业分析相结合，比较科学、客观。它也许并不完美，但是一个适合我的设计。

　　……

一、自我认知
（一）基本资料（略）
（二）职业生涯测评
在专业测评网站——××网得出的测评报告
1. 职业兴趣
职业兴趣类型顺序为：

类型名称	得 分	类型解释
社会型	7分	为人热情，擅长与人沟通，人际关系佳
管理型	6分	乐观主动，好发表意见，有管理才能
常规型	4分	忠实可靠，情绪稳定，缺乏创造力，遵守秩序
艺术型	4分	思维活跃，创造力丰富，感情丰富
研究型	3分	思维缜密，擅长分析，倾向于创新
实际型	2分	做事踏实，为人安分，不擅长社交

该职业兴趣类型结构为：

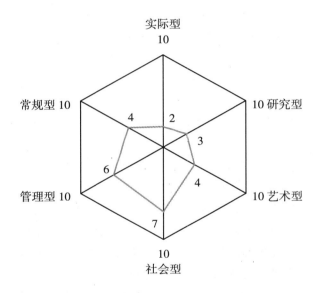

2. 个人风格

（1）助人：为人热情，乐于助人。

（2）易于合作：具有合作精神，人际关系较好。

（3）社交的：喜欢与人打交道，善于表达自己，擅长理解他人，社交能力强。

（4）有洞察力：对人际关系敏感，对人、事、周围环境的洞察力强。

（5）责任感强：较关心社会问题，对社会、自己所从属的群体、他人等均有责任心。

（6）重友谊：重视与朋友之间的感情，朋友在其生活中显得很重要，尽力与他们之间保持联络。

（7）有说服力：说服能力强，擅长语言表达，逻辑清晰，具有感染力。

3. 职业个性特征

关心社会的公正和正义，责任感强，具有较强的人道主义倾向，社会适应能力强。通常善于表达，善于与周围的人相处，喜欢处于集体的中心地位，喜欢通过与他人讨论来解决存在的难题。不喜欢需要剧烈身体运动的工作，不喜欢与机器打交道。

4. 职业能力

能力类型	得分
基本智能	6
言语能力	7
数理能力	9
推理能力	9
人文素质	7
信息分析能力	6

职业能力水平的高低可以有效地预测人们的职业成就，反映一个人的待人处事的能力。只有较好的职业能力水平，才能适应现代社会的迅速发展、激烈竞争和高管理水平的需要。

职业能力水平对普通人员或一般性工作效率的影响：

职业能力水平	工作效率
职业能力水平很高	必须安排在智能作业中
职业能力水平较高	工作效率很好
职业能力水平一般	工作效率一般
职业能力水平较差	效率较低
职业能力水平很差	效率很低

职业能力水平对管理人员或专业性工作效率的影响：

高职业能力水平是优秀领导者的必要条件。调查统计发现，作为领导者，职业能力水平要求在中上水平；一般管理者智力在中等偏上水平；而职业能力水平较低者，可以担任基层管理，但在竞争中则可能处于劣势。

职业能力水平	管理效率或专业成就
职业能力水平很高	可以成为高级管理人员，并取得较好成绩
职业能力水平较高	可成为公司中高级管理人员，并取得一定的成绩
职业能力水平一般	能够胜任初级管理工作
职业能力水平较差	适于一般性工作
职业能力水平很差	不适于管理工作

5. 职业价值观

价值观是指个人对客观事物及对自己的行为结果的意义、作用、效果和重要性的总体评价。职业价值观就是个人对不同职业进行评价的心理倾向体系，它探讨人们在职业选择和职业生活中，在众多的价值取向里，优先考虑哪种价值。

由于个人的身心条件、年龄阅历、教育状况、家庭影响、兴趣爱好等方面的不同，而每种职业也有各自的特性，因此，不同的人对职业特性的评价和取向是不同的，这就形成个人职业价值观的差异。由于这种差异，人们在就业方向和具体职业岗位的选择上，甚至在具体工作的投入上都会因此而受到影响。

6. 个性特征

个性特征（黑体）。

		步调快、独断、直接、外向					
以事为主	独立	支配型	支配 影响型		影响 支配型	影响型	讲关系	以人为主
		支配 服从型	支配 稳健型	支配 影响 稳健型	影响 服从型	影响 稳健型		
	喜支配		支配 稳健 服从型		支配 影响 服从型		爱助人	
		服从 支配型	服从 影响型	影响 稳健 服从型	稳健 支配型	稳健 影响型		
		服从型	服从 稳健型		稳健 服从型	稳健型		
		内向、间接、保守、步调慢					

（1）综合特质。

①非常独断。

②采取直接有力的行动或迷人的社交手腕。

③人生目标明确并有完成的决心与毅力。

④试图取得支配权。

⑤期望受到真心的尊重与喜爱。

（2）能力优势。

①勇于挑战。

②在困难环境中成长茁壮。

③承担风险以获得成功积极主动。

④充满冲动与活力。

（3）人际关系。

①社交能力强。

②极具说服力。

③展现迷人的魅力。

④面对压力则变得严厉。
⑤外向且步调快。
⑥面对问题不怕冲突。
⑦不推诿退缩。
(4) 激励因子。
①工作与生活都有成就。
②不喜欢原地踏步。
③喜欢具有困难度的挑战。
④远大的目标与企图。
⑤不断朝目标前进。
7. 基于测评结果的职业生涯规划
(1) 与职业兴趣相适应的职业特征：从事更多时间与人打交道的说服、教育和治疗工作。
(2) 与职业能力水平相适应的职位定位建议：较符合中高级职位的要求，工作效率高，并能取得较好的成绩。
(3) 与职业价值观相适应的职业特征。
①经营取向的工作。
②才能取向的工作。
③志愿取向的工作。
(4) 与个性相适合的职场特点：希望有舞台，得到掌声；与人互动接触，能发挥口语表达能力；工作气氛愉快。
(5) 综合职业类别定位。
根据职位胜任原理、人岗匹配的原则以及测评结果，将提供与自己的职业兴趣、职业能力水平、职业价值观、职业个性等相适应的职业类别。需要提醒自己注意的是在不同企业文化中，即使同样的职位，工作内容也会大相径庭。在应聘工作时除了工作名称之外，自己更应该深入关注工作的具体内容及相应的企业文化。

近期职业目标：导游，发行主管，房地产代理商，房地产营销人员，房地产中介，跟单员，航空运输服务人员，家教，节目主持人，前台接待/礼仪/接线生，社区服务，行政助理，演艺经纪人，演员，银行接待员。

中远期职业目标：导游，发行主管，房地产策划人，房地产开发，房地产投资开发商，教育教学单位负责人，节目主持人，新闻广播员，新闻撰稿人，行政事务人员，行政助理，演艺经纪人，演员，银行接待员，总编。

(三) 自我认知
1. 职业兴趣——喜欢干什么？
我的具体情况是：喜欢从事与人接触的工作，关心社会问题，乐观主动；喜欢校园里富有青春气息的工作环境，喜欢按照计划有规律地安排工作，追求稳定的工作环境，不喜欢变动。

2. 职业能力——能够干什么？

我的具体情况是：具有较扎实的专业知识技能，善于进行组织管理，比较擅长与人沟通交流；自身发展较全面，人文素质的水平较高，工作能力较好，创新能力和机械操作能力较差。

3. 个人特质——适合干什么？

我的具体情况是：我适合在人群中表现自己，发挥个人的才干，获取他人的认同感。胆汁—多血质混合型气质，精力旺盛，果断直率，兴趣广泛，适合从事社会型工作。具有激情，善于思考，权欲意识较淡薄，不适合权欲争斗激烈的工作环境。

4. 职业价值观——最看重什么？

我的具体情况是：很看重自身才干是否得到发挥，在工作生活中是否实现个人的人生价值，关注他人和社会对自己的评价与看法，关心社会问题，热心公益事业，力求用社会所宣扬的道德标准和评价尺度来要求衡量个人对他人和社会的贡献程度。

5. 胜任能力——优劣势是什么？

我的优势能力	我的弱势能力
绝不坐以待毙，会抓住机遇主动出击；乐观积极，对工作有较高的忠诚度和稳定性；善于观察学习，并从失败中吸取经验，不断改进	与他人的协调配合能力不强，有时没有自己的主张；社会经验太少，抗压和应变能力不够；有时可能太冲动，考虑问题不全面，做事较马虎

（四）360°评估

	优 点	缺 点
自我评价	勇于挑战，不怕失败，乐观，自信	冲动，做事急躁，没有恒心
家人评价	从小就不让家人操心，很听话	有时候脾气很坏，也不跟我们说话，越来越懒了
老师评价	很有上进心的一个女孩，蛮有灵气	社会经验太少，有时候会害羞怯场，做事不够细心
亲密朋友评价	很好相处的一个人，很开朗，也很关心朋友，是一个很好的倾听者	有时会太活跃，过于强势，给周围的朋友带来压迫感
同学评价	敢于挑战，很活跃，比较会讲话	不够稳重，生活步骤太快，有时容易冲动
其他社会关系评价	吃苦耐劳，对工作很负责任	比较健忘的一个人，做事不够有耐心

自我分析小结：

我是一个对生活满怀热情、积极乐观、主动进取的人，大多数时候对生活的感觉是幸福的。有表现欲，喜欢与人交际，对自己的认识比较透彻，对自己的定位也比较客观。对自己的人生有憧憬和规划，但缺乏恒心和毅力，有时会比较情绪化，影响工作效率。自制能力较差，无外力约束时，很容易沉迷于某物，兴趣广泛，但不持久。

（五）气质分析表

气质特性	被认为是长处	被认为是短处
凡事追求合理性	富有理性，较为理智，能正确分析、认识事物	冷漠、薄情，过分想得开，把事情看得太淡
擅长批判、分析	思想敏锐、机智，为人风趣、诙谐	凡事好论长批短，好刺伤他人感情
有献身社会的愿望	社会责任感强，服务精神较好	不够谦虚，具有功利心，较为自傲
善于调整人际关系	办事周全，为人可靠，工作能力强，较为公正	好迎合他人，巧于周旋
为人随和，具有亲和性	待人亲切，对他人关心，为人办事可靠	易受他人左右，自主性不强
重大问题上好听取他人意见	处事慎重，有民主作风	决断力不足，不能委以重任，不可依靠
善于控制自己的感情	沉着冷静，感情始终如一	缺乏激情，缺少人情味，过于呆板
在家庭里情绪无常，反复多变	具有激情，感情细腻	脾性怪癖，难以捉摸，具有双重人格，随心所欲
对他人多持有距离感，留有余地	待人公正，不搞亲亲疏疏，不拉帮结伙	待人冷漠，为人不开朗，不够义气
办事爽快，但持续性差	办事效率高，能掌握要领	缺乏毅力，虎头蛇尾
喜好空想	有理想，有灵感，有感情	孩子气、浅薄，脱离实际
兴趣广，但不沉溺	自制力强，兴趣广泛而好学上进	热情不足，钻研精神差，没长性
对经济生活态度较为理智	具有经营能力，生活力强特点，对家庭具有责任感	计算太精，吝啬，不注重习俗
希望生活能得到最低限度的稳定	生活踏实，寡欲，安分守己	对私生活看得过重，保守，甚至个人主义
有避免力量争斗的倾向	和平主义，权欲意识淡薄	平庸无为，没有志气

（六）橱窗分析法

橱窗1．"公开我"：平时我给大家的印象是个子矮矮的，不怎么爱打扮，穿着随便，总是笑脸迎人，大多数时候是富有朝气，积极上进的一个人。

橱窗2. "隐藏我"：易情绪化，有时会比较敏感，为细枝末节的小事一个人在心里生闷气。

橱窗3. "潜在我"：有时是自私的，爱幻想，有时会有些自我膨胀，自命不凡。

橱窗4. "背脊我"：对人不够坦诚，有时急于求成，因小失大；比较孩子气。

（七）自我认知小结

好胜、好强，喜欢参与社会活动，生活有目的、有计划，喜欢在群体中赢得一席之地，获得他人的认可。能够吃苦，责任心较强，有社会良知。做事拖拉，社会和工作经验不足，与同学交流太少。没有经济意识和理财观念。学习总是缺少持久的动力。

二、职业认知

（一）外部环境分析

1. 家庭环境分析

出生于××市一个普通的农民家庭，父母均在家务农，家庭经济收入主要来源于父亲的工作。目前家庭储蓄能支持我读完硕士研究生。我们家就我一个孩子，父母亲不要求我取得多大的成就，只希望我每天都过得很幸福。他们坚持要求让我考研，继续读书，提高自己的综合素质。父亲是高中文化，党员，高中毕业后自学参加成人的大学考试，获得大学文凭。他非常重视知识的终身学习和吸收，自学照相、会计业务、电器修理、电路维修、保险业务等知识，生活态度很乐观。母亲初中文化，常年患有风湿、骨质增生等病痛，但生活态度非常积极，与乡邻关系非常融洽，一直很关心我的学习和生活。从小就要求我做农活，培养吃苦耐劳的精神。我与家里保持固定的联络，进行沟通交流，每周一次电话，每两个月一封书信。父母亲达观的和与人为善的生活态度耳濡目染地影响着我。

2. 学校环境分析

我就读于××师范大学，最近几年我校的办学方针是：办一所综合性、有特色的大学。在过去几年的招聘活动中，各中学反映我校师范生的教师技能水平整体下降。这引起了学校的关注，而且去年教育部就下达了要加强师范类学校的师范生技能培养的要求。本科评估至今，我所就读的社会历史学院加大了师范生专业技能培养的力度，也呼吁大家重视基本知识的学习。学校勤工助学部也积极为家境贫困的师范类学生提供家教岗位，并通过爱心家教等活动促进我们实践经验的积累以及加深对教师行业的认识。但师大在扩招中忽略了对教学工作的重视，近年来全国各大高校都反映出本科毕业生整体素质下降的情况。若想在知识上取得更大的突破，需要到重点高校进行进一步的深造。

3. 社会环境分析

近年来，社会就业形势一直非常严峻。我们历史教育专业的本科毕业生，今年的就业率为97%，比较良好。如前言所述，国家开始重视师范生的教育，出台了许多政策，如选调、支教等，对于落实本科生就业是很有帮助的。据了解，现在全国各省、市、区、县的重点中学一般都要求本科学历以上，许多国家教育部直属的师范类高校的本科毕业和硕士毕业生与我们一同竞争，因此就业形势不容乐观。

4. 职业环境分析

（1）行业分析。

当前教育行业的现状是：在各个经济发达的城市，特别是沿海城市有渐趋饱和的倾向，但是内陆及经济欠发达地区，各级各类学校对教师的需求量还是很大的。国家的政策鼓励大学生到基层工作，到西部去支教。各个中学历史老师的需求量不是很大，一方面这与学校的教学方针和要达到的升学目标有关，另一方面又与在任的历史教师的变动不大有关。这就要求去应聘的毕业生有过硬的技能，而且重要的是要在求职招聘中表现出色。

（2）地域分析。

毕业后，我打算回到家乡××市工作。近年来，××市经济飞速发展，城市工业化和现代化进程不断加快。××市是一个比较重视文化保护与传承，注重发展教育的城市，教育事业非常发达。有几十所各级各类高等教育院校在这里建校办学，中小学发展也很迅速。从我个人角度讲，如果能回到××市工作，对于收集各类信息，正确处理家庭与工作的关系非常有利。

（3）企业分析（学校分析）。

学校是一个以系统培养人才和组织教育教学为目的的单位。学校的文化氛围较浓，要培养学生的科学知识、人文素养等，作为一个培育人才的教育机构，学校是永远不会被淘汰的，只会进行调整和改革，如目前全国大部分中学正在进行的课改。学校的工作氛围比较融洽和平，没有非常激烈的矛盾利益冲突，而且学生给校园带来了生气和活力，让整个工作环境显得比较轻松。

（二）目标职业分析。

目标职业一：中学历史教师

中学历史教师的工作内容就是从事历史教学工作，抓好所在班级的升学率。有些担任班主任的老师，还要组织班级管理，处理学校的日常事务。这一工作要求从业人员要有较强的责任感，有敏锐的洞察力，擅长与学生和同事进行沟通交流，踏实工作，以身作则。这一职业很可能会向教育教学的单位负责人和行政人员方向发展。从班主任开始做起，以认真负责的态度对待工作，可以说这一行业的发展前景是很不错的。

目标职业二：

1. 目标职业名称

高级中学副校长（业务）。

2. 岗位说明

这个岗位的从业人员，需要具有良好的沟通交流和学习能力，富有责任心，工作热情高，富有团队精神。具有良好的语言表达能力、组织能力和教科研能力。

3. 工作内容

协助校长工作，分管教学工作；领导教务处开展工作；制订学校的教学工作计划；抓好教学常规管理工作；抓好教师业务培训工作。

4. 任职资格

具有本科以上学历和中级以上职称，具有高尚的师德和良好的教风以及扎实的教学基本功。在教育教学中坚持党的教育方针，具备教师任职资格，能做到既教书又育人。对中考、高考有一定的教学经验，从事中学教育教学工作五年以上的经历。

5. 工作条件

这一职业的工作条件较好，教育部及各级各类政府和学校都在不断提高教师的社会地位和工资水平，注重对教师的人性化管理，福利较好，工作环境较安定。

6. 就业和发展前景

高级中学的副校长，特别是分管业务的副校长，一般是从基层教师做起，积累多年的教学经验，并已担任中层及以上的干部职位。刚毕业的社会新人不可能担任中学副校长的职务，就业应首先以教师的工作作跳板。这一行业和目标职业在中学教学和班主任工作中才能得到深入的发展。

（三）人职匹配分析

社会专业人士认为中学历史教师应具备的十大方面素养与我个人兴趣、能力、个性、价值观的匹配分析：

（1）崇高的敬业精神和职业道德：我个人具有较强的责任心和工作稳定性，不喜欢跳槽。

（2）与时俱进的教学理念：我个人勇于挑战，主动出击。

（3）扎实深厚的教研功底：在本科学习阶段，积极参与论文写作的训练，并对日常的生活、学习进行比较细致的观察思考。

（4）开阔视野，广博的知识：兴趣广泛，活动参与的积极性高。

（5）掌握全新的教学方式，积极实践研究性学习：较好地学习了教学手段和教学方法，密切关注课改动向。

（6）能熟练运用信息化教学手段：已能较好地运用多媒体手段。

（7）良好的语言表达能力：参与演讲与辩论比赛，在年级事务和社团活动中已训练出较好的语言表达能力。

（8）较强的人际沟通能力：身边的人一般都认为我是个很好相处的人，比较喜欢与人交谈。

（9）兴趣广泛，作风正派，仪表良好：用学为师范、行为示范的标准要求自己的日常言行。

（10）对学生态度和蔼，有耐心，平易近人：关心年轻人的成长，愿意与他们一同分享成长的烦恼与喜悦。

（四）职业定位及SWOT分析

综合第一部分（自我分析）及第二部分（职业分析）的主要内容得出本人职业定位的SWOT的分析：

	优势因素（S）	弱势因素（W）
内部环境因素	自信、乐观，有干劲，对生活充满希望，个人综合素质和能力水平较高，有明确的生活目标	冲动，有时不够理智，做事不够稳重，比较马虎，没有持久的恒心和毅力

续表

	机会因素（O）	威胁因素（T）
外部环境因素	有家庭经济保障和父母的全力支持。学校属师范类学校，在教师技能的培养方面比综合性大学有优势。国家重视师范生的培养	就业形势严峻，农村家庭出身对于我个人的就业不能提供实质上的帮助。专业对口的企事业单位很少，就业领域狭窄

我的优势（Strengths）及其使用：由于乐观、自信、有干劲，课余多利用参与社团活动和学生工作的机会，建立自己的人脉关系网，向他人学习经验，提升自己的能力。

我的弱势（Weaknesses）及其弥补：冲动、急躁、易情绪化，常使事情事倍功半。因此，要时常提醒自己应该冷静地分析问题，学习书法，每天慢跑，有意识地纠正急躁的个性。

我的机会（Opportunities）及其利用：在父母的全力支持下备战考研，排除一切杂念，继续深造，充实自己。密切关注国家教育政策对师范生的工作落实情况和帮扶动向，机动地调整自己的职业生涯计划。

我面临的威胁（Threats）及其排除：就业人数剧增，而社会需求量又有限，加上重点类院校毕业生对我们造成的竞争压力，就业形势相当严峻。我们应该化压力为动力，唯有提高个人的能力和素质，并在招聘面试时表现出色，才能获得较好的工作机会。为了加强个人素质，我决定本科毕业后报考北京师范大学的历史系研究生。

（五）职业认知小结

中学历史教师属社会型工作，教师需性格开朗，态度积极，喜欢服务和教育他人，关心学生，热爱本职工作。还应具备一定的教育教学水平和组织管理能力，并具备国家规定的教师任职条件及有教师任职资格证书。

中学历史教师的工作环境较好，工作条件随社会经济发展不断得到改善。

中学副校长（分管业务）应具有一定的管理才能和统筹全局的能力，善于组织配合，有一定的教学业务基本功和教科研能力。社会地位较高，工作条件好。

基于以上的分析，最终我确定了我的人生目标是：区（市）属高级中学特级历史教师及副校长。

三、职业生涯规划设计

（一）职业定位

职业目标	将来从事高级中学历史教师和中学分管业务的副校长职业
职业发展方式	进入到高级中学工作，到××市下辖市、区发展
职业发展策略	先走专业路线再转行政管理路线发展
具体路径	优秀本科毕业生——→出色的具有较高综合素质的硕士毕业生——→高级中学历史教员——→中学一级历史教师及班主任——→高级中学高级历史教师及教研组长——→特级教师及副校长。

计划实施一览表

计划名称	时间跨度	总目标	分目标	计划内容	策略和措施	备注
短期计划（大学计划）	2006—2010年	大学毕业时取得学士学位，成为优秀的本科毕业生	大一时期要扩展自己的知识面和广泛阅读，加强专业知识的储备；学习在社团中工作和与人交往；大二时期要加强专业技能的培养，建立自己的人脉关系网；大三时期要储备一定的社会实践能力，学会统筹规划，组织管理团队；大四时期要能交出一份优秀的毕业论文，争取在省级刊物上发表，考取北师大历史系研究生	计划能通过努力学习，使专业成绩位列整个专业前20%；系统掌握教学的能力；提升自己在多媒体运用、说课、片断教学等方面的职业素养；通过担任家教和参加课外实践活动来提高实际操作能力和组织能力	大一时期以适应大学生活为主；大二时期以专业学习和参与社团工作组织年级事务为主；大三时期以掌握专业知识技能和准备考研为主；大四时期以调整身心，充实自己和撰写毕业论文及考研为主	大学阶段职业生涯规划重点是抓好专业知识的学习，提高自身综合素质，努力考取北师大的研究生
中期计划（毕业后八年计划）	2010—2018年	以优异的成绩取得北师大的硕士文凭，毕业后参加××中学的统一招聘考试，成为职业新人。工作第三年当上班主任	研究生阶段要积累一定的社会经验，扎实掌握专业论文写作能力。职业新人阶段，逐步建立起自己的职场人际关系网。掌握教学技能，熟悉班主任工作	适应研究生的学习和工作环境、与导师、同学建立友好关系，利用闲暇时间做兼职，尽早适应职场。在就业后，增强职场适应能力，逐步在教学教育行业中积累三脉（知脉、人脉、钱脉）争取升迁机会	研究生第一年努力加强自身的专业知识储备，寻求社会实践的机会。研二开始着手准备硕士论文的资料收集和整理。研三动员亲朋好友和在×市的老师同学，收集中学的招聘信息，准备就业，撰写硕士论文	此阶段规划的重点以优异成绩完成学业，训练职场应变能力，积极探索教学方法。具备较为扎实的教学水平
长期计划（毕业后十年计划）	2018—2028年	基本实现职场目标，达到事业的高峰	取得高级中学历史教师资格证书，担任教务处主任	在安排好家庭和子女教育的前提下，尽量促进事业升迁，工作重心可以从教师岗位转向行政管理，保持健康的心态和体魄	在省级以上刊物发表关于教育教学的论文，争取评为省级以上的"优秀教师""优秀班主任"等荣誉称号。参加省级以上教育行政部门举办的教师业务比赛，争取获奖	平衡家庭与工作的关系，在两者发生矛盾时，以子女的教育和家庭的和睦为首要考虑对象

(二)具体行动计划

1. 本科准备阶段（2006—2010年）

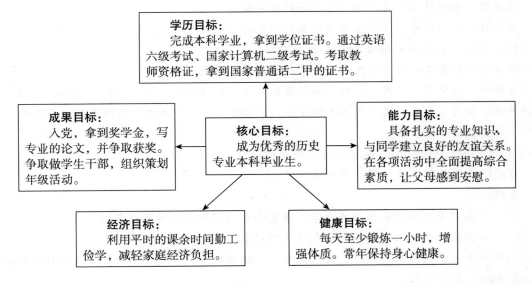

本人现状：目前专业成绩较好，且并不安于现状。在学习方面，吸取上学期经验，探索适合自己的学习方法，争取使成绩大幅度提高。在工作能力上，积极、主动参加年级"两委改选"、院辩论赛、记者团、运动会等，提高各方面的能力，扬长避短，锐意进取。

实施方案：

(1) 通过英语四、六级考试（大二和大三）。

必要性：英语四、六级考试直接衡量一个人的英语水平，成了毕业生求职必不可少的武器。

可行性：客观条件，大学一、二年级开设公共英语课，此次我校本科教学评估要重点提高本科生英语的听、说、读、写能力。

主观条件：对英语有强烈的兴趣，相信事在人为，只要坚持每天听、读英语，就一定会达到目的。

(2) 拿奖学金（大二和大四）。

必要性：家庭较困难，拿奖学金可以减轻父母的负担。大学里的首要目的是学习，争取拿奖学金可以更加有力地促进学习。成为优秀大学生有助于以后就业。

可行性：学习目的明确，坚持学习是第一位，平时学习较认真、刻苦。

(3) 入党（大三）。

必要性：可以提高自己的思想政治素质和道德水平，提高自觉为同学和社会服务的意识，促使自己更加严格地要求自己。

可行性：已被确定为入党积极分子，参加入党积极分子培训，正接受党组织的教育。

(4) 通过国家计算机二级考试（大三）。

必要性：计算机操作是当今社会的一门必修课。

可行性：已经通过计算机一级考试，具有一定的计算机技能。经常上机实际操作并自学计算机课程。

(5) 考取教师资格证（大四）。

必要性：教师资格证是成为一个教师的必要前提。

可行性：大学四年，师范生教育专业的系统培养。

(6) 努力提高自身的综合素质（大学四年）

必要性：社会发展对毕业生的综合素质要求越来越高。

可行性：每天都要锻炼一小时，加强身体素质，保持健康体魄。积极参加各种活动，在实践中锻炼能力。与人为善，多与同学交流，扩大交际圈。利用课余时间参加社会活动、兼职等，为就业提前做准备。

2. 教育进修期的前期准备期（大三和大四）

目的：考取北京师范大学的历史系研究生。

原因：

(1) 北京师范大学是全国重点大学，历史专业的实力居全国高校前列。

(2) 本科教育不能满足我对知识和能力的追求。

(3) 北京是全国政治、经济、文化的中心，机遇很多，方便信息的收集和视野的开拓。

奋斗期：大学四年。

实施准备：

(1) 一定成为优秀的历史专业本科毕业生。

(2) 多阅读权威专业论文，向老师、辅导员、师兄师姐学习论文写作，锻炼写作能力。

(3) 搜索历史方面的资料，思考历史论点，准备个人论文。

(4) 关注考研动态，搜集考研信息。

(5) 加强英语学习的能力。

(6) 多与教授沟通、交流，以能者为师。

3. 教育进修期　2010—2013 年（23~25 岁）

(略)

4. 职业新人期　2013—2016 年（25~28 岁）

(略)

5. 职业过渡期　2016—2019 年（28~31 岁）

(略)

6. 职业发展期　2019—2025 年（31~37 岁）

(略)

7. 职业稳定期　2025—2033 年（37~45 岁）

(略)

8. 职业衰退期和离职（45 岁以后）

(略)

(三) 评估调整及备选规划方案

职业生涯规划是一个动态的过程，必须根据实施结果的情况及变化进行及时的评估与修正。

1. 评估的内容

职业目标评估（是否需要重新选择职业？）：假如硕士研究生毕业后在××市一直找不到合适的中学历史教师工作岗位，我仍不会放弃当教师的愿望。我将参加全国或其他省市的招聘考试，先到外省工作。工作几年后，再寻求机会回来参加应聘，在××市长期工作下去。

职业路径评估（是否需要调整发展方向？）：假如由于家庭、自身工作能力等因素的影响，没办法胜任学校管理的工作，那么我将放弃向行政管理发展的计划，不再为争取担任学校副校长而努力，全心全意搞好历史教学，争取在科研、教育教学工作上多出成效。

实施策略评估：（是否需要改变行动策略？）：如果不能通过硕士研究生考试，我就先就业，以后再在职考研，继续进修。

其他因素评估（身体、家庭、经济状况以及机遇、意外情况的及时评估）：有突发情况出现，会更多地配合家人的需求，放弃一些事业的追求，把身心的健康、幸福放在第一位。始终秉持对他人负责的人生态度，为周围人的需要可适当减少个人的名利追求和物质享受。

2. 评估的时间

一般情况下，我定期（半年或一年）对前期的规划进行小结和评估，对未来的规划进行适当的调整。当出现特殊情况时，我会随时评估并进行相应的调整。

3. 备选职业规划方案

个体易受社会环境、家庭环境、组织环境、个人成长曲线等变化以及各种不可预测因素的影响，因此一个人的职业生涯发展往往不是一帆风顺的。为了更好地主动把握人生，适应千变万化的职场世界，拟定一份备选的职业生涯规划方案是十分必要的。

我的备选职业规划方案：2008年9月，考取国家导游资格证书。在追求职业目标过程中若受到很大的阻碍，将考虑走迂回路线，先从事导游工作。

结束语

通过对职业生涯规划的设计，发现职业就等同于人生、等同于生活。春天播种，秋天收获，执着地追求总会有收获，生活难免遇上挫折，不应害怕变化，而应及早做好规划，应对变化。

对于职业生涯规划，我的认识是，一个人确定自己一生的理想目标，并根据这一目标来进行相关努力，这就是职业生涯设计。也只有通过精心地策划以及不断地修正和努力，一个人才能实现自己的愿望，达到自己的目标，走上成功之路。虽然我不得不承认我的前途充满了许多不定因数，而且在计划实施过程中，还会遇到许多障碍，我的职业规划还有很多地方欠考虑，但我相信，有梦想，有行动，就一定有结果。只有通过努力奋斗，才能在现实的土地上，朝着理想不断迈进。

过好每一天，全心全意地用行动诠释自己的梦想，用点滴勤奋去浇灌成功的花朵。

（以上例文来自于网络资料，略有修改、删节）

【专家点评】

这份大学生职业生涯规划书内容完备，信息充足，将多种专业测评与深入分析相结合，对自己的职业生涯做出了比较科学细致的规划设计。自我认知运用多种方法，对自身优势、劣势把握到位；职业认知部分，对环境、职业分析透彻，职业倾向和生涯目标定位明确；行动方案分期明确，策略和措施有效可行。

【例文8-3】

职业生涯规划书

踏着时光车轮，我已走到20岁的年轮边界。

驻足观望，电子、网络铺天盖地，知识信息飞速发展，科技浪潮源源不绝，人才竞争日益激烈，形形色色人物竞赴出场。不禁感叹，这世界变化好快。身处信息社会，作为一名当代大学生，我不由得考虑起自己的未来。在机遇与挑战粉墨登场的未来社会里，我究竟该扮演怎样一个角色呢？

水无点滴量的积累，难成大江河。人无点滴量的积累，难成大气候。

没有兢兢业业的辛苦付出，哪里来甘甜欢畅的成功与喜悦？没有勤勤恳恳的刻苦钻研，哪里来震撼人心的硕果累累？只有付出，才能有收获。未来掌握在自己手中。

由此想起过往岁月中的点点滴滴，我不禁有些惭愧。我对自己以往的表现不是很满意。我发现自己惰性较大，平日里总有些倦怠、懒散，学习、做事精力不够集中，态度也不够端正。倘若不改正，这很可能会导致我最终庸碌无为。不过还好，我还有改进的机会。否则，岂不遗憾终生？

一本书中这样写道："一个不能靠自己的能力改变命运的人，是不幸的，也是可怜的。"因为这些人没有把命运掌握在自己的手中，反而成为命运的奴隶。而人的一生中究竟有多少个春秋，有多少事是值得回忆和纪念的？生命就像一张白纸，等待着我们去描绘、去谱写。

而如今，在这个人才竞争的时代，职业生涯规划开始成为在人才争夺战中的又一重要利器。对企业而言，职业生涯规划是落实"以人为本"的人才理念，关注员工持续成长的一种有效手段；对每个人而言，职业生命是有限的，如果不进行有效的规划，势必会造成生命和时间的浪费。作为当代大学生，若是带着一脸茫然，踏入这个拥挤的社会，又怎能满足社会的需要，为自己赢得一席之地呢？因此，我试着为自己拟定一份职业生涯规划，将自己的未来好好地设计一下。有了目标，才会有动力。

一、自我盘点

（1）优势盘点：学习成绩优秀，班级群众基础好，受到父母、亲人、班主任、任课老师关爱，动手能力较强。

（2）劣势盘点：目前的手头经济状况较为窘迫，"海拔"高度不够，体质偏弱。

（3）优点盘点：做事仔细认真、踏实，友善待人，做事勤于思考，考虑问题全面。

（4）缺点盘点：性格偏内向，交际能力较差。

（5）兴趣爱好大盘点：听音乐、体育运动、看电影。

二、解决自我盘点中的劣势和缺点（略）

三、职业探索

并不是每个人一开始就可以选对自己的职业。职业之路可能要经过长期的探索，不断地调整，才能最终找到适合自己发展的道路。通过上面自我评估并结合职业价值观、综合素质与职业测评的结果，我找到了一条适合自己的职业生涯路——建筑工程技术专家。

（一）职业人格类型与职业价值观（略）

职业人格类型和职业价值观是职业选择的重要依据。社会型的职业人格类型和价值型取向职业价值观证明了我选择的职业路线是正确的、符合自己发展的。

（二）适合的职业特点（略）

不习惯有强烈的理想甚至成就目标，但会务实、尽心尽力地、一步步地达成部门或组织的目标。

（三）适合的职业

建筑工程技术专家、建筑工程技术人员。

（四）喜欢的职业

建筑工程技术专家

（五）职业环境分析（略）

（六）职业机会分析（略）

（七）自我建议

与工程实际更多的接触，争取更多的实习机会，通过多种途径了解工程实际情况。

四、求职能力分析（略）

五、职业目标

凡事业有成者都是目光远大者。我立志于做一位建筑工程技术专家。

（1）短期目标：找一份合适的工作，毕业论文优秀。

（2）中期目标：用五年时间成为企业优秀的建筑工程技术骨干人员，并获得相关职业资格证书。

（3）长期目标：做一个名副其实的高级建筑工程技术专家。

六、职业生涯规划

（一）短期目标（两年计划）（略）

（二）中期目标（五年计划）（略）

（三）长期目标（十年计划）（略）

七、注意事项

为了成为这个领域的专家，有必要定期对自己的职业生涯做一次检测，看看自己达到什么样的程度，还有哪些是需要加强的，哪些目标是需要根据环境的变化而调整的。

结束语

计划固然好，但更重要的在于其后的具体实践并取得成效。任何目标，只说不做，到头来都会是一场空。然而，现实是未知多变的，定出的目标计划随时都可能遭遇问题。因此，我们要有清醒的头脑。其实，每个人心中都有一座"山峰"，雕刻着理想、信念、追求、抱负；每个人心中都有一片"森林"，承载着收获、芬芳、失意、磨砺。一个人，若要获得成功，必须拿出勇气，付出努力、拼搏、奋斗。成功，不相信眼泪；成功，不相信颓废；成功，不相信幻影，未来，要靠自己去打拼。

【专家点评】

这篇职业生涯规划书文采飞扬，极富感染力。对自己情况介绍简明扼要，职业倾向和生涯目标定位明确，社会环境、行业和职业分析深刻，策略和措施有效可行。

实训项目一：自我时间管理

一、实训概述

【目的及要求】

大学生活内容丰富，要学习的东西很多，要提升的个人能力也有很多，但时间有限，所以大学生要学会管理自己的时间，把时间量化，合理分配、合理利用。自我时间管理是大学生适应大学生活、独立自主地完成学业的重要基础工作，也是大学生制订、执行个人的学业计划以及规划自己职业生涯的重要基础。本项目的实训目的，在于通过对个人时间的量化管理及分配，培养大学生有效利用时间的习惯，增强其自我管理的意识，为设计及制订自己的学业计划奠定基础。

二、实训内容

【项目背景】

大学的学习、生活与中学有极大不同，认识到大学生活的特点之后，就可以根据大学生活的内容来有效安排自己的时间。通过将自己的时间量化，你会发现自己拥有大量的、可以自主调控的时间。你可以用它做许多事情，它足以让你体验到一切大学生可以拥有的生活。合理地利用时间，你会度过一个丰富、充实的大学时光。

【训练步骤】

（1）根据个人实际，计算出一周内各项时间内容（以 h 为单位计算），完成下列空行。

每周的总时间：_____$24h \times 7d = 168h$_____；

每周上课时间：_____；

每周上自习时间：_____；

平均每日自学及做作业时间为_____，则每周自学及做作业时间为_____；

平均每日睡眠时间为_____，则每周睡眠时间为_____；

平均每日吃饭等零碎生活事务花费时间为_____，则每周类似时间为_____；

剩下的业余时间：_____。

（2）将你的业余时间进行合理的分配，设计出有效的使用方法。

例如，参加一个学生社团，每周参与社团活动一次，花费5h；
_____；
_____；
_____；
_____；
_____；
_____；
_____；
_____；
_____；
_____；
_____；
_____；
_____。

实训项目二：我的未来简历

一、实训概述

【目的及要求】

短短几年之后，大学生们就将走上社会。未来他们能否具备优良的职业素质与职业能力，能否拥有良好的职业发展，很大程度上取决于大学期间的规划和其后一步步的努力奋斗。本项目的实训目的在于引导大学生能及早规划自己的发展路线，明确自己的发展方向，确定自己的学业目标，从而制订出自己的学业计划。

二、实训内容

【项目背景】

通过前一阶段的学习和生活，大学生对大学学习和生活的特点、所学专业、自身、职业与环境已经有了一定的认知。在此基础上，就可以通过展望未来的方式，将自己的发展方向明确化，规划出自己的发展路线。

【训练步骤】

结合自己实际，认真思考，按照以下内容，完成自己的未来简历。

我的未来简历

姓名：　　　　　　　出生年月：
性别：　　　　　　　民族：　　　　　　　政治面貌：
毕业学校：　　　　　院系：
专业：　　　　　　　学历：
联系电话：　　　　　电子邮箱：

教育背景：
高中阶段：
大学阶段：
研究生阶段：

工作及实践经历：
学校实践：
主要集中在：担任学生干部、参与社团活动等的经历。
目的：展示能力与团队精神。
社会实践：
主要集中在：参加青年志愿者活动、社会实践活动，如暑假工厂实习、暑期家教团队的管理与策划等，突出社会阅历、感知、实践操作能力。
其他实践：
重点说明与专业相关的实习、实践活动或与未来工作领域相关的实践活动。

获奖及能力情况：
获奖及论文情况：
学习获奖（三好学生、各类各级奖学金、学科竞赛获奖等）、能力获奖（优秀学习干部、校园明星）；学业论文发表或撰写情况。
工作能力：
根据想从事的工作领域有重点地介绍与之相关的能力。
英语水平：
理论水平：CET-6/CET-4；口语证书等。
应用水平：英语基础扎实，熟练掌握听、说、读、写、译等各种英语技能。熟悉专业词汇，能顺利阅读及翻译政治与法学等相关方面的英文资料。
专业能力：
略

个人评价：
责任心、团队精神、性格特点等。

实训项目三：大学生学业计划书

一、实训概述

【目的及要求】

对于大学生而言，尽早对学业进行准确定位和细致计划是非常有利于今后的成长与发展的。本项目的实训目的就在于明确自己的学业目标，进而细化分解，制订出切实可行的学业计划书。

二、实训内容

依照教材中所讲述的方法、步骤以及例文，制订出自己的大学生学业计划书，内容应具体、详尽、可行。

实训项目四：大学生职业生涯规划设计书

一、实训概述

【目的及要求】

大学时期做好职业规划可以使大学生在未来能够正确地选择职业，克服职业生涯发展中的险阻，获得事业的成功。本项目的实训目的在于综合前期各项研究成果，对自身的职业生涯做出详尽、细致、可行的规划，将其明确化、系统化，为自己大学及未来的发展提供有效指引。

二、实训内容

将前期自我认知、职业及环境认知的成果予以整合，并做进一步的研究、分析，参照教材所示的大学生职业生涯规划设计书样式及例文，完成自己的大学生职业生涯规划设计书。